GEORG KLEIN

Den sjunde djävulen

GEORG KLEIN

Den sjunde djävulen

Albert Bonniers Förlag

Av Georg Klein har tidigare utgivits:

... i stället för hemland 1984
Ateisten och den heliga staden 1987
Pietà 1989
Utvägen 1992

Motståndet (tillsammans med Per Ahlmark) 1991
Hack i häl på Minerva (tillsammans med Lars Gyllensten) 1993

ISBN 91-0-056021-9

Sättning Bonniers Fotosätteri
Printed in Sweden
ScandBook AB, 1995
Falun

Till minne av Farmor
och mina farbröder,
som mördades i Auschwitz

Innehåll

Prolog

Kontraster

Knappt hade jag lärt mig att läsa förrän jag blev förtjust i en bok av Erich Kästner med den vidunderliga titeln *Den 35:e maj.* Två saker har etsat sig fast i mitt minne. Under sin resa mot Söderhavet i sällskap med sin farbror Agapetus och en svart häst får romanens hjälte, pojken Konrad, syn på något underligt. I Vera Lindbergs översättning:

> ”På ett ställe gick ett två meter brett stålband rakt ut i havet. Det verkade lika oändligt som havet självt. Det liknade faktiskt en smal gata tvärsöver havet som en knippa månstrålar som nattetid speglar sig i vattnet. På detta stålband stod inte långt från stranden en gumma med en kvast i handen och sopade. Vad håller ni på med för någonting? – frågade Agapetus. Jag sopar ekvatorn, svarade gumman. (...) Varför sopar ni den? (...) Det har blåst i tre dagar, sa gumman. Vågorna gick höga som hus, och idag på morgonen var ekvatorn rostig. Och nu sopar jag bort rosten. För om den får bita sig in riktigt, kan ekvatorn spricka, och så skulle jordklotet gå itu.”

Jag såg ingenting onaturligt i detta. Tvärtom, det verkade helt i sin ordning. Den andra saken var mycket underligare. Boken slutade med en uppmaning från författaren till oss som hade läst denna bok: Glöm aldrig er barndom! Vad som än händer, glöm den aldrig!

Vad då glömma min barndom? Varför skulle jag det: var det *någon* som gjorde det? Var det något särskilt som man borde komma ihåg? Var det något de vuxna lätt glömde?

Jovisst. Underverken. Hur andedräkten ångade på vintern. Hur tufftufftågen ångade under järnvägsbron. Grannpojkens hemligheter. Den mörka kärnan mitt i det levande ljuset. Svärdbärarens ungar i akvariet som hoppade ut ur honans mage. Flickans långa hår, flickornas långa hår. Långa heta eftermiddagar på det ungerska slättlandet, flugornas surr på flugpapperet, kossorna som hittade hem från fältet om kvällen.

Har jag glömt underverken?

Nej, de följer mig livet igenom. I ögonen som riktar sig mot mig när jag får någon att lyssna. I andras ögon som får mig att sitta still och höra på. I böcker och brev som berättar om underliga länder och djur som inte finns. Om djur som kanske finns. Om djur som borde finnas, om djur som har funnits. Om djur som en gång tillhört kejsaren.

I brev som kommer från okända som svarar på min flaskpost. I ansikten som reflekterar mina ordlösa signaler i likhet med äppelträden som slår tillbaka fladdermössens ultraljud.

Underverk eller tillfälligheter? Finns det tillfälligheter?

Den store ungerske poeten Mihály Babits säger i sin ”Psalm för mansröst” (min översättning):

Tro inte att du är vad du verkar vara inför dig själv
dina ögon och din panna har vuxit fram ur ditt seende
och du som är din största del har vuxit fram ur ditt jag,
och du känner inte igen dig själv i ditt ödes och din
stjärnas spegel
och du anar inte att du själv är dina tillfälligheters
ursprung och källa.

Är jag själv mina tillfälligheters ursprung och källa?

Utgångspunkten för denna bok är två högst tillfälliga, från varandra oberoende men ändå besläktade möten. Osannolika möten på gränsen till det mirakulösa. Till synes helt triviala möten med en svensk och en israelisk författare som inte har någonting med varandra att göra. Som har mindre än ingenting med varandra att göra.

Var finns miraklets kärna? I omedvetna samhörigheter, i valfrändskaper som döljer sig bakom till synes likgiltiga ytor? Eller i den rena oförfalskade tillfälligheten som döljer sig bakom trolldomskonstens gyllene mask? Inte kunde de vara mera olika än vad de är, min svenske och min israeliske författare, fast jag skulle inte vilja beteckna dem som varandras motpoler. De är också mycket olika mig, men jag är inte heller motpol till någon av dem. Under långa tider har de endast träffats i min hjärna. Jag har försökt att ställa dem i relief mot varandra i denna bok. Den enes mörker mot den andres ljus. Först i kontrasten har de framträtt i helfigur.

För barn är det mesta självklart. De kan umgås med varandra även när de inte förstår varandras språk. De kan leka på minsta lilla skottfria fläck under pågående inbördeskrig. Allting är ett mirakel för dem, ett självklart mirakel som inte ter sig mirakulöst. Vi som för länge sedan har fastnat i vår tidsanda och våra referensramar har lättare att studsa till. Vi kan inte längre lära oss ett språk utan brytning, men det kan våra barn. De vet inte att deras språk har grammatiska regler – det är som det är och alla vet hur det skall vara. Fisken vet inte heller att den befinner sig i vattnet. På dalmålningarna är Jesus dalkarl, på koptiska ikoner är han svart. En av mina laboratorieassistenter, född i Norrland, stoppade sändningen av brådskande material till Nairobi eftersom den skulle ha kommit fram ”mitt under midsommarhelgen”, som hon tog för givet firades även där.

En israelisk kollega frågade mig en gång om en före detta elev, numera kollega till mig, var nazist eller antisemit. Hur i herrans namn kan du komma på en sådan tanke? undrade jag. Mannen i fråga har ett verkligt demokratiskt sinnelag, diskrimination är honom fullständigt främmande. – Jag hade sånär örfilat upp honom, sa israelen.

Det visade sig att den svenske kollegan – vi kan kalla honom S. – hade besökt Israel för första gången. Under en glatt animerad konversation frågade israelen om judar är omtyckta i Sverige. Du vet ju hur judarna är, svarade S. De vet inte riktigt hur de skall uppföra sig. Kan man tycka om sådana människor? Men de lär sig, undan för undan. När de har lärt sig hur man skall bete sig, blir de säkert omtyckta.

S. hade ingen aning om att israelen var nära att örfila upp honom. Ej heller var han medveten om det rätta beteendets ofantliga relativitet. Men konversationen mellan honom och min israeliske kollega har fått mig att tänka efter.

Är judiska attityder så annorlunda? Hur reagerar jag själv? På vilket sätt och i vilken utsträckning har min egen judiska kulturbakgrund – assimilerad till den ungerska medelklassen redan ett par generationer före mig, utan någon religiös tradition och utan någon samhörighetskänsla med traditionen – levt kvar inom mig själv? Hur har den färgat mina reaktioner, mitt sätt att tänka, min förmåga att trivas med olika miljöer, aktiviteter och människor? Vilken styrka och vilka svagheter har jag fått av den, vilka fördelar och vilken belastning? Hur har jag formats av mina 47 år i Sverige, mer än två tredjedelar av mitt vuxna liv?

Obesvarbara frågor, särskilt om jag skall försöka svara på dem själv. Men jag kan låta mitt svenska och mitt judiska jag tala med varandra, berätta om varandra. Inte direkt – det vore nog omöjligt, eftersom de har suttit alldeles för länge i samma rum, de har trängts i samma trånga tunnlar, de känner varandra alltför väl och alltför lite. Syskon eller samboende människor vars personkemi inte riktigt harmonierar med varandra kan uppnå en liknande laddad jämvikt, med fungerande rutiner som bryggar över klyftor och spänningsfält så fullständigt att den utomstående betraktaren får ett intryck av upphöjd serenitet och himmelsk harmoni.

Men låt oss lämna jagets fängelse. På vilka sätt skiljer sig israeliska och svenska eller judiska och lutheranskt puritanska attityder?

Jag har försökt att få några delsvar på denna omöjliga fråga genom att låta mina två författare komma till tals. De är inga romanfigurer – långt därifrån! De är människor av kött och blod, de har publicerat hyllmeter av egna böcker. Ända sedan jag träffade dem under redan antydda omständigheter, gränsande till det ofattbara, för de en dialog i mitt huvud. Den är full av kontraster. Judiska attityder blir plötsligt synliga mot den svensk-lutheransk-puritanistiska bakgrunden. Den svenska försiktigheten i uttryckssättet, konflikträdslan och den starka självbehärskningen ställs mot medelhavsområdets impulsiva, spontana, lätt överhettade känslomässighet. Understatement och overstatement speglar sig mot varandra, den långvariga freden och det eviga kriget kolliderar ständigt, låt vara i väl kamouflerade former. Kontrasterna dyker upp överallt: i reaktionshastigheten, improvisationsförmågan, ordens valörer. Det välordnade, lugna, stabila samhället tar hand om många problem och förväntas därför ta hand om alla problem. Hur är det ordnat, hur skall det ordnas frågar man här i Norden. Möter man plötsligt svåra oväntade situationer, som faller utanför planritningarna, höjs genast ögonbrynen, aktiveras alla samtal kring kaffebordet eller i bastun: vems fel, vems ansvar är detta? Varför har man inte tänkt på det i förväg? Israelen frågar inte så. Han sätter igång på sekunden, ger första hjälp åt de sårade, forslar bort de döda, röjer undan vraken och frilägger vägen så att livet kan gå vidare.

Har mina två författare mött varandra endast i min hjärna?

Nej, jag har också sammanfört dem i verkligheten. En enda gång. De träffades i den svenske författaren-konstnärens ateljé. Vi fick avnjuta värdens alltid lika goda kaffe och tittade på några av hans färgrika konstverk. Mina två vänner såg lite förvånat på varandra som om de undrade hur i all världen de hade hamnat i varandras sällskap. De påminde mig lite om hundar som träffas för första gången, fast hundar vet bättre vilka signaler de skall undersöka. Svensken visste något om israelen, eftersom han hade läst manuskriptet till denna bok. Israelen visste ingenting om svensken frånsett min knapphändiga presentation strax före besöket. Så blyg han är, sa han till mig senare. Svensken sa ingenting efteråt – han var ju blyg.

Samtalet varade i ungefär tre kvart, sedan måste vi skynda vidare till andra programpunkter. Det var ett bra samtal. Så bra som det nu kunde vara. Men de två herrarna får nog fortsätta att samtala med varandra i min hjärna. Om det är deras samtal eller mitt vet jag inte. Det bryr jag mig inte om, för att använda ett av min svenske författares favorituttryck. En sak står dock klar för mig. Om deras attityder återspeglar några av de viktigaste kontrasterna mellan de två kulturerna, så kommer deras romanverks stora träd även i fortsättningen att stå på betryggande avstånd från varandra. Flyttfåglar som jag kommer att sätta sig på deras grenar, än på den enes, än på den andres. Men själva kommer de att göra som träd gör. Årsringarnas antal kommer att öka, nya grenar kommer att skjuta ut, nya rötter kommer att borra djupare i det mänskliga tillståndet. De kommer inte att nå varandra. Men flyttfåglarna kommer att strunta i deras värdiga avskildhet, såsom det ligger i fåglars natur.

Nej, de befinner sig inte så långt ifrån varandra, trots allt. De har samma kulturella ursprung, bara några futtiga årtusenden skiljer dem åt. Samma två stentavlor med samma tio budord är deras gemensamma botten. Israelens förfäder högg in dem i stenen med samma bokstäver som han själv använder för att skriva sina romaner. De skrivs fortfarande från höger till vänster, precis som när man hugger i sten. Svensken har tolkat ordens innebörd i en bok för barn.

Hur har två kulturer som vilar på samma tio budord, eller snarare deras historiska föregångare, kunnat råka i så många stridigheter? Vad är det för stridigheter? Brödrakrig eller ständigt återkommande försök till fadermord?

Allt detta är eller borde vara gammal historia vid det här laget. Religionerna har tappat mark. Den speciella kristna formen av antisemitism har i stor utsträckning "avkristnats". Till och med påven har sent omsider förklarat att judarna inte skall hållas ansvariga för Kristi död. Frid och fröjd alltså.

Eller?

Om det vore så. Om man kunde utplåna två årtusenden av förföljelser genom en påvlig bulla.

Är det detta vi skall hålla i minnet när de båda författarna ställs mot varandra på de sidor som följer?

Ingalunda. Det har ingenting med dem eller deras författarskap att göra. Men många av deras attityder, kontrasterna mellan deras drömmar och mardrömmar, deras lust och vrede, deras strävan och deras uppgivenhet, bottnar i det som har förevarit i detta och andra sammanhang.

Varje gång jag kom till Jerusalem gick mina första steg under en lång följd av år till historieprofessorn Shmuel Ettinger vid Hebreiska universitetet. Den östeuropeiska judendomens historia var hans specialområde. Jag hade aldrig träffat någon som lika koncist och innehållsrikt hade kunnat sammanfatta den aktuella politiska situationen och dess historiska bakgrund i Israel eller annorstädes. Men han kunde mer än det. Shmuel kunde beskriva för mig hur jag måste ha känt mig som fjortonårig judepojke i Budapest och på vilket sätt detta skilde sig från en motsvarande ynglings sinnestillstånd i Warszawa. Jag kunde endast bekräfta att jag upplevt det precis så som Shmuel beskrev det. Skillnaden var att han visste varför.

Ja, varför?

Båda mina författare borrar ständigt i det förgångna. Även när de skriver om det närvarande och det framtida. Det förgångna är inte bara framtidens mor och far, det är dess pådrivare. Det är den eviga vinden som blåser upp vågorna, tråden som drar i marionettdockan, det är grunden till lagbundenheterna och miraklen som styr våra öden. Det döljer sig i våra handtag och våra famntag, det får oss att stämma upp till dans eller att ladda våra vapen.

Min israeliske författare har traskat tillbaka i tiden. Nästan hundrafyrtio år lång blev hans kräftgång. Han har skildrat områdets brokiga historia genom en enda sefardisk-judisk Jerusalemfamiljs mångfasetterade prisma. Deras messianska idéer, djupa bindningar och hopplösa konflikter, ett ändlöst nätverk av kärlek och besvikelser, hängivenhet och kontaktlöshet, stor yrkesskicklighet och ständigt återkommande livshotande depressioner, deras polyglotta uttrycksförmåga och totala oförmåga att meddela sig med sina närmaste följer och förföljer dem genom sju generationer. Ville författaren spegla det judiska folkets öde, det ständiga navigerandet mellan mordhotet utifrån och depressionen inifrån? Eller ville han snarare skildra deras obrutna livsvilja, det manliga fostret som alltid ligger färdigt i någons livmoder trots alla förgörande krafter, ett manligt foster som kan föra släktnamnet vidare?

Min svenske författare har ofta dröjt kvar i glesbygden och de djupa skogarna, han har dykt ner i de gamla människornas ensamhet. Som den konstnär han är har han målat landet där det är *"vidt emellem og langt ifra"*. Med obotligt vemod ser han hur skogen förändras, motorvägarna dras, hur hästarna försvinner, järnvägen läggs ned, gamla stugor rivs. Han är så svensk som någon kan vara men han är också europé ända ut i fingerspetsarna, utan att veta det. Tvärtom, han tror inte att någon svensk kan förstå den europeiska gemenskap som vi kommer att tillhöra. Han förstår inte heller det etniska våldet, han ser mig och andra centraleuropéer som krigsskadade. Förgäves försöker jag hävda det motsatta, att det är han och andra svenskar som är fredsskadade, att deras förmåga att se världen och människorna som de är har avtrubbats av den långa freden, och förvrängts av den ihållande – religiösa? politiska? – indoktrineringen om människans grundläggande godhet, som har brett ut en optimismens och önsketänkandets rosafärgade slöja över slagfälten och graven.

För min israeliske författare och hans vänner är det en förolämpning att inte acceptera världen som den är. För min svenske författare är det en förolämpning att världen inte är som den borde vara. De hyser dock samma kärlek till livet och har samma benägenhet att dölja sin djupa människorespekt bakom en förklädnad av mild och förstående ironi. Deras världsbild bygger på samma principiella förutsättningar, deras romaner bottnar i samma *condition humaine*. Ändå är de helt olika. De är lika olika som Döda Havet och Mälaren, som smålandsskogarna och Judéens öken, som Jerusalem och Visby. Som frihet och förföljelse. Som oavbrutna diskussioner och en lång tystnad.

Hjärnans underliga nätverk

Ett hårt slag mot mitt breda sovrumsfönster en ljus sommarkväll. Vad hände? Har någon kastat en sten? Men det lät inte som en sten. Det var ett dovt slag, något tungt men ändå relativt mjukt. Jag tittar ut. En död fågel. Den hade flugit rakt in i fönstret.

Underligt att det inte händer oftare. Vi och våra vertebratkusiner ser ju endast kontraster. När en katt sover eller ligger vaken med öppna ögon, stimuleras inte nervcellerna i kattens syncentrum av ett diffust ljus. En svart punkt som rör sig kan stimulera dem om den rör sig i en viss riktning men inte när den rör sig i motsatt riktning. En linje eller en skarp kant som rör sig kan stimulera eller sakna effekt, beroende på dess lutning. Synförnimmelsen kräver kontrast och rörelse i rätt riktning och med den rätta orienteringen.

Är allt detta inskrivet i generna? Ja, men endast som utvecklingspotential. Synupplevelserna i den tidiga barndomen har en avgörande effekt på hjärnbarkens utveckling.

Barn som föds med ogenomskinliga ögonlinser får bestående syndefekter om felet inte avhjälps i tid. Djur som växer upp i mörker eller i en miljö utan kontrasterande konturer får permanenta defekter. Små katter vars ena öga är experimentellt förblindat under de första levnadsmånaderna kan inte se med detta öga när det senare öppnas, trots att själva ögat och synnerven är anatomiskt intakta och trots att det andra ögat och den motsvarande hjärnbarken reagerar normalt.

Den vuxna organismen beter sig inte på samma sätt. Den avstängningskänsliga perioden upphör hos människan vid fem till tio års ålder. Den som får starr vid vuxen ålder, kan återfå normal syn efter operationen även om synen på samma öga saknats under flera år. Funktionsförlusten hos ett icke använt barnöga beror nämligen inte på någon degenerativ förändring som hos en oanvänd muskel utan på konkurrensen mellan olika hjärnbarksområden under den dynamiska utvecklingsfasen.

Det visuella systemet är inget specialfall. Liknande regler gäller för andra hjärnfunktioner. Utvecklingen av hjärncellernas förbindelser och deras funktionella organisation påverkas i mycket högre grad än man förut anat av yttre stimulering under den tidiga barndomen. Detta samspel är uppenbarligen avgörande för organismens anpassning till sina livsbetingelser. Såväl vår vardagserfarenhet som kontrollerade vetenskapliga experiment visar att högre ryggradsdjur endast under en begränsad period kan förvärva vissa färdigheter. Termen prägling (*imprinting*) myntades av Konrad Lorenz sedan han hade experimenterat med ankungar. Nykläckta småankor följer normalt sin mamma. Men när de fick syn på Konrad Lorenz först, i stället för sin mamma, ville de inte följa någon annan än honom. Vår förmåga att lära oss att utföra aritmetiska räkneoperationer i huvudet dominerar i sex-sjuårsåldern. Alla vi som hade ett annat barndomsspråk än det språk vi använder under vårt vuxna liv faller tillbaka till barndomsspråket när vi räknar i huvudet, hela livet igenom. Ibland stannar huvudräkningen kvar som det enda spåret efter ett i övrigt bortglömt språk. Några bland Carleton Gajduseks* adoptivbarn, som han tog från stenålderssamhällen på Nya Guinea till USA när de var mellan tio och tolv år, kunde utan svårighet lära sig högre matematik i den amerikanska skolan, men de kunde inte lära sig att räkna i huvudet. Ända upp till de övre tonåren kan vi lära oss nya språk utan brytning. Senare går det inte, hur språkbegåvade eller musikaliska vi än är. Barn som tidigt har lärt sig två eller flera språk kan senare i livet lättare lära sig nya språk än barn som har varit enspråkiga.

Under barndomen fixeras även många av våra attityder. Vi är sällan medvetna om dessa fixeringar. Kan man genomskåda och med rationella resonemang motverka förutfattade meningars styrning, kan man träna upp förmågan att upptäcka sina egna, ofta väl dolda fallgropar? I min essä om genetik har jag försökt borra i denna svåra terräng, så gott det nu går. Det var en något smärtsam men lärorik övning. Ingen av de biologiska vetenskaperna står mig närmare. Jag har älskat genetiken ända sedan mina första stapplande steg inom biomedicinen och har alltid betraktat den som alla biologiska vetenskapers moder. Jag har beundrat dess experimentella precision, dess rigorösa men samtidigt fantasieggande tolkningar och dess grundprinciper som förenar hela den biologiska världen. Som en ständigt växande flod rinner den fram genom vårt århundrade. De mendelska korsningsförsöken utgör dess källor. Kromosom- och genteorins harmoniska sammansmältning under seklets första kvartal är dess St Louis där två stora floder möts. Därifrån flyter floden majestätiskt och ohejdbart vidare. Under seklets andra hälft förvandlas genetiken till molekylärbiologi. Man lär sig DNA-skriften, genernas alfabet, man börjar

* Se min essä ”Proteus II – Carleton” i *Utvägen* (1992).

förstå ord och hela meningar. Organismernas egenskaper kan i allt större utsträckning förankras i proteinernas struktur och funktion.

Jag har hyst en stor beundran för de stora banbrytarna. Gränsöverskridarna som har störtat gamla paradigm och skapat nya tankevärldar har varit mina hjältar. Jag har läst deras arbeten som spännande detektivromaner, jag har berättat och återberättat deras vetenskapliga och personliga livs små och stora anekdoter. Jag har dyrkat några av dem reservationslöst ända tills...

Ända tills vad? Jag beundrar dem fortfarande nästan eller helt reservationslöst trots att...

Trots vad?

Trots den bakgård jag hamnade på när jag råkade öppna en dörr som ledde till det obehagliga, det ur de inomvetenskapliga samtalen omsorgsfullt bortträngda...

Vad fann jag där som jag inte visste förut?

Tidigare var jag endast medveten om att människans ärftlighet var ett "känsligt" område. Nu vet jag att det är ett minerat fält där man riskerar att trampa fel. Och vilka felsteg har man inte redan gjort! Så fort man började förstå några av de genetiska lagarna trodde man i sitt övermod att det stod i människans makt att påverka sin egen fortsatta evolution. Denna naiva optimism kan spåras ännu längre tillbaka, till Francis Galton, Darwins samtida, som brukar kallas för "eugenikens fader". Eugenikens målsättning var att påverka vår arvsmassa genom positiv och negativ selektion. Efter nazismens vedervärdiga "rasbiologi", som urartade till världshistoriens största organiserade massmord, har eugenikens faror varit uppenbara för de flesta. Men redan efter ett decennium återuppstod den i ny skepnad. "Reformeugeniken" tog visserligen helt avstånd från den s.k. rasbiologin men fortsatte icke desto mindre i det galtonska spåret. Jag blev mycket besviken när jag fann att även några av våra största genetiker, vetenskapens grundare, propagerade för eugeniska selektionsprogram. Det skedde visserligen i respektabla former och inom ramen för det i våra västerländska demokratier accepterade värdesystemet. Det var dessutom uteslutande fråga om positiv selektion. Men skriften på väggen är alltför tydlig, åtminstone för den som trots kollegernas bestämda avrådan vågar sig ut på denna bakgård i stället för att stanna kvar i vardagsrummet som med all rätt badar i ljus. Borrar man ytterligare två tre generationer tillbaka i tiden, finner man något ännu mer förvånansvärt, även eller kanske alldeles särskilt om man håller sig kvar på den enligt alla våra förutfattade meningar betryggande svenska scenen. Bland eugenikens starkaste förespråkare och den svenska steriliseringslagens ivrigaste pådrivare finner man några av det svenska folkhemmets stora ideologer, exempelvis Ellen Key, Anton Nyström, Bengt Lidfors och, med särskilt starkt engagemang, makarna Alva och Gunnar Myrdal. Man ville hindra människor med "dåliga arvsanlag" från att få barn, för att därmed, som man hoppades, minska förekomsten av sinnessjukdom, sinnesslöhet, asocialitet och kriminalitet.

Finns det några gemensamma nämnare i samhällsideologernas och de reformeugeniskt inställda vetenskapsmännens argumentering? Det finns två iögonfallande likheter. De var på bägge håll så övertygade om behovet och den potentiella effektiviteten av de eugeniska åtgärder de förespråkade att de tog mycket lätt på faktaunderlaget för sina resonemang. I en 1935 publicerad text skriver makarna Myrdal bl.a. att "socialpedagogiska skäl för sterilisering tala i och för sig för en utvidgning av ingreppsområdet och för att även en mindre ärftlighetsrisk skall godtagas som steriliseringsförutsättning". Lika lättsinnigt tar några stora, nedan citerade vetenskapsmän på de sociologiska, ekonomiska och psykologiska förutsättningarna, eller snarare bristen på förutsättningar för sina handlingsprogram.

Det andra gemensamma draget finner man i den människotyp eugenikerna vill befrämja, från Francis Galton och framåt och oavsett vetenskaplig eller politisk bakgrund.

Man sätter uppenbarligen störst värde på de egenskaper man själv äger eller anser sig äga. I sin iver att framför allt befrämja fortplantningen av intelligenta och duktiga människor märker genetikerna och socialingenjörerna inte sin egen självgodhet, arrogans och överklassmentalitet. Det är särskilt förbluffande att se hur några av de bästa vetenskapsmännen kan hamna så långt från genetikens estetiskt och logiskt vackra precision, uppenbarligen utan att själva lägga märke till det. Har de omedvetet drivits till denna okritiska argumentering, som rimmar så illa med deras i andra sammanhang kristallklara och alltigenom rationella resonemang, av den biologiska instinkten som i sin ursprungliga form manar oss att skydda vårt eget DNA i våra barn och andra nära anförvanter, ofta i direkt proportion till den andel av vårt eget DNA som de bär inom sig?* I sin kulturellt utvidgade form begränsar sig denna beskyddande attityd inte till vårt eget ”personliga” DNA. Vi vill också skydda vår etniska grupp, vår sociologiska miljö, vår kultur. Här möter vi som bekant en ännu större mångfald av företeelser än i fråga om ”genskydd”. Skalan går från universalitet och tolerans till exklusivitet, överklass- eller herrefolksmentalitet och, på den extrema ytterkanten, till etniskt våld. Valet mellan en positiv och en negativ utgång, avgörandet mellan en fredlig och en våldsam utveckling kan bero på en mängd till synes mycket små steg, en serie av ja- respektive nejbeslut inom en historisk flerstegsprocess. Ibland sker det helt omärkligt. När våldshandlingarna är ett faktum frågar man sig förfärad: Hur kunde detta hända?

Hur snabbt kan positiva attityder övergå till negativa? Under vilka omständigheter omvandlas den naturliga förvåningen eller förundran över dem som är annorlunda till beundran och när slår den om till aversion och avsky? Vilken roll spelar historiskt, sociologiskt eller politiskt fixerade förutfattade meningar och stereotypier?

* Se Dawkins, R.: *The Selfish Gene* (1976).

Vi är lika omedvetna om våra egna förutfattade meningar som fisken är om vattnet, som barnet om det perfekt talade modersmålets grammatik och som vi är om vår egen kroppslukt. Men ibland får vi möta dem i ett så starkt förändrat sammanhang att vi plötsligt ser dem, åtminstone för ett kort ögonblick. Något så trivialt men ändå ovanligt som två dubbelpunkteringar som hände med ett års mellanrum har fått mig att förnimma några av mina egna.

Två dubbelpunkteringar

Den första hände för tre år sedan då min hustru Eva och jag tillbringade vår vanliga arbetsmånad i Jerusalem. Vi hade en liten hyrbil. På Israels självständighetsdag, som infaller under maj, besökte vi några vänner i en kibbutz och återkom till Jerusalem vid elvatiden på kvällen. Trafiken var tät, helgfirarna var på väg hem.

På väg ut mot vår tillfälliga bostad vid Hadassasjukhuset började bilen skaka på ett obehagligt sätt. Jag försökte skylla på väglaget, men symptomens snabba försämring gjorde slut på mitt önsketänkande. Punktering. Med bilens sista, ännu tolererbara skakrörelser linkade vi in på en bensinstation.

Endast en man var i tjänst. Bilarna stod i kö för att tanka. Nya kunder anlände ständigt. Jag frågade mannen om han kunde hjälpa mig att byta däck. Själv är jag alltför obevandrad i denna konst, särskilt när det gäller en främmande bil. Nej, han kunde inte göra det just nu, vi fick vänta. Det var omöjligt att säga hur lång tid det skulle ta.

Plötsligt kom en ung ortodox jude fram till mig. Han var klädd i svart kaftan och en glänsande och tydligen alldeles ny svart hatt. Han hade *peiot* (krullockar) och *tsitsiot* (långa vita fransar som hänger från skjortan), såsom det anstår en *charadi* (religiös man som fruktar Gud).

Behöver du hjälp? frågade han på hebreiska.

Jag vill inte vara till besvär, men nog behöver jag hjälp, alla gånger, svarade jag.

Han tog av sin vackra hatt – kipan, den lilla mössa som en religiös man alltid bär på huvudet, satt självklart därunder – och placerade den på min smutsiga kylare utan ytterligare kommentarer. Sedan plockade han fram verktygen ur bagageluckan och ställde sig på knä i sina vackra svarta byxor. Han bytte det trasiga däcket på några minuter.

Hur ska jag kunna tacka dig! utropade jag.

Tihije bari (förbli frisk), svarade han med de religiösas traditionella hälsning och gick.

Jag var rörd och kände en snabbt övergående pust av dåligt samvete, eftersom jag ser på de många ”svartklädda” i Jerusalem med en viss misstänksamhet. I mina och många andra sekulariserade judars ögon är de ständigt i färd med att försöka omvandla staten Israel till en teokrati och göra det judiska Jerusalem till ”sin” stad med alla religiösa förbud och påbud det skulle innebära.

Nästa dag åkte jag till hyrbilsfirman för att skaffa ett nytt reservdäck. De hade inget på lager och varken kunde eller var särskilt angelägna att hjälpa mig. Detta var den enda händelsen (eller snarare icke-händelsen) i denna historia som inte förvånade mig.

Dagen därpå hade jag en föreläsning i Beersheva, Negevöknens huvudstad som ligger på sydgränsen till antikens Israel. Jag föreläser gärna där. Det hypermoderna universitetets specialkonstruerade byggnader skapar angenäma arbetsmiljöer trots ökenhettan. På gräsmattan framför sjukhuset ser man alltid en brokig samling av beduiner, europeiska och orientaliska judar, och en annorlunda men lika färgstark blandning av studenter. Medicinarna är mycket omsorgsfullt utvalda, främst med avseende på motivation. De vill verkligen lära sig någonting om livet och sjukdomarna, inte bara plugga in läxan och glömma den efter tentamen. Deras prövande och genuint intresserade frågor erbjuder en stimulerande kontrast till mera traditionellt antagna studenters väluppfostrade slätstrukenhet.

Efter föreläsningen fick vi bråttom att anträda återresan till Jerusalem i någorlunda god tid, beroende på ett tidsbestämt kvällsmöte och middag. Vi kom dock inte längre än tio kilometer innan bilen än en gång började skaka och skramla på ett högst obehagligt sätt. Kunde det verkligen vara sant?

Jo, det var sant. Punktering än en gång. Mitt ute på motorvägen.

Vi stod alldeles rådlösa. Jag vinkade till förbipasserande bilar, men ingen stannade. Det är rätt åt dig, tänkte jag, du stannar ju aldrig. Det finns väl andra som har mindre bråttom, brukar du mena. Men denna gång skulle det ändå inte ha hjälpt om någon hade stannat, vi hade ju inget reservdäck.

Plötsligt körde en volkswagenbuss full med araber in bakom vår bil. Föraren frågade mig på bruten hebreiska vad jag hade för problem. Eva försökte ge mig ett litet tecken att jag skulle låta honom åka vidare, men jag kände mig pressad av klockan och var därför beredd att berätta om mitt problem för vem som helst som var villig att lyssna.

Hoppa in då, sade han. Vi tränger ihop oss här i framsätet. Jag kör dig till en servicestation där du kan köpa ett däck. Sedan tar jag dig tillbaka hit och vi byter. Något annat finns inte att göra. Du får betala mig 20 shekel (ungefär 60 kronor).

Skulle jag våga åka med honom? Allt i mig sade att jag inte borde åka. Han hörde ju till ”fienderna”. Jag talade hebreiska, hade israelisk nummerplåt. Vad som helst kunde hända.

Sedan tänkte jag på människorna jag skulle möta i Jerusalem och att jag verkligen ville träffa dem. Jag fattade mod och hoppade in i den arabiska volkswagenbussen. Eva stannade kvar med den punkterade bilen vid sidan av motorvägen. Nu stannade bil efter bil. Man frågade om hon behövde hjälp. Nej, svarade hon, min man har försvunnit i en arabisk bil, jag har inget reservdäck och vet inte när han kommer tillbaka. En arabisk bil? De förbipasserande bilisterna skakade på huvudet. Det var ingen bra idé. Nej, det var absolut ingen bra idé.

Senare stannade även en polisbil. Poliserna var av samma uppfattning. Det var en urusel idé.

Eva satt kvar.

Själv befann jag mig i volkswagenbussens framsäte. En ung man i 20-årsåldern satt mellan den muskulöse föraren och mig. Han kunde varken hebreiska eller engelska men talade till min förvåning en stapplande italienska. Min italienska är minimal, men vi kunde ändå hålla igång en viss konversation. Det visade sig att han studerade medicin i Italien. Han ville gärna komma till Sverige.

Plötsligt gjorde volkswagenbussen en tvärgir och körde av motorvägen, rakt ut i terrängen. Där fanns ingen riktig väg, bara ett spår efter breda lastbils- och traktorhjul. Bilen krängde och skakade som en båt i storm.

Jag frågade förskräckt vart vi var på väg. Till min by, svarade föraren.

Jag var panikslagen. Vad hade jag gett mig in på? Jag kunde ju bli mördad, eller i varje fall rånad. Och Eva ensam på landsvägen!

Vad skall vi göra i din by? frågade jag föraren lågmält. Men han talade högljutt med de övriga passagerarna på arabiska. Han berättade tydligen en rolig historia. Jag frågade igen, men fick inget svar nu heller. Jag tänkte på allt som jag hade ogjort. Mitt labb. Mina barn och barnbarn. Middagen i Jerusalem som vi skulle missa. Dagens post från Stockholm. Min mamma som väntade mig tillbaka till Stockholm. Experimentet som hade planerats för nästa vecka. Vilken gränslös dumhet.

Bilen guppade upp och ner i ökenhettan. Nu var jag också rädd för att bli illamående.

Han reagerade på min fråga först när jag ställde den, nu

ganska högljutt, för tredje gången. Vi är på väg för att skaffa dig ett däck i min by.

Jag trodde inte på ett ord av vad han sade.

Han släppte av passagerarna, en och en. Han bedrev tydligen någon form av taxiverksamhet.

Efter ytterligare hårda skakningar kom vi fram till byn. Den verkade fattig men ren. Någon bensinstation eller verkstad kunde jag inte se.

Vi stannade framför ett gammalt skjul. Det var uppenbarligen någon form av bilverkstad. Några gamla män satt på en bänk och rökte. En pojke på 14–15 år med bar överkropp skötte arbetet. Du skall hålla tyst nu, sade min förare medan vi klev ur bilen. Låt mig sköta hela samtalet.

Först senare begrep jag att han inte ville att de andra skulle höra att jag talade hebreiska. Han hade uppenbarligen presenterat mig som turist.

Pojken tog fram det rätta däcket. Han visade mig priset i den tryckta katalogen. Jag betalade och hoppade in i volkswagenbussen igen. Det var en snabb och korrekt affärstransaktion. Jag blev varken rånad eller mördad, och hade fått det rätta däcket utan att ens betala det överpris jag räknat med.

En pojke i tioårsåldern sprang fram till bilen. Efter ett uppenbarligen glatt och intensivt samtal på arabiska förklarade föraren att pojken var hans yngste bror, den tionde i ordningen. Sedan bjöd han in mig på kaffe i sitt föräldrahem. Jag tänkte på Eva vid vägkanten och tackade nej. I byns lilla affär köpte han kall saft åt oss. Sedan åkte vi tillbaka till min bil, föraren bytte däck, han fick 50 shekel i stället för begärda 20 och vi skildes åt som gamla vänner.

Vid middagen i Jerusalem senare samma kväll berättade jag om äventyret för mina israeliska vänner. De tog dig till Rakhah, en beduinby som är ganska vänligt inställd till staten Israel, sade de. Det kunde ha hänt dig värre saker i närheten av Hebron, Nablus eller Ramallah. Det var under alla förhållanden mycket oförsiktigt av dig att följa med så aningslöst.

Kanske det. Men den triviala episoden lämnade kvar en underlig blandning av känslor: en viss angenäm förvåning, ett spår av panik över vad som kunde ha hänt och en ganska intensiv skuldkänsla för mina ogrundade misstankar.

Knappt ett år senare var vi återigen i Israel. Vi deltog i vår årligen återkommande cancerforskarkonferens i kibbutzen Ein Gedi, vid Döda Havet.

Vi var tvungna att åka till ett annat möte i USA dagen innan konferensen var slut. Våra ej ombokningsbara biljetter gällde för El Al-planet till New York som avgår klockan ett på natten. En ortsbo som extraknäckte som taxiförare skulle ta oss till den internationella flygplatsen nära Tel Aviv.

Vi lämnade kibbutzen vid niotiden på kvällen. Vi skulle vara på flygplatsen kl 23, två timmar skulle visst räcka. Konferensens avskedsfest var i full gång. Våra till vardags så allvarliga kolleger var uppsluppna som tonåringar. Vår bil sänkte sig från den upplysta platån, där kibbutzen ligger, ner mot världens lägst belägna sjöyta. Det var som att dyka ner i en mörk avgrund. Den i dagsljus så osannolikt färgrika Dödahavskusten var försänkt i den subtropiska nattens kolsvarta mörker. Den slingriga landsvägen verkade lika livlös som salthavet på vår högra sida. Inga bilar syntes till. Ett fåtal ljus blinkade svagt på den jordanska sidan. Den eviga krigsgränsen låg och teg mitt i Döda havet.

Jag reflekterade över kibbutzens egna folksånger som vi nyligen hört. Är det inte märkligt att den stålblanka tjockflytande vattenmassan, som vindarna endast med största kraftansträngning förmår att piska till några tröga vågrörelser, heter Salthavet (*jam hamelach*) på hebreiska men Döda havet på andra språk? Kibbutzens egna ungdomar kallar det för Dödens hav i sina sånger (*jam hamavet*). Stolt sjunger kibbutzungdomarna om det blomstrande, gyllene livet, där de står på sin grönskande klippa ett par hundra meter ovanför Dödens hav.

Vilket namn använde Herodes när han beskådade denna lugna yta från Masada, hans ointagliga fästning? Tog de romerska soldater som belägrade Masada ett knappt sekel senare några morgonpromenader vid denna egendomliga strand som skiljer sig från deras skummande, skrattande Medelhav lika mycket som Hades skiljer sig från Olympen? Lade de sig någonsin på det madrassliknande vattnet som man varken kan simma eller sjunka ner i, flöt de på rygg på samma sätt som dagens tidningsläsande badturister?

Mina funderingar fick ett tvärt slut. Bilen började skaka och skramla. Det kunde väl inte vara en punktering?

Det var just vad det var. Föraren svor på något slaviskt språk. Nåväl, det gjorde ingenting, vi hade ju gott om tid.

Det kompakta mörkret låg över oss som under flyglarmsnätterna i min ungdom. Vi hade ingen ficklampa. Den första förbipasserande bilen stannade dock. Föraren bar en kipa på huvudet, han var alltså religiös jude. Två småbarn sov i bilens baksäte.

Behöver ni hjälp? frågade han. Lite ljus vore bra, svarade vår chaufför.

Han vände på sin bil och lyste upp åt oss. Han verkade glad och stannade kvar tills däcket var bytt. Han hade ju gjort en *mitzva* – en god gärning som en religiös jude ständigt skall sträva efter. Barnen hade inte vaknat.

Vi for vidare. Vi kunde inte ha åkt i mer än tio minuter förrän bilen började skaka igen. Vad i herrans namn? Det var väl ändå inte möjligt?

Visst var det möjligt. Punktering igen. Och inget reservdäck.

Nu kändes situationen hotfull och pressande. Vi måste hinna med planet till USA, annars förlorade vi våra flygbiljetter. Dessutom började konferensen redan på ankomstdagen.

Några bilar passerade förbi. Vi försökte få dem att stanna, men förgäves. Förarna verkade fullständigt okänsliga. Precis som jag när jag sitter bakom ratten och andra befinner sig i en nödsituation.

Plötsligt hörde vi några spruckna röster från diket på andra sidan landsvägen. Några överförfriskade hippieliknande typer hade valt det kolmörka diket som övernattningsställe. Ville de gömma sig för militärpatrullerna? De hade riktigt roligt på vår bekostnad.

Hoppet steg när vi såg en stor tom buss nalkas. Den stannade. Underbart! Högljutt började jag förklara vår situation för föraren trots att han inte öppnade dörren. Jag stod ganska nära. Plötsligt körde han iväg med en rivstart, utan att ha reagerat på mitt tilltal. Blev han rädd för min främmande brytning, eller gav han helt enkelt tusan i oss efter att ha förstått vår belägenhet?

Ytterligare några bilar åkte förbi utan att stanna. Men plötsligt stannade en bil med fyra arabiska ungdomar i tjugoårsåldern. De frågade vad vi hade för problem. Deras goda hebreiska och gula bilskylt tydde på att de var israeliska araber. Vår chaufför tittade på dem med uppenbar misstänksamhet men berättade ändå att vi saknade reservdäck och hade bråttom till flygplatsen.

Ni har ju samma typ av bildäck som vi, sade den arabiske föraren. Ta vårt reservdäck.

Vår chaufför blev ännu mer misstänksam. De vill säkert pressa oss på en massa pengar, viskade han till mig. Sedan frågade han i en oartig ton: Hur mycket vill ni ha?

Ingenting, blev svaret. Lämna bara tillbaka vårt reservdäck efteråt.

De tog fram sitt reservdäck och hjälpte till att byta. De var uppenbarligen snabbare och mer erfarna än vår chaufför.

Plötsligt stannade en israelisk armépatrullbil bredvid oss. En officer och tre soldater satt i den, starkt beväpnade. Bilen hade höga radioantenner. Männen ville se arabernas legitimationshandlingar. Jag blandade mig i samtalet och intygade beskäftigt att pojkarna höll på att hjälpa oss och att de skulle låna oss sitt eget reservdäck. Mina ord gjorde inget intryck. Soldaternas ohöljda misstänksamhet och oron i de fyra arabernas ögon väckte obehagliga associationer från andra världskriget. En armépatrull var en armépatrull, misstankar var misstankar. Den som fick legitimera sig intog automatiskt en försvarsattityd och kände sig skyldig även – eller kanske alldeles särskilt – när det inte fanns någon objektiv anledning.

Jag kände hur mina attityder började vackla. Som om vägskyltarna hade börjat ge motsägelsefulla besked, eller väl förtrogna vänner och platser hade ändrat utseende en liten aning – nej, inte så mycket att man kunde tala om en omvärdering, långt ifrån. Men det kändes ändå tydligt hur det känslomässigt förankrade fundamentet darrade något. Är det så man kan uppleva en lätt eller avlägsen jordbävning? Själens svarta hästar började stegra sig.

Jag har alltid betraktat den israeliska armén som min beskyddare. Soldaternas närvaro har ingett mig en känsla av trygghet på platser där jag känt mig hotad. Ingen jude som upplevt den totala värnlösheten och övergivenheten i nazisternas händer och den kollektiva dödsdomen kan någonsin komma ifrån denna känsla.

Men denna gång kändes det helt annorlunda. De fyra soldaterna satt kvar i pansarbilen med sina tunga vapen. Själv stod jag vid vägkanten med fyra unga araber som försökte hjälpa mig men fick avbryta sin hjälpaktion för att fumla efter sina legitimationshandlingar under soldaternas misstänksamma blickar. Det kändes kusligt. Jag var inte beredd att ändra mina känslor men ville inte ha dem kvar heller, åtminstone inte i samma form.

En professor i klinisk medicin lär ha sagt att ingen borde få läkarlegitimation utan att först ha legat på sjukhus med en allvarlig sjukdom. Jag förstod plötsligt hur det kan kännas att bli särbehandlad och extra noggrant undersökt, vid varje vägspärr och på varje flygplats, hur man på ett ögonblick kan förflyttas från lugn avspändhet till en kafkaisk skuldkänsla, hur man då samtidigt som man vet att man är oskyldig ändå accepterar att man är misstänkt.

Jag kom att tänka på David Grossmans bok *Den gula vinden* som publicerades ett par år före intifadan. Han beskrev där sina samtal med många människor på båda sidor. Han hade besökt arabiska flyktingläger, judiska bosättningar på ockuperade områden och en rad andra platser vilkas politiska hemvist låg någonstans mellan dessa två ytterligheter. Tack vare sitt försynta, empatiska väsen, sina lågmälda frågor och sina goda språkkunskaper togs han emot överallt med vänlig öppenhet. Han släpptes in även på de hemliga illegala övernattningsställen där arabiska arbetare från Västbanken ligger över i Israel för att slippa den obligatoriska resan fram och tillbaka.

Samtalen förutspådde mycket som har hänt sedan dess. Såväl intifadan som den vansinniga massakern i Hebron var redan skrivna på väggen. Grossmans beskrivning av tioåringarnas mardrömmar på båda sidor hade särskilt etsat sig in i mitt minne. De drömde samma mardrömmar, men den onda fienden var jude för den ene, arab för den andre.

Det är lätt och kanske nödvändigt att demonisera fienden när man tvingas att utkämpa ett långt krig. Det kan ha underlättat vår arts överlevnad under evolutionen. Men våra mödosamt etablerade identiteter kan lätt komma i gungning.

Vem kan rekonstruera alla de biljoner av små ja- och nejbeslut vilkas totala summa leder till fred eller krig? Vem kan ens någorlunda realistiskt rekonstruera ett historiskt händelseförlopp?

Medan jag funderade över dessa evigt aktuella men obesvarbara, gränslöst viktiga men egentligen meningslösa frågor, hade de fyra bistra soldaterna godkänt arabernas legitimationer. Pojkarnas reservdäck satt nu fast på vår bil, men misstänksamheten hängde fortfarande kvar. Chauffören mumlade något om pengarna de säkert skulle kräva av honom, trots att ingen hade sagt något om detta. Patrullbilen följde efter oss en lång stund för att se om allt var i sin ordning.

Vi kom fram till planet i tid. Arabpojkarna hade långt tidigare lämnat våra spår utan att begära någonting annat än att få sitt däck tillbaka. Om chauffören var angenämt överraskad av detta så dolde han det omsorgsfullt.

Två dubbelpunkteringar. Religiösa judar och araber hade hjälpt oss båda gångerna, människor jag normalt inte hade någon kontakt med och vilkas sällskap jag inte sökte. Folk som verkade tillhöra min egen sekulariserade medelklass for förbi utan att reagera. Precis som jag själv brukar göra.

Varför är det så? Enklast vore det att säga att det var rena tillfälligheter. Vissa individer är hjälpsamma, andra inte. Det är dumt att försöka koppla detta till etnisk eller religiös tillhörighet. Det vore lika dumt som att se något annat än tillfälligheternas spel i den visserligen rätt osannolika men helt möjliga sekvensen av två dubbelpunkteringar, med ett års mellanrum. Varje annan förklaring vore att jämställa med de primitiva vidskepelser som enligt vårt sätt att se styr naturfolkens tankar och handlingar.

Primitivt, ja. Vidskepligt, ja. Men de styr ändå...

Man kan lätt förstå de religiösa. Att göra en *mitzva* är lika angeläget för dem som att förrätta sina dagliga böner. Det skaffar dem pluspoäng hos deras Gud.

Arabernas hjälpsamhet kan också vara förknippad med deras kultur som jag inte känner, men deras ställning som andraklassens medborgare kan ha bidragit till en viss lyhördhet för andras bekymmer.

Svårast att förklara – och sorgligast – är min egen välsituerade, etablerade medelklasslikgiltighet, den lätthet med vilken jag övertygar mig om att det är någon annans – ofta en myndighets – uppgift att hjälpa.

Är vår likgiltighet en direkt följd av vårt välstånd, är det en oundviklig sociologisk konsekvens av våra välordnade förhållanden? Och vilka slutsatser skall vi dra av denna insikt, om det nu förhåller sig så?

Vi får akta oss noga. Även de största bland oss kan göra

stora misstag, precis som de redan nämnda genetikerna och socialingenjörerna.

Det är allmänt känt att Konrad Lorenz* gav sitt stöd åt den nazistiska biologin, åtminstone i början. Han har bl.a. förordat negativ selektion av mindervärdiga individer.** I den korta självbiografi som Lorenz publicerat i serien *Les Prix Nobel**** förklarade han detta på följande sätt (min översättning):

> ”Experimenten med gässen har stimulerat mitt intresse för domesticering. Avkomman av en korsning mellan vilda grågäss och tamgäss visade förvånansvärda avvikelser från de vilda gässens normala sociala och sexuella beteende. Det blev uppenbart för mig att den kraftiga ökningen av deras mat- och kopulationslust var förknippad med en försvagning av vildfåglarnas högt utvecklade sociala beteende och att man kunde påvisa samma fenomen hos många andra tamdjur. Jag blev helt förskräckt – och är det fortfarande – när det slog mig att en liknande genetisk urartning (*deterioration*) kunde ha drabbat den civiliserade mänskligheten. Under inflytande av denna rädsla gjorde jag något mycket ogenomtänkt (*ill-advised*). Strax efter det att tyskarna hade invaderat Österrike skrev jag om domesticeringens faror och bäddade in mina meningar i värsta tänkbara naziterminologi för att göra mig bättre förstådd. Jag vill inte söka urskulda (*extenuate*) denna handling. Jag trodde faktiskt att den nya regimen kunde föra något gott med sig. Den tidigare trångsynta katolska regimen i Österrike hade förmått bättre utrustade och intelligentare människor än jag att hysa samma naiva förhoppning. Praktiskt taget alla mina

* Nobelpristagare i medicin 1973, tillsammans med Karl von Frisch och Nikolaas Tinbergen, för deras upptäckter rörande organismers individuella och sociala beteenden.

** Müller-Hill, B.: *Tödliche Wissenschaft* (1984).

*** *Les Prix Nobel* (1973), s 177-184.

vänner och lärare gjorde det, även min egen far, som var en vänlig och human människa. Ingen av oss kunde ana att ordet 'selektion' för de nya makthavarna skulle betyda mord. Jag beklagar det jag skrev, inte så mycket för den obestridliga vanheder som drabbar min person som för den negativa effekt det hade på den fortsatta forskningen rörande domesticeringens faror."

Man kan fråga sig vilka slutsatser Konrad Lorenz skulle dra nu. Anta att han hade rätt. Vilken utväg skulle han då finna för vår art och dess framtid? Skulle hans nya medicin smaka lika beskt som den förra?

Kontrasternas kontrast

Denna bok handlar om kontraster som kan hjälpa oss att se. Finns det någon större kontrast än den mellan hälsa och sjukdom, liv och död? Det är i själva verket kontrasternas kontrast. Ungefär som DNA är kodernas kod.

Våra liv präglas av en ständig *Zukunftsbezogenheit*, vi riktar blicken mot framtiden. De flesta av oss är besatta av den positivistiska utvecklingstanken. Vi är alltid på väg någonstans, tittar ängsligt på klockan, bläddrar i kalendern. Mötet nästa tisdag, sista dagen då deklarationen, ansökan, manuskriptet, rekommendationsbrevet, klagobrevet, examensarbetet skall lämnas in, semesterplanerna, dagen då barnen skall anmälas till dagis, räkningar och försäkringar skall betalas.

Försäkringar, ja. Vägen till större trygghet. Jakten på garantier.

Vadå för trygghet? Vilka garantier? Måste vi inte alla dö? Har inte klockans visare ramlat av i professor Borgs mardröm?*

* I Ingmar Bergmans film *Smultronstället.*

Klockan, vår vän, vår sekreterare, vårt livs ständiga kompanjon, digitalklockan på armen, på bilens instrumentbräda, på neonskyltar, på TV-skärmar, minuterna som rullar, sekunderna som snabbrullar på klockor med moderna finesser.

Det finns bara en klocka som har ställts i skamvrån, dragits över med ett ogenomskinligt skynke, glömts bort så gott nu det går, eller snarare trängts ner i det undermedvetna. Men den finner sig inte i det. Med poetens ord:

Tantôt sonnera l'heure où le divin Hasard,
Où l'auguste Vertu, ton épouse encor vierge,
Où le Repentir même (oh! la dernière auberge!),
Où tout te dira: Meurs, vieux lâche! il est trop tard!

(Baudelaire: L'Horloge)

I Ingvar Björkesons översättning:

Snart griper Slumpen in, snart står du vid den port
där Dygden, din gemål – alltjämt en orörd mö –
och även Ångern (ack, er sista tillflyktsort!)
hörs tala så: För sent, pultron! Nu skall du dö!

(Baudelaire: Tornuret)

Vågar vi se detta ovedersägliga faktum utan att vända bort blicken? Nej, inte alltför länge. Vi *måste* titta bort, precis som vi måste vända blicken från solen även om den är svart som i detta fall. Helst kopplar vi om vår hjärnas kanaler så att orden förtingligas: det är litteratur, lösryckta versrader ur den dekadenta franska poesin, en återspegling av det sena 1800-talets morbida sjukdoms- och dödskult. Vad är det för fel med klockan, förresten, säger läkaren som tittar på sin klocka för att ila vidare till nästa patient som behöver hans omedelbara hjälp för att återigen störningsfritt kunna ägna sig åt sin klocka och sin kalender. Vi jagar framtiden ständigt och jämt, men den backar för vår blick, den bara backar och backar. Vi jagar den med samma iver springande över gröna, blommande ängar eller på nerbrända, ödelagda fält. Vi vill få tag i skatten den bär med sig, vi vill äga den i en dunkel förhoppning om ökad trygghet. Vi vill se hur våra barn och barnbarn växer, går i skola, tar studenten, gifter sig, får barn. Och tittar på klockan och i kalendern.

Min mor är 97 år. Hon känner sig svag och trött, men envisas med att klara sig själv i sin egen lägenhet. Hon är klar i huvudet, men hör dåligt och närminnet sviktar ofta. Ibland ber hon mig att hitta en bra läkare som kan avhjälpa dessa besvär. Det måste finnas någon, det är inte möjligt att läkarna inte klarar av det, det är ju deras uppgift, det gäller bara att hitta den rätta. Hon går dock inte så långt som vår store neurokirurg Herbert Olivecrona, som brukade säga ”när jag dör” tills han blev 80. Därefter sade han ”om jag dör” i stället.

Tanatologen Loma Feigenberg, vår förste specialist på döendets psykologi, började ofta sina föredrag med följande sats: ”Det finns endast få människor i detta land som gör klart för sig att Sverige råkar ha en hundraprocentig mortalitet.”

I en tidigare bok, *Ateisten och den heliga staden* (1987), har jag skrivit om Peter Noll, den schweiziske professorn i kriminalrätt som fick en oväntad blåscancerdiagnos vid 56 års ålder, på höjden av sin bana, vid i övrigt full fysisk och psykisk hälsa. Han valde att säga nej till all medicinsk behandling. Jag skrev då bl.a. följande (s. 219):

”Nolls skäl att vägra medicinsk behandling är mycket klara. Han bedömer sina chanser att återgå till ett kvalitetsmässigt acceptabelt liv som små. Han vill inte förlora sin personliga frihet genom att utsätta sig för en lång rad av undersöknings- och behandlingsrutiner. Behandlingsalternativet är helt enkelt oförenligt med hans livs- och dödskänsla. (...) Noll ser sina förebilder i Seneca och Montaigne. Eftersom det är osäkert när och var döden väntar på oss bör *vi* vänta på *den* i stället. Den medvetna dödstanken ökar individens frihet. Den som har lärt sig att ständigt möta dess ansikte kan inte vara underdånig mera. Den som har förstått att livets förlust inte är av ondo, kan inte längre lida på samma sätt när han möter det onda. Att leva är att tjäna, att dö är att befrias. Varför verkar dessa självklara tankar så märkliga i vår tid? Har vi blivit utsatta för en tidig indoktrinering, satte man rosafärgade glasögon på oss redan i barnkammaren?"

Den obotligt sjuke vars tid är utmätt lever i nuet. När illusionen om en framtid definitivt har hävts, lär man sig att sätta värde på det som finns här och nu.

Jag blev alldeles hänförd av Nolls attityd. Jag avslutade min essä på följande sätt:

> "Jag vet inte om jag kommer att lämna denna värld plötsligt och omedvetet eller långsamt och gradvis. Men om jag kommer att ligga länge i väntan på avfärden, är det två böcker som jag önskar mig vid sängkanten. Den ena blir Rilkes dikter om den individuella dödens gåva. Den andra blir boken som skrevs av den som har förstått, tagit emot och förverkligat denna gåva: denna bok."*

Var jag helt uppriktig när jag identifierade mig med Peter Nolls upphöjt stoiska attityd?

Var Baudelaire uppriktig när han förflyttade sig från Tornurets mörka tunnel till den solbelysta avslutningen på Resan?

* Med "denna bok" avsågs här Peter Nolls egen bok *Den utmätta tiden* (1985), som hade min essä till förord.

Ô Mort, vieux capitaine, il est temps! levons l'ancre!
Ce pays nous ennuie, ô Mort! Appareillons!
Si le ciel et la mer sont noirs comme de l'encre,
Nos cœurs que tu connais sont remplis de rayons!

(Ur Baudelaire: Le voyage)

I Ingemar Björkesons översättning:

O Död, gamle kapten, nu är det dags! Lägg loss!
Vi leds på denna kust. Styr ut ditt skepp, o Död!
Är rymd och hav som bläck, över och under oss,
så flammar i vår själ – det vet du – morgonglöd!

(Ur Baudelaire: Resan)

Var Peter Noll uppriktig?

Friskt forsar det röda blodet i mina nya kärl som för till hjärtat. Pectoralartären som en gång i tiden försörjde min unga bröstkorg och den stora underbensvenen som förde blodet uppåt från scoutens bergsvandringströtta ben har glömt bort vad de har hållit på med så länge. Tack vare den moderna hjärtkirurgins och hjärt-lungmaskinens underverk håller de huvudpumpen igång ett tag till. Men innan de kom på plats för ett år sedan hade jag fått anledning att ompröva dessa frågor, i viss mån. Så gott det går. Resultatet redovisas i min essä om "återbesöket" hos Peter Noll.

Peter Noll hade rätt, men han gav ingen helhetsbild.

Dödsmedvetenheten ökar livets värde, intensifierar dess färger, teleskoperar det förgångna. Man ser sitt livs olika perioder sida vid sida, eller i blandning med varandra. Det liknar en surrealistisk målning, eller snarare marken under Jerusalem där arkeologen finner stenåldersboplatser, antikens synagogor, romarrikets villor, korsfararnas slott, bysantiska kyrkor, mameluckernas och ottomanernas moskéer sida vid sida. Minnet blixtrar fram och tillbaka mellan ynglingen och åldringen, barnet och fadern. Noll hade rätt när han skildrade hur viktiga saker blir viktigare och de mindre viktiga blir oväsentliga, hur prestigetänkandet spricker som såpbubblor, hur man bryr sig mindre om vilka som inte älskar en och sätter större värde på dem som gör det. Grekerna visste vad de gjorde när de förkroppsligade Eros och Thanatos som två likadana ynglingar, en med facklan upp, en med facklan ner.

Men Noll yppade inte hela sanningen för oss. Stoicismen, det upphöjda lugnet, den filosofiska attityden är bara en del av vårt psyke. Det är den del vi respekterar, den är vår stolthet. Vi vill gärna att rationaliteten skall härska inom oss själva och hos andra. Men avgrunden befolkas av demonerna. Där bor ångesten, dödshotet, sönderfallet. Kan vi gå under med flaggan i topp?

Kanske ja, kanske nej. Somliga kan, andra inte. I somliga situationer går det, i andra går det inte. Ibland går det, ibland inte. Ibland går det och går inte på en och samma gång. Kontrasternas kontrast utkristalliseras i en paradox. Till skillnad från logikböckernas lära kan allt och dess motsats leva samtidigt i vår hjärna, utan att vi upplever det som en motsägelse. Endast dödsvissheten kan få oss att till fullo inse livets värde. Endast kärleken till livet kan få oss att förneka döden med våra känslor och att leva som om vi vore odödliga.

Den sjunde djävulen

I likhet med många andra av hans samtida skrev även Lessing en "Dr Faustus". Pjäsen har gått förlorad, med undantag för ett par sidor. I det lilla fragment som har överlevt, andra aktens tredje scen, är Faust mycket trött. Mefistofeles försöker roa honom, men Faust är föga intresserad. Till sist uttrycker han dock en önskan att få möta den snabbaste anden i Mefistofeles rike. Hin onde kallar, varpå sju andar uppenbarar sig. Var och en påstår sig vara den snabbaste.

Sex av er måste vara lögnare – säger Faust. Sedan frågar han varje ande i tur och ordning om hans snabbhet. Det visar sig att den förste inte är snabbare än att han bränner sig när han flyger över helveteselden. Den andre är lika snabb som pestsmittan, den tredje som vinden, den fjärde som ljuset, den femte som människornas tankar, den sjätte som hämnarens hämnd. Faust underkänner alla sex, de är alldeles för långsamma. Men den sjunde anden svarar att han är lika snabb ”*als der Übergang vom Guten zum Bösen*”, som det godas övergång till det onda. ”*Ha! du bist mein Teufel!*” utropar Faust och tillägger: ”*Schneller ist nichts als der!*” (”Du är min djävul! – Ingenting är snabbare än den!”)

Jag instämmer gärna i Lessings sats. Den sjunde djävulen är nog den snabbaste, om man bara låter bli att jämställa ”snabbhet” med instrumentellt mätbar hastighet, en allvarlig risk i vår reduktionistiska tidsålder. Jag skulle vilja använda andra ord. Det godas övergång till det onda. Inget är mer förbluffande, häpnadsväckande, omstörtande, förkrossande. Ingenting är mer oförutsägbart. Ja, du är också min djävul. Jag har skildrat dig många gånger förut. Jag ägnar dig en del utrymme i denna bok.

Fast du finns egentligen endast i min hjärna. Ja, du är i själva verket en del av min hjärna. Hjärnan, detta kontrastkabinett. Här finns det högsta och det lägsta, kärleken och hatet, godheten och ondskan, förnuftet och galenskapen. Och det meningslösa sökandet efter en mening. Den meningsfyllda färden mot den meningslösa framkomsten.

I slutkapitlet till Francis Cricks nya bok som bär den provokativa titeln *The Astonishing Hypothesis: The Scientific Search for the Soul* (1994), finns följande att läsa (min översättning):

> ”Den mest karakteristiska mänskliga egenskapen är vår förmåga att tala ett komplicerat språk flytande. Vi kan använda ord inte bara för att beteckna föremål och händelser i världen omkring oss utan även för att formulera

abstrakta begrepp. Denna förmåga leder till en annan frapperande mänsklig egenskap, som man sällan talar om: vår nästan gränslösa förmåga till självbedrägeri. Våra hjärnor har utvecklats till att gissa sig fram till den mest sannolika tolkningen av en begränsad mängd information. Denna egenskap gör det nästan oundvikligt att vi i frånvaro av den vetenskapliga forskningens disciplin ofta drar felaktiga slutsatser, särskilt när det gäller abstrakta frågor."

Önsketänkandet, självbedrägeriet, den av tusen och åter tusen subjektiviteter underblåsta rationaliseringen och pseudoobjektiviteten blåser luft under dina vingar, O Sjunde Djävul. Den blåser dig fram snabbare än alla andra djävlar. Akta dig, jag är medveten om dina konster. Jag skall bekämpa dig så länge jag lever. Du kommer att segra till slut, men jag vill gå under med flaggan i topp.

I

”Vardagar och underverk”*

Buli

Stockholm, 1978. Fem år har gått sedan vi inledde våra regelbundet återkommande arbetsperioder, på ett par tre månader varje år, vid hebreiska universitetet i Jerusalem. Redan under de första åren började jag irritera mig på att jag inte förstod hebreiska. Skrivtecknen hade jag lärt mig som barn, men för övrigt kunde jag ingenting.

Jag beställde en språkkurs med 20 kassetter och började lyssna på dem under min dagliga gymnastik. Jag blev fascinerad av språkets kompakthet. Kan man säga lika koncist och slagkraftigt på något annat språk *tafasta harbe lo tafasta* (du har gripit efter mycket, men ingenting har fastnat i ditt grepp)? Verbens plastiska flyttbarhet mellan konjugationerna och de därav följande, alltid logiska men ibland sinnrikt underfundiga förändringarna av mening och innebörd blev en annan oväntad överraskning. *Livroah*: att fly. *Lehavriah*: att få något att fly, dvs. smuggla. *Lihtov*: skriva. *Lehahtiv*: att få någon att skriva, dvs. diktera.

Leabed: att förlora. *Lehitabed*: att förlora sig själv, dvs. att begå självmord.

Israelresorna blev mera givande allteftersom mitt ordförråd växte. Det saknades inte uppmuntran. Alla applåderade mina första stapplande steg. Det tog inte lång tid innan jag kunde läsa böcker på ”easy Hebrew”. En av dem innehöll

*Jag har lånat rubriken på denna essä om två författare, deras verk, deras liv och mina underliga möten med dem från den store ungerske litteraturhistorikern Antal Szerb, som brutalt mördades av nazisterna. Så löd titeln på hans verk om den moderna romanen.

en starkt förenklad version av novellen "Tre dagar och ett barn" av A. B. Yehoshua, ett för mig okänt namn. Den skilde sig helt från den romantisk-heroiska kibbutz- och befrielsekrigslitteratur som serien i övrigt mest bestod av. Detta är ju ett litet mästerverk! utropade jag, fortfarande en aning osäker på om jag verkligen hade förstått det. Men förfrågningar hos israeliska vänner bekräftade mina intryck. Författaren var en av de mest kända gestalterna inom den nya israeliska författargenerationen, färgrik, mångsidig och föränderlig. Novellen var ett av hans mest älskade verk, den har även filmats.

Så fort mina hebreiska kunskaper nådde en någorlunda adekvat nivå läste jag om novellen i originalversion. Jag blev inte besviken. Berättelsens "jag" är en ung matematiklärare som för en lugn tillvaro bland Jerusalems tidlösa kullar men ändå känner ett visst främlingskap. Yehoshua flätar in färger, lukter, spänningar och kontraster med en sådan äkthet att jag inte blev förvånad när jag hörde att hans sefardiska familj i fem generationer har bott i Jerusalem.

Mitt under sin examensperiod får novellens matematiker ett oväntat telefonsamtal från föremålet för sin ungdoms mest oförglömliga kärlek, eller snarare från hennes man. Den drömska, glömska, vackra, slarviga, oftast barfota och alltid, utom en enda gång, ouppnåeliga kibbutzflickan är gift sedan fyra år. Paret vill komma till Jerusalem för att plugga in en tentamen under tre dagar. Kunde matematikern tänka sig att ta hand om deras treåriga barn? Det vore så snällt... Resten av berättelsen handlar om tre dagar och ett barn. Matematikern hamnar aningslöst och ofrivilligt i ett hav av starka och ofta motsägande känslor – av hopplös kärlek, osläckbar åtrå, ömhet och aggressioner. Han kan inte undvika att projicera en del av dessa känslor på barnet som rör och retar honom på en och samma gång och som möter hans melankoliska omsorg med en treårings alla nycker och infall, glädje och sorger. Det äts för mycket glass och det leks en del farliga lekar bland Jerusalems kullar och ockrafärgade stenhus. Förbi läsaren drar i snabb följd magont, hög feber, matematikerns stadiga flickvän, som är botanist, ful och passionerat intresserad av tistlar, och hennes till blindhetens gräns närsynta, i olycklig kärlek fångade, zoologiskt intresserade beundrare som råkar tappa bort en liten giftorm i matematikerns lägenhet där det febriga barnet befinner sig. Man rycks med, man har hejdlöst roligt och grips samtidigt av längtans och kontaktlöshetens vemod.

Efter denna första läskontakt sökte jag mig vidare i Yehoshuas säregna värld. Jag mötte mardrömmar och situationskomik, explosiva kortslutningar och tankfulla meditationer, neurotiska förvrängningar och klargörande analyser. Pulsen är snabb som i det moderna Israel där människorna är spontana och impulsiva och där tiden är innehållsrikare än på andra ställen. Både religiösa och antireligiösa judar drar förbi i rask följd, avlöses av arabiska nationalister och judiska bosättare, av poeter, handlingsmänniskor och alienerade, sömnlösa ungdomar. Novellen ”Poetens långvariga tystnad” handlar om ett efterblivet barns tafatta försök att nå kontakt med sin far, poeten, som definitivt tystnade sedan han övergivits av barnets mor. Fadern hyser agg mot sin son, som han ger skulden för hustruns svek utan att förstå att barnet älskar honom och försöker skriva den poesi som han själv inte längre förmår skapa.

Det dröjde inte länge förrän jag kände mig mogen att gå vidare till Yehoshuas första långroman, *Älskaren*, som handlar om allt annat än kärlek, och sedan till det episka verket *Sen skilsmässa*, där den bisarra verkligheten speglas i en med psykoanalytisk skärpa skildrad undermedveten motvärld. Författaren har lyckats krypa in i sina levande men samtidigt symboliska romanfigurers inre monolog. Jag läser långsamt men med en trämasks envishet. Jag saknar snabbläsningstekniken som vi endast förmår bygga upp med vårt barndoms alfabet, mitt ordförråd är fattigt, ordboken konsulteras flitigt. Men texten drar mig fram som en magnet, den väcker min oemotståndliga nyfikenhet.

Haifa, 1980. Innan vi hade börjat våra årligen återkommande arbetsperioder i Jerusalem turistade vi lite varstans i Israel. Men efter att vi hade knutits till universitetet i Jerusalem 1972 försvann vår vandringslust. Staden håller sina invånare och även sina tillfälliga men återkommande gäster i ett andligt järngrepp. Man känner ingen längtan att stiga ner från det magiska berget. Tel Aviv, en timmes bilresa därifrån, "där nere" eller "på slättlandet", som man säger på hebreiska, tillhör en annan värld. Man åker alltid "upp" till Jerusalem. Alla resor från Jerusalem ses som en nerstigning, vare sig man åker till Tel Aviv som ligger i jämnhöjd med havet eller till det bergiga Haifa. En jerusalembo skulle förmodligen använda samma uttryck om han så förflyttade sig till Alperna eller till Himalaya.

Som ett avsteg från denna regel hade vi denna gång farit ner från berget för att anta en inbjudan att besöka Haifa, Israels "mini-San Francisco". Rosalie, en av våra tidigare gästforskare, hade organiserat ett seminarium och sammanträffanden med några kolleger. Dessutom lockade hon med en "riktigt stor överraskning", av vilket slag vägrade hon att avslöja.

Föreläsningen, diskussionerna och laboratoriebesöken skilde sig inte nämnvärt från liknande erfarenheter i andra länder. På kvällen satt vi hos Rosalie med hennes vänner och kolleger. Till en början skilde kvällen sig inte heller nämnvärt från andra liknande kvällar.

Plötsligt ringde det på dörren. Nu så..., sade Rosalie med en sällsam glöd i blicken.

En relativt kortväxt, livlig man i fyrtioårsåldern kom in. Han hälsade på mig på hebreiska och frågade vad som hade fört mig till Haifa. Det var Yehoshua, eller "Buli", som han kallas av sina vänner.

Det visade sig att Rosalie hade slagit upp Yehoshua i telefonkatalogen, presenterat sig och berättat att hon hade besök av en svensk cancerforskare som läser honom på originalspråket. Gränslös nyfikenhet är en av Bulis viktigaste egenskaper. Han lovade genast att komma.

Under vårt första samtal blev han först imponerad av allt jag hade läst. Sedan blev han besviken över att jag inte hade läst mer. Nästa dag fick jag hans samlade verk som gåva. Detta blev början till en intensiv korrespondens och till ständigt återkommande möten.

Buli beskriver sig själv som en person med tre ansikten: författare, litteraturprofessor och "demagog". Han undervisar i jämförande litteraturkunskap vid universitetet i Haifa och har rönt stor uppskattning för sina engagerande och intensiva radioföreläsningar om bland andra Camus, Faulkner, Kafka, Thomas Mann och Agnon. "Demagogen" Yehoshua förtjänar inte den självironiska beteckningen. Han är en stridbar och i liberala kretsar mycket uppskattad politisk talare. Han är allt annat än älskad i konservativa kretsar men även en del av hans meningsmotståndare har en motvillig respekt för honom. Han pläderar för fredlig samlevnad mellan judar och araber och har ingenting emot en palestinsk stat. Många högerinriktade personer som inte har läst ett ord av honom avfärdar honom som *smolani*, dvs. vänsteranhängare. Det är i deras mun ett skällsord, som blockerar allt nyanserat tänkande.

Ein Gedi, Döda havet, 1988. Vi brukar organisera en årlig konferens för cancerforskare här, på en hög kulle ovanför Döda havet, i en av Israels äldsta kibbutzer. Världens djupast belägna sjöyta breder ut sig nedanför oss, dess högsalthaltiga vågor verkar oljigt tjockflytande i den lätta vinden. Stora, kala, rödgula berg reser sig mellan kibbutzen och Judéens öken. Bergen verkar ödsliga, men den strapatsberedde turisten kan stöta på mycket liv där: berggetter, sällsynta gnagare och fåglar och ibland även lokatter och leoparder. Djurintresserade tonåringar brukar fånga kameleonter som sitt rykte trogna ändrar färg med papperet man lägger under dem. En gång träffade jag på ett par gracila franska zoologdamer i 50–60-årsåldern som älskade skorpioner och hanterade monstren med deras hotfullt upphöjda bakdel med stor ömhet. Många grottöppningar kan skönjas i de branta bergväggarna. De reser sig på ömse sidor av den väl dolda bäcken som ilar ner mot det koncentrerade salthavet under en tät, osannolikt ljusgrön strimma av djungelliknande växtlighet. Det påstås att David gömde sig i en av grottorna när han hotades till livet av kung Saul.

Mot den södra horisonten reser sig Masada, Herodes ointagliga fästning. Den ser ut att vara en del av den naturliga bergformationen. Mellan år 66 och 73 efter Kristus trotsade ett tusental judiska upprorsmän en belägringshär på 15.000 romerska soldater där. När romarna hade byggt upp en stor ramp och det inte längre fanns någon flyktväg för dem valde de upproriska att begå kollektivt självmord. Josephus Flavius beskrivning av händelsen bekräftades av den stora arkeologiska utgrävning som gjordes på 1960-talet.

Ett stycke norrut från Ein Gedi ligger ruinerna efter Qumran, högsäte för en judisk sekt vars asketiska och fredliga kultur lär ha varit en föregångare till Jesu läror. Våren 1947 hittade beduinpojkar Dödahavsrullarna i en av grottorna där.

Kontrasten mot den vanliga konferenshotellmiljön skapar en avspänd och upprymd sinnesstämning hos de flesta. Symposiedeltagaren som bor i Ein Gedi känner sig genast hemma med luften, solen, fåglarna, utsikten över Döda havet, men kanske mest av allt med den levande kibbutzen. Under sin promenad till konferensrummet om morgonen möter han mödrar som skjuter sina fyrhjuliga små vagnar framför sig på väg till dagis med sina barn. De större barnen cyklar, leker, springer överallt. Från skolbyggnaden hörs sång eller övningar på olika musikinstrument. Det finns många hundar, katter och blommor. Den oundvikliga konkurrensen mellan vetenskapsmän på samma område ter sig plötsligt som oväsentliga trivialiteter. Känner cellbiologerna fast mark under fötterna, har de medvetet-omedvetet återställt den ibland betänkligt lösa kontakten mellan sina provrörs-DNAn, och naturens eviga spel som har producerat dem själva?

Den här gången, 1988, förde jag efter symposiets sista arbetsdag in Buli i konferensrummet. Jag hade bett honom att tala till de församlade utländska och israeliska vetenskapsmännen – ett femtiotal – om ett valfritt ämne, med undantag för politik. Under mina vistelser i Israel har jag ofta upplevt hur en samling fredliga och intelligenta personer omvandlas till upprörda, högröstade, rödkindade och gestikulerande vildar inom loppet av några minuter så fort man berör "situationen". Alla talar i munnen på varandra, ingen lyssnar på någon annan och ingen är överens med någon, inte ens med sig själv.

Buli hade valt att tala om den moderna romanen. Anta att du måste tillbringa resten av ditt liv på en öde ö och får ta med dig tio romaner som är skrivna på 1900-talet. När skrevs romanerna du väljer? Åtminstone nio eller kanske tio är skrivna under århundradets första hälft, visar det sig i de flesta fall. Har romanen alltså hamnat i kris? Ja, men kanske inte överallt. Det beror på mottagligheten för dess budskap.

Vad handlar romanen om? Buli jämförde den med ett träd. Människans villkor, *la condition humaine*, utgör dess rötter. De är sig tämligen lika i olika kulturer, endast detaljerna skiljer dem åt. Löven, bladverket motsvarar berättartekniken. Här möter man stora variationer, men det är inte några kulturberoende skillnader. Det är trädens stam, romanernas problematik, som skiljer kulturerna åt. Den engelska romanen återkommer ständigt till klassgränserna och möjligheten eller omöjligheten att överskrida dem. Den tyska romanen handlar om individens förhållande till den tyska sociala strukturen, den amerikanska om framgång och misslyckande, den franska om relationen mellan man och kvinna. Den israeliska romanen handlar mest om judisk identitet.

Medan jag lyssnar på Buli börjar jag fundera över vad den svenska romanen handlar om. Jag finner inget övertygande svar. Trädstammen döljs av trendernas yppiga vildvin. De blåser in utifrån, de byts ut med årens eller snarare årtiondenas växlingar. Är det därför man talar om sextiotalister, sjuttiotalister, åttiotalister? Finns det ingen stomme som trotsar kalenderns konstgjorda tidräkning, en av våra mest grundmurade illusioner?

Stammen finns där, fast i det fördolda. Ett år senare stötte jag på den när jag minst av allt väntade det. Hade jag haft en något mindre skeptisk läggning, skulle jag kanske ha blivit benägen att tro på högre makters intervention då jag fördes ihop med en egendomligt fåordig gestalt och hans märkliga språk.

Stig

Stockholm, hösten 1989. Min bok *Pietà* hade kommit ut för några veckor sedan. Någon ringde från Bonniers förlag.

"Stig Claesson vill måla av dig", sade rösten.

"Vem är Stig Claesson", frågade jag, "och varför skulle han vilja måla mig? Jag vill inte bli avmålad."

Tystnad i den andra änden. Sedan en häpen fråga: "Vet du inte vem Stig Claesson är?"

"Nej faktiskt inte, du får förlåta min okunnighet."

Det kom en kort, men ganska inadekvat förklaring. Det berodde uppenbarligen på min samtalspartners häpenhet. Redan dagen efter förstod jag att jag var en av de mycket få, kanske den ende i detta land som inte visste vem Slas, alias Stig Claesson, är.

"Men vem han än är, vill jag inte bli avmålad!" fortsatte jag telefonsamtalet. "Jag kan ju inte sitta still i mer än några minuter."

"Nej, men du förstår inte. Det är inte fråga om långa sittningar. Dessutom skulle du tycka mycket bra om honom."

Några dagar senare kom ett nytt samtal från förlaget: ”Stig Claesson hälsade att det tar högst en timme.”

”Men varför vill han det?”

”Han har läst din bok, han är intresserad av dig.”

Knappt en vecka senare publicerade Svenska Dagbladet en stor intervju med Stig Claesson och Per Anders Fogelström (Paff) i söndagsbilagan den 10 december 1989. Intervjun var av Kaj Schueler. En anledning till den var att Claesson hade fått Prins Eugen-medaljen. Han beskrevs i artikeln som ”den intuitive betraktaren, författaren och konstnären som ger ord och bild åt vårt inre”. Man talade om den ”obändige individualisten” som skyr offentligheten. I ateljén samlar han väckarklockor eftersom han inte ids slänga dem när de är utslitna. Han boxas, reser mycket men kör inte bil, eftersom han är ”en djävla bra passagerare”.

Man fick också veta att Stig skrivit dikter i ungdomen. Om detta hade han följande att säga:

> ”Jag vet att kriget pågick när jag skrev de där dikterna, vad fan de nu handlade om. Och varför jag fick för mig att skriva är mig en gåta. Jag hade börjat skriva av någon jävla anledning jag inte fattar... Vi var inte uppfostrade med några böcker eller något sådant. Det fanns inte en bok i hela jävla kvarteret.”

På tal om Per Anders Fogelström tillade han:

> ”... en skillnad mellan Paff och mig är att Paff kan gå ut och snacka med folk, hålla ett föredrag eller läsa högt. Det kan inte jag. Jag läser aldrig på bibliotek, ingenstans där det är publik. Där vill jag inte vara. (...) De ringer och vill att jag skall sitta i bokhandeln, prata om mina böcker. Inte fan kan jag snacka om dem. Ibland får jag brev och de skriver: Vi har beslutat att du skall komma. Då blir jag stenförbannad. De kan känna sig blåsta. Det är som om de inte nöjer sig med resultatet utan skall ha

reda på hur man nådde dit och det vill inte jag redogöra för. Va, det kan inte vara så jävla noga. (...) Du vet vad det står i böcker, och det har jag inte en aning om. Folk säger ibland: Du har sagt så här i en bok. Men då säger jag: Det har jag ta mig fan inte alls sagt. Det är någon person som jag har hittat på som säger så där. Jag skiter väl i det där, jag har inga åsikter kvar."

På frågan om han själv hade läst "något bra" svarade Stig:

> "Jag läser sådant där som jag vet vad det handlar om, sådant där som jag inte begriper. Läs Georg Klein, han tycker jag är jävligt bra. Läs vad som helst, hälften är alldeles obegripligt. Men det här om DNA och skit, man hajar ingenting. Men sådant tycker jag är lattjo att läsa, men det är omöjligt att sätta sig in i hur fan det fungerar. Jag läser såna där böcker om astronomi. Jag hajar ingenting och jag försöker inte ens haja, jag vet inte varför jag tycker det är lattjo. Georg Klein beskriver så entusiastiskt virus och skit, men är man inte forskare så går det inte att fatta. Han tror att man har A i räkning och allting. (...) Jag tycker faktiskt det är kul."

I det fortsatta samtalet kom de två söderkisarna Slas och Paff, dessa två framstående äldre herrar, in på det evigt aktuella ämnet om ungdomen förr och nu och om våldet på gatorna. Paff anslöt sig till den utbredda uppfattningen att ungdomsvåldet har ökat, men Stig tyckte inte att det var värre än förr, snarare något bättre. Det är tidningarna som gör våldet intressant, menade Stig.

> "Våldet är ju inte ett djävla dugg intressant, då behöver man inte haussa upp det där. Folk törs ju inte gå ut, det händer ju inte ett skit om man går ut... Det är klart man vet ju vart man skall gå om man vill ha en snyting. Man vet ju hur man ska bära sig åt för att få på käften. Likaväl

vet man hur man ska bära sig åt för att slippa. Skulle någon slå en i roten med någonting skulle det vara mer eller mindre en olyckshändelse. Inte fan ser jag något våld. Det är klart att det måste finnas aggressivitet i samhället annars går det inte. Det onödiga våldet måste bort. Det finns inget samhälle utan våld. Det kan inte finnas när stora människomassor samlas. I himlen möjligen. (...) Men att de snor så mycket ute i förorterna. Gäng kommer in och snor grejor. Folk är ju ha-galna på ett annat sätt än vi var. Vi begärde inte sådana prylar som vi inte hade råd med."

Jag blev riktigt intresserad. Jag ringde Stig Claesson. Rösten var helt i linje med tidningsintervjun.

"Kom hit för fan, det tar bara 30 minuter."

"Men hur hittar jag dig?"

"Du kan aldrig hitta hit. Jag skickar tjocka Elis för att hämta dig."

Jag tackade ja.

Tjocka Elis kom på överenskommen tid och tog mig med till en gammal övergiven skola vid Nytorget på Söder, där Stig Claesson hyr ett klassrum som ateljé.

Porträttet var färdigt på 30 minuter. Jag gillade det inte, men man gillar ju sällan sitt eget porträtt. Men jag tyckte mycket om det jag såg runt omkring mig på väggarna.

Stig Claesson bjöd på starkt och gott kaffe.

"Jag tyckte om din bok", sade han. "Men det finns en mening i boken som du måste ta ut därifrån, för fan!"

"Vad kan det vara?"

"När du skildrar dina tonårssomrar skriver du att du har spelat tennis med din kusin Pista. *Det får du ta bort!*"

"Varför det?"

"Du är inte en sån som spelar tennis. Det får inte stå där!"

Jag var förbluffad. Men sedan förstod jag: tennis är en överklassport i Sverige, det stämmer inte med den bild Stig vill ha av mig. Men i min ungdomsvärld var tennis inte någon överklassport. Dessutom har jag knappast någonsin spelat tennis, jag nämnde det i förbigående när jag försökte beskriva vad vi som 14-åringar gjorde tillsammans under våra ödesdigra somrar, vars dödsförebud vi inte förstod. Tennisspelet saknade all betydelse i boken och i verkligheten.

Efter kaffet förklarade Stig att jag skulle få en present. Det var Attila Józsefs samlade verk på ungerska, en upplaga från 1983 som jag aldrig hade sett. Attila József, en av århundradets största ungerska poeter som jag hade ägnat 65 sidor åt i boken *Pietà*. Presentboken hade dedicerats till Stig av en kvinnlig hand: "För att du skall minnas Ungern, Budapest, och mig".

"Ta den", sa han. "Jag kan ändå inte läsa den."

"Det är en fantastisk upplaga", svarade jag. "Den innehåller mycket som var bortcensurerat i tidigare upplagor och även hans översättningar som jag inte kände till. Jag är mycket tacksam. Men hur har du fått den, när och varför har du varit i Ungern?"

"Jag har varit i Ungern flera gånger", svarade Stig. "Jag har skrivit tre böcker om landet. En av dem innehåller även en kort berättelse om Attila József."

Jag tittade i den senare boken. Lätta, impressionistiska vinjetter. En svensk konstnär vandrar runt i Budapest, gör skisser, funderar över landets historia, ritar av poetens övernaturligt stora staty vid Parlamentet, nära Donaustranden.

"Hur kommer det sig att du har varit så mycket i Ungern?"

"Jag var med i en socialistisk ungdomsrörelse. Vi byggde 'ungdomens järnväg' i Jugoslavien och Bulgarien. Jag har alltid varit mycket intresserad av Ungern och länderna där omkring."

Något i hans hållning, hans röst, hans söderdialekt, gatans språk i kombination med en säregen, dold, lyhörd och nyanserad känslighet grep mig. Är det tänkbart att jag hade mött honom tidigare? Nej, vilken absurd tanke. Det måste ha varit någon annan.

”Har du läst alla mina böcker?”

”Nej, bara de sista två. Jag har inte läst din självbiografi.”

Medan tjocka Elis körde mig tillbaka till mitt laboratorium blev signalerna plötsligt tydligare. Kan det vara han, pojken från båten!?

Framme i mitt skrivrum tog jag fram min självbiografi, *I stället för hemland* (1984). Följande finns att läsa (s. 83-85) om min första Sverigeresa i augusti 1947:

”Sverigeresan var inte som resorna nu. Den var obekvämare, mera äventyrlig och spännande på ett sätt som endast kan beskrivas i färger men inte i ord. Färgerna? Endast några fläckar finns kvar – Schlesiens annorlunda grönska, eldspottande tjeckiska jätteindustrier i natten, svartvita kor i Polen – aldrig har väl någon sett svartvita kor i Ungern? – och plötsligt havet, *thalatta*, för första gången, det obeskrivliga, som drog till sig all längtan från det havslösa lilla landets fängelse som hette barndom. En längtan som genast drog vidare, mot andra stranden, mot det dimmiga och fördolda landet som man knappast visste någonting om.

Man hade hört att befolkningen hade världens högsta utbildningsstandard och ingen ville ha krig. Visste man något mera? Jo, att en ungersk författare opererades av en berömd hjärnkirurg i Stockholm, att en stor kvinnlig ungersk pianist övervintrade där under kriget, och att kungen stod i telefonkatalogen och att vem som helst kunde ringa upp honom. Och – viktigast av allt – det var landet varifrån Raoul Wallenberg kom till oss i Budapest. (...) I Gdynias hamn såg vi den första båten med den svenska flaggan, ’Drottning Victoria’. Ett egendomligt namn, vad kan ’drottning’ betyda? Färjeläget i Gdynia var sönderbombat men inte värre än vad man var van vid.

Plötsligt såg vi de första svenskarna. En lastbil med ungdomar, tillhörande organisationen Clarté, som framgick av skyltar och emblem av olika slag. Clarté – det måste väl vara det franska ordet? Ett vackert namn! Det stämde med våra föreställningar om landet på andra sidan vattnet. Ungdomarna hade varit i Jugoslavien och byggt järnväg. Så egendomligt! Men så vackert! Har de verkligen byggt järnväg? Det stämmer egentligen väl överens med att Raoul Wallenberg kom till Budapest, allt stämmer, allt faller in i vårt efterlängtade mönster.

Båten verkar otroligt ren! Toaletten är höjden av den mänskliga civilisationen, som på ett sjukhus. Det stämmer väl överens med vad man har hört om frekvensen av invånare med studentexamen. Man dricker mjölk till maten och brödet är sött. Jag söker kontakt med de svenska ungdomarna. Talar med en flicka, så ljus i håret. Berättar hur jag föreställer mig landet på andra sidan vattnet. Flickan ser förvånad ut, skakar på huvudet och säger: 'Aber es ist ja ein sehr kaltes Land, ein sehr kaltes Land.' Skrattar, går bort. Återvänder med en lika ljus pojke. Han är nitton år, bor i Stockholm, är konstnär. Flickan bor i Göteborg. Var någonstans? Jaså, är det verkligen så man uttalar 'Göteborg' – men är inte detta absolut underbart? G-ljudet i början och i slutet kunde inte vara vackrare – det stämmer väl med det okända landets efterlängtade stämning. 'It must be a wonderful country', säger jag till pojken som talar engelska. Han ser inte alls glad ut över söderlänningens utgjutelser. Och plötsligt säger han med vrede och harm i tonen: 'Come, I shall show you your Sweden.' Vi går till restaurangen. En lång och så småningom alltmer irriterad konversation utvecklar sig mellan pojken och kyparen. Till slut blir han avvisad från restaurangen. Och så säger han med triumf i rösten: 'This is your Sweden!' Jag har inte förstått ett ord av det svenska samtalet. Vad kan han mena? Han skrattar: utan slips får man inte komma in i båtrestaurangen. Därefter återlämnar han mig utan ytterligare ett ord till min egen föreställningsvärld.

Men vad spelar allt det för roll? Ett kallt land? Bevare

mig för den värme jag kommer ifrån! En sådan underbar sjöbris förresten! Följer sjöfåglarna med hela vägen från Polen till Sverige? Vilka energireserver de måste ha! Och snart kommer natten – en ensam men lycklig natt; uppkrupen i en livbåt, mot alla förbudsskyltar, högt uppe, utsträckt på den strama segelduken som täcker den. Himlen är fortfarande samma kupolrunda lock som igår, men den är också helt annorlunda – den täcker inte längre något hermetiskt isolerat tryckkärl eller en krutdurk. Den har omvandlats till en kupol över en okänd, lockande och överväldigande katedral. Katedralen är min, hela Östersjön är min, med båten, röken ur skorstenen och fåglarnas energiresurser..."

Pojken från båten hade samma något sneda kroppshållning som Stig, samma kamratliga men ändå återhållsamt reserverade lutning mot samtalspartnern, samma tilldragande kombination av närhet och distans. Nu var jag helt säker. Pojken på båten hade gett mig sitt namn och telefonnummer, men jag kontaktade honom aldrig. Nu mindes jag att efternamnet började med C och att bokstäverna ae förekom i mitten av ordet. Jag mindes min förvåning: "ae" påminde om latin, hur har det hamnat i den för mig okända svenskan?

Jag störtade till telefonen. Stig svarade med sitt något bistra men inte ovänliga hallå.

"Åkte du tågfärjan Drottning Victoria från Gdynia till Trelleborg i augusti 1947, efter att du hade varit med om att bygga järnväg i Jugoslavien?"

"Det stämmer, hur vet du det?"

"När är du född?"

"1928."

(Jag är född 1925. Pojken på båten var 19, jag var 22).

"Var bodde du då?"

"I Gamla Stan i Stockholm."

"Var du redan då konstnär?"

"Ja, jag kom in på Konstakademien tidigare samma år."

”Hade du sällskap med en flicka från Göteborg?”

”Ja! Birgitta!”

Stig var alltså den första svensk som jag hade träffat i mitt liv! Senare har vi även identifierat passtämpelns datum i Stigs gamla pass. Det var samma datum som i mitt.

Varför kom jag ihåg samtalet på båten 35 år senare när jag skrev min självbiografi? Hade Stig gjort ett speciellt intensivt intryck på mig vid vårt första möte? Kontaktade han mig efter att han läst min senaste bok beroende på någon liknande affinitet med något i mina texter? Eller berodde allt bara på tillfälligheter?

Det var en ren tillfällighet, beslöt jag vid närmare eftertanke. Men nu fanns det även en viss affinitet. Vad berodde den på? Och vad hade den med *Pietà* att göra?

Efter vårt första möte skaffade jag några av Stigs böcker. Andra har han skickat själv, tillsammans med regelbundet återkommande brev och kort. Stig har också förlett mig att äta middag med honom på hans favoritrestaurang några gånger, en helt okänd vana för mig.

Vad kan det bero på? Man kan knappast föreställa sig två mer olika personer.

Stigs skäl känner jag inte till, men jag börjar ana mina egna.

En dag ringde Stig till min sekreterare, helt mot sin vana: Hälsa Georg att det finns en bok han absolut måste läsa. Den har skrivits av en fransk jude, Romain Gary. Här finns allt som står Georg nära, han kommer att älska boken!

Redan innan jag hunnit skaffa den låg boken på mitt bord. Den kom med ett brev från Stig (utan datum, men det måste ha varit sommaren 1990):

> ”Jag befinner mig åter i skogen. Det är natt. Idag har det varit sol på min hemliga lilla sjö. Jag har ensam legat i en eka.
>
> Dock inte helt ensam. Jag har haft sällskap med Romain Gary. Jag har länge beundrat honom... Jag läser

hans *Löfte i gryningen*. Och om du inte läst den, så läs den. Där har du återigen den faderlöse, och du har juden (från Moskva, Vilnius i Litauen och Frankrike) och självmördaren. Jag anser det vara min plikt att meddela att denna underbara självbiografi existerar. Beställ den omedelbart. (...) Jag ger dig en faderlös som endast förstod att han hade en far då han hörde talas om att fadern som skulle gasas dog av skräck några meter från gaskammaren. Detta beskriver han med två meningar. Dock hade han en mor och det är om henne boken handlar. Och om honom själv. Alltså en faderlös, en jude och dessutom en självmördare. Man blir stolt över människan att läsa om dom. (...) Nu är det sagt. Nu kan jag sova. Med uppriktig kärlek, Kram, Stig".

Jag svarade den 25 juli 1990:

"Som vanligt, följde jag dina signaler – mycket intensiva denna gång! – och kastade allt, inklusive Stig Claesson, åt sidan för att läsa boken av Romain Gary som du skickade mig. (...) Samtidigt med att jag fann boken underhållande, säger den ingenting nytt till mig, fast den säger det på ett roligt sätt. Då finner jag Stig Claesson oändligt mycket mer intressant. För dig ter sig den judiska modern i denna extremt karikerade form (fast det kan vara en sann karikatyr) exotisk och berusande. För mig är det gammal skåpmat, ack ja. Stig Claesson för däremot med sig stämningar och bilder, färger, vemod, ensamhet och sällsynt ömhet av ett slag som jag finner exotiskt, ibland belysande, ibland obegripligt, men aldrig likgiltigt. Romain Gary kan jag lägga åt sidan med en road, men något trött axelryckning. Stig Claesson lägger jag åt sidan med en längtan att få läsa mera, dåligt samvete över att jag inte hinner, längtan efter fler oförklarligheter. Så, om du förlåter mig, tänker jag låta Romain Gary vila och återgår till din bok *Sveaborg*."

Senare i samma brev:

”Den svenska 'folksjälen' (med all reservation för begreppets suddighet) är ett betydligt större mysterium för mig trots mina fyrtiotre år i det fortfarande ganska skogbevuxna landet. Jag anar en del, jag minns mina tidiga men intensiva 'nära livet'-erfarenheter från sjukhussalarna där jag sprang som medicinare i början av 50-talet, jag försökte treva mig fram i Eyvind Johnsons och Harry Martinsons världar. Men mina iakttagelser och föreställningar skyms av kulisser och dimridåer, de ter sig som landskapet sett från ett flygplan under ett något sönderrivet molntäcke. Min sikt skyms av en massa skräp som blåser hit och dit med vinden, trendernas opium för folket som för länge sedan har tagit religionernas plats, allt har blivit som en tom mässhall efter att det värdefulla har flyttats bort, luften förorenas ständigt av mediernas tingeltangel. Förgäves söker jag att finna något som jag kan uppfatta som substans hos de ack så älskade trubadurerna från Bellman till Evert Taube och deras andliga avkomma. Endast någon gång kan jag känna det plötsligt för en kort stund. När jag hör Jussi Björling verkar den komma till liv men Jussi är död och hans underbara sång blir som en vacker insekt som har inneslutits i bärnsten. Vill jag se levande fjärilar eller varför inte myggor och skalbaggar (de är evolutionens under, de också), får jag söka mig till folkvisorna från 1600- och 1700-talen som man ibland helt oväntat får alldeles inpå sig, tack vare någon liten mer eller mindre okänd grupp som har bestämt sig för att återuppliva de gamla folkballaderna som ännu handlade om kärlek, liv och död och ingenting visste om CD-plattor, TV och showbiz.

Den nittonårige ynglingen på båten talade om för mig vad Sverige inte var. Det stämde. Men hans 62-årige uppenbarelse (samt hans något tidigare inkarnation i en himla massa böcker) talar om för mig vad Sverige innerst inne fortfarande är, i viss mån, lite till, innan allt löser upp sig i vårt plast- och silikonnirvana.

Varför vill du hindra mig från att försöka nå den mystiska kärnan i mina fattiga småstunder då jag kan känna mig fri att läsa? Du visste bättre än så när du i en av dina sagor talade om för Lurvige Anton hur han skall tala med 'kvinnan från regnbågen'.

PS. Jag förstår fortfarande inte varför dina karlar så ofta måste ligga ensamma på hotellrummet medan deras verkliga eller inbillade tjej befinner sig någon annanstans. Finns pudelns kärna, eller en av dess många kärnor, just här?"

Stig svarade med ytterligare ett odaterat brev:

"Nå, så läs då Stig Claesson och han skall minsann inte hindra dig att nå ner i vår folksjäl. Många kritiker har länge menat att jag är en mycket svensk författare som skriver om vårt land för landsmän. Alltså en för en utlänning närmast obegriplig författare. Som person däremot tycks jag vara obegriplig för svenskar. Vad som oroat mig är hur det nya Sverige glömt sin gårdag och tror sig vara rikt, välmående och modernt. Eller amerikanskt. Vad jag talar om för mina läsare om de lyssnar är att vår fattiga, hederliga och trotsiga gårdag inte ligger långt borta. Man må skriva postmodernistiskt men man kan fan ta mig inte göra det om man glömt melodin som ligger i botten. Mitt folk är generöst och galet, men jag kan ju ha fel. Jag vill att vi skall ha en folksjäl som är högtidligt flitig. I själva verket skiljer sig denna folksjäl mycket litet från andra länders. Det finns män som ligger ensamma på hotellrum även där antar jag. Nu skall du inte ta detta så symboliskt. Jag är uppfostrad av en 1800-talsgeneration som inte fick mycket gratis men alltid hade ett leende över för tillvaron och för myndigheter.

Att jag skriver på svenska beror i första hand på att jag är svensk. Och att jag fick lära mig respektera mitt folk. Det är omodernt idag. Jag har jobbat i många länder och jag lärde mig respektera dem också. Man måste tycka om människor. Man måste känna igen en fähund med för den delen om han så är förklädd till någon som man inte får tala illa om. Jag är uppfostrad av människor som alltid har gett fan i vad ärkebiskopen och kungen säger. Min mamma sa till mig: Om du tänker söka lyckan så res dig upp och ta ett steg. Hittar du inte lyckan då så finns den inte.

När du misströstar att finna den svenska folksjälen så är du på rätt väg. Återigen min mamma: Det är först när du inser att du inte kan spela piano som du börjar kunna.

Du är född europé. Vi är inga européer. Måhända nu när Östeuropa är som man säger fritt och vi skall med i EG att det verkligt stora problemet blir den djävla tyska grammatiken.

Men det gläder mig mycket att du läser Stig Claesson. Jag skall grubbla över varför mina män i böckerna vill vara ensamma eller ser till att dom är det."

Ur mitt svar, den 13 augusti 1990:

"Dina kritiker menar, enligt vad du skriver, att du är en närmast obegriplig författare för utlänningar. Det kan hända, men det är inte viktigt. Även Ingmar Bergman är obegriplig för de flesta utlänningar, inklusive många av dem som älskar hans filmer. Viktigare är att du har en känsla av att du 'som person.(...) tycks vara obegriplig för svenskar'. Om det är så eller inte vet du själv och dina läsare bättre än jag. Men om det är så, måste det bero på din fristående ställning. Du tillhör ingen trend, ingen ...talism, och överhuvudtaget ingen ...ism. Detta, det självklaraste för en författare eller vilken annan fri intellektuell som helst har blivit så sällsynt i våra dagar att man blir obegriplig när man är genuin och 'sig själv'.

Beckett gick kanske längst i sin beslutsamhet att förbli sig själv, när han bestämde sig för att skriva på franska, i stället för på sitt engelska modersmål. Han blev inte mindre irländare för det, han kunde lika gärna ha använt ett annat främmande språk än engelskan. Om han någonsin var obegriplig för irländare vet jag ej.

Men är det inte så att Sverige inte bara glömmer utan effektivt har förträngt sin gårdag? Norrmän och isländingar har en helt annan inställning. Det kan inte bara bero på det amerikanska inflytandet, det är ju i stort sett detsamma överallt. Frågan är hur mycket vakuum som har uppstått som suger till sig skräp.

Ett tag trodde jag att den flitiga svenska rotavklippningen berodde på besvikelsen över nationalismen efter andra världskriget, eller kanske på det dåliga samvetet gentemot de ockuperade grannfolken. Men historiker jag frågat har talat om för mig att detta började redan på 1800-talet då Sverige greps av den panskandinaviska tanken och ville trycka bort all stormaktslukt som kunde reta grannarna. Inte vet jag. Men man har, som du säger, 'glömt melodin som ligger i botten', och kan därför varken bli modern eller postmodern!

Du säger att den svenska folksjälen skiljer sig mycket litet från andra länders. Det är jag inte helt övertygad om. Visst finns det män som ligger ensamma på hotellrum även i andra kulturer, men det finns kanske färre som väljer att göra det när de har ett alternativ. Här finns ett element som jag inte förstår. Det oroar mig.

Du sätter fingret på den viktigaste punkten när du säger att det är omodernt idag att respektera sitt folk. Vare sig det är modernt eller omodernt, måste denna brist på respekt leda till brist på självrespekt. 'Man måste tycka om människor', säger du. Men det är just det man inte kan göra när man inte tycker om sig själv och sin egen kultur.

Jag vet inte om jag är en europé. Hos mig är ordet europé sedan länge misskrediterat. Men jag vill inte förtrycka det jag är. Det gjorde jag kanske i viss mån när jag var i 30-årsåldern. Jag var en annan person då. Först efter att jag hade förstått detta kunde jag åter se grabben du först träffade på båten i ögonen.

Jag skall fortsätta att läsa Stig Claesson."

Den svenska trädstammen. Långsamt rullar dagarna i Stig Claessons romaner. Här finns varaktig isolering, fåordig, återhållsam ömhet, glesbygdens avfolkning, storstadens främlingskap. Åldrandets melankoli vävs ihop med lutheranismens något fatalistiska tålmodighet, till ackompanjemanget av en mild och varsam ironi. Enkla och fattiga människor som är så svenska som man någonsin kan vara, växer till allmängiltiga symboler för den moderna människans belägenhet och hennes fundamentala ensamhet.

Men varför störs jag fortfarande av den redan berörda, så ofta återkommande unge mannen som reser bort med en vacker kvinna eller möter henne på en resa och allt börjar så bra, men förr eller senare återfinns mannen i sängen, ensam med en flaska, medan kvinnan är ute och dansar med någon annan? Varför låter Stig inte sina verklighetstrogna romanfigurer få varandra till slut? Det händer bara i Stigs sagor för barn – och där händer det ofta – men inte i hans romaner för vuxna. Vill han berätta en snäll saga för barnen han älskar? Vill han trösta de många ensamma vuxna genom att visa allmängiltigheten i deras lidande? Stig mästrar inte och predikar aldrig, men han vill på något sätt trösta med sin något melankoliska röst, utan att göra något väsen av det.

Barnen, ja. Ibland sätter jag mig med tre av mina barnbarn, sexårige Jonathan och de fyraåriga tvillingarna Miriam och Ester, i en bred soffa för att läsa en saga. I början brukar alla tre lyssna, men efter en stund börjar flickorna springa omkring. Men när jag läste Stigs tjugoen sagor för barn för dem blev det inte så. Hur ofta jag än upprepade experimentet, stannade alla tre och lyssnade till slutet. Vi har nu läst alla sagorna flera gånger och barnen har bett mig hälsa till Stig att han skall skriva flera för dem. Stig har svarat att han skrev sagorna när han var mycket sjuk. Han kommer inte ihåg vad som står i dem.

Jag får väl läsa dem för dig vid tillfälle, svarade jag. Men det vore intressantare att få reda på varför fyraåringarna sitter kvar när de hör din saga.

Till synes är de helt vanliga och ganska enkla sagor. Farliga hot besegras eller ger vika, det goda segrar till slut över det onda, plötsliga underverk trotsar, som i många andra sagor, fysikens, materiens eller tidens lagar. Men Stigs underverk är på något sätt ändå förankrade i verkligheten. De blåa, röda och gula getterna får sin förklaring när det visar sig att den gamla häxan som påstås ha förtrollat dem älskar att koka målarfärg – det enda hon har kvar av sin ungdoms sysslor. Även de underligaste händelser får en naturlig förklaring, precis som de skulle i det levande livet, om vi hade möjligheter, tid och ork att ta reda på orsakssammanhanget. Den onda fen som lär ha förvandlat Karin till ett får visade sig vara Karin själv, fåret är bara ett får. Trollgumman Mörk som kan baka en förtrollad sockerkaka som aldrig tar slut avslöjas som gumman Blom som är ute och plockar bär. Men hon bjuder gärna på saft och nybakad sockerkaka, om någon hjälper henne att bära hennes korg.

Bygger Stigs text en bro mellan barnens rationella logik och deras fantasivärld som de kan hålla levande samtidigt som de med en så otrolig precision skiljer den från verkligheten? Stigs budskap att verkligheten skapar de bästa sagorna tar de uppenbarligen som en självklarhet. Varför förlorar vi förmågan att betrakta sagovärlden och verkligheten som en enhet? Varför kan vi inte integrera och hålla isär fantasi och verklighet som barnen gör? När byter vi sagornas nedärvda hårdvaluta mot vårt vardagslivs triviala småslantar? Vem lär oss att göra det? Våra föräldrar, våra lärare, eller vår egen oro för hur vi skall klara oss praktiskt i vår vardagsvärld? Vad skulle vi göra utan konstnärer och författare som Stig som kan få oss att se den unga sagoprinsessan i den gamla skurgumman och den prins i skomakaren som han – som vi alla – en gång har varit och när som helst kan bli igen när vi berörs av hans trollstav.

Stigs sagoton är lågmäld och personlig, i likhet med hans romanröst. Han kan börja så här: "När jag var liten, vilket är mycket länge sedan, ja det är så länge sedan att jag knappast kommer ihåg det, låg det bortom det berg och den skog vari alla sagor skapas…" Vad fanns där? Kanske en liten stenmur vid landsvägen mellan hädan och dit, eller ett konstigt litet gult hus där urmakaren bodde, eller också var det trädgårdsmästarens lilla röda hus.

Han kan också placera barnen och sig själv i samma tidsperspektiv: "När man är liten, är man inte stor, och det är bra det, för när man väl är stor och vuxen och börjar bli gammal kan det hända att man känner sig krokig och sned och eländig. Man känner sig inte alltid sned och krokig och eländig, men det händer att man vissa dagar tycker att man blivit just krokig och eländig."

I Stigs sagor förenar sig världen där man är liten utan att vara sned och krokig och eländig med världen där man har blivit det. Det är en och samma värld, ung är gammal och gammal är ung, det förgångna och det kommande är lika närvarande, det rör sig och står stilla på en och samma gång. Sextioåringen Stig är samma grabb han alltid har varit. Fast när han var pojk var det sommar nästan jämt, och han bodde på landet. "Det var en gång. Kanske är det länge sedan jag var liten. Men jag minns att prästkragar blommade och smörblommor blommade och blåklockor blommade och humlor surrade och fjärilar fladdrade."

Barnet Stig är ofta ute och går och möter konstiga farbröder. Farbror Frost som är urgammal och skäggig. Han är iförd lång grå rock och har vantar på händerna och vinterkängor på fötterna mitt i sommaren. Eller Drömmaren som går fram och tillbaka på landsvägen och plockar smultron i en blå kopp. Ibland står han alldeles still och drömmer eller sitter på en sten och drömmer, eller också ligger han vid landsvägskanten med fötterna i diket och drömmer om att få ett brev som aldrig kommer.

Den kringvandrande sagopojken Stig möter också en liten gråklädd gammal tomte som är ensam och ledsen, eftersom det inte längre finns någon som tror på tomtar. Förr i världen var tomten aktad för att han såg till att allt stod rätt till på gården. På natten stänger han alla dörrar som husfolket har glömt och låter dem tro på morgonen att de själva har gjort det, eftersom de ju inte tror på tomtar längre. Förut brukade han också klappa hästen litet på natten och prata med honom, eftersom husfolket hade för brått-om att göra det på dagen. Han gav lite vatten till grisen och lite grädde till katten om den var hungrig. Men hästen finns inte kvar, bönderna har nu skaffat sig en traktor. Den får stå ute i regnet när de glömt att ställa in den, eftersom tomten inte vet hur man får igång den. Undra på det. Det visar sig att tomten Gråskägg är trehundra år gammal och ser slutet nalkas. Men plötsligt och oväntat stöter han ihop med sin ungdomsvän, tomten Vitskägg, som han inte har sett på tvåhundra år. Trots återseendets glädje förblir deras sinnesstämning dyster. Båda vet att ingen tror på dem längre och att det är dags för dem att avlägsna sig. Men pojkvaskern Stig tar dem till skogshuggare Persson, en ensam gammal man som inte längre orkar sköta sin stuga eller ens koka kaffe åt sig själv. Han har visserligen inte sett någon tomte på åttiotre år, men han tror fortfarande på dem. Han bugar sig för de två tomtarna med stor respekt, och alla fyra dricker saft tillsammans. Sedan kokar Gråskägg riktigt god tomtegröt. Först efter att de har ätit kan Persson gå och lägga sig, något som han inte orkat göra på länge. Pojken tittar länge på honom och på de sovande tomtarna. Sedan smyger han försiktigt därifrån, åter till ängen där smörblommorna och prästkragarna blommar, humlorna surrar och fjärilarna fladdrar. Han vet att han aldrig kommer att få uppleva en så bra torsdag igen. Berättaren Stig bekräftar att han aldrig har gjort det heller. Han manar barnen att inte bli rädda när de möter en tomte. Det är ju bara Gråskägg eller Vitskägg från landet Det var en gång. Men de måste komma ihåg att hälsa från Stig. Själv är han nu i stort behov av tomtehjälp. Dessutom vill han spela kort och äta gröt med dem eftersom han har blivit gammal och har köpt en gungstol.

Här måste jag komma med en invändning. Stig har inte köpt någon gungstol, han kommer aldrig att göra det. Tvärtom. Han boxas varje morgon och äter ofta middag med Christina på en av sina favoritkrogar. Han målar och skriver för fullt och när han på gatan ser en berusad man som har svårt att ta sig hem, kallar han varken på ambulans eller polis och går inte heller förbi honom som vi andra. Han hjälper honom hem.

För en tid sedan träffade jag en kvinna i 50-årsåldern vid en middag. Av någon anledning berättade jag om mitt "mirakulösa" möte med Stig. Hon spärrade upp ögonen och berättade med den spontanitet som man ibland visar för främlingar man aldrig kommer att träffa igen att hon kom till Stockholm för trettio år sedan, en ensam, oskyldig flicka från landet. Några månader senare blev hon gravid. Hon upplevde det som en stor skam, blev bortstött av sin familj och isolerad från sin egen åldersgrupp. Hon hade inga vänner och saknade allt stöd. Icke desto mindre, eller just därför, sökte hon människors närhet. En kväll då hon var i sjätte månaden var hon på en fest och satt där och tittade på hur ungdomarna i hennes egen ålder dansade. Ingen brydde sig om henne. Men plötsligt kom en ung man fram till henne. Det var Stig Claesson. Nu skall du för fan dansa, sade han. Sedan dansade han bara med henne hela kvällen.

Lite senare frågade jag Stig om han mindes kvinnan. Vem fan kan komma ihåg alla tjejer, svarade han. Men jag misstänker att han mindes henne i alla fall. Men någon som hänvisar till Hin Onde i var och varannan mening kan uppenbarligen inte tåla minsta antydan om änglavingar. Alldeles särskilt som han bär dem i smyg...

I ett av sina som alltid odaterade brev från sommaren 1989 skrev Stig till mig:

> ”Min nya bok kom som Månadens bok i juli. Vad den heter har jag glömt [min notering: den heter *En mörts drömmar*]. Men jag försöker tala om för vårt folk i vårt land vilka dom är och att dom skall vara stolta över det. Vilket inte är detsamma som patriotism. Jag känner mitt folk och det är deras goda sidor som intresserar mig. Vår gårdag har gjort oss till dem vi är. Ett folk som myndigheterna egentligen aldrig kunnat styra och som horat, bränt brännvin och dränkt skattefogdar sen urminnes tider. Jag vill påminna mitt folk om att det är ett ogudaktigt folk och ett i grunden snällt, fattigt och strävsamt folk som varken tror på en lön i himlen lika lite som på jorden. (...) När jag talar om vårt folk som olydigt, snällt och fattigt är det samma folk som du funnit starka, tåliga och fattiga. Inte bara landsbygdens folk eller det moderna ihjäldesinformerade. Jag menar helt enkelt att jag vill se det goda i det folk som lever på den lilla plätt av jorden där jag begravt alla mina förfäder. Mycket kan förvisso kritiseras i vårt land och mycket kan sägas om vårt folk och det sägs också i stil med att vi är stela, förbudsivrare eller dumma och vad du vill. Kritiken är kanske rättvis, men oftast skriven med dumt gåtfulla ord. Många av våra diktare och konstnärer sysslar med rebusar men jag anser inte att man skall behöva det.”

I april 1990, ett halvår efter att vår nya bekantskap hade inletts, skrev Stig till mig:

"I skogen läste jag om din bok *I stället för hemland.* Det vore ju onaturligt om du inte vore krigsskadad, vilket du är. Jag har ibland påstått att jag var efterkrigsskadad men det har ingen lyssnat på. Du måste ju ibland stanna upp och gripas av en total ångest. Det där skall vi snacka om [min kommentar: det har vi aldrig gjort]. Om jag inte kan glömma efterkrigs-Europa hur skall du kunna det? Vi bär nog på en liknande sorts skuld. Vi ser dubbelt på nåt sätt. Vi ser ett nutida Europa och ett alldeles trasigt. – Ruiner och kaos finns i oss för evigt. Att det förhåller sig så är inte bara negativt. Vi lever med det därför att vi blev tvungna."

Nej, käre Stig, hade jag velat svara. Där har du fel. Det är inte jag som är krigsskadad, utan det är ni som är fredsskadade. Krig är människans normaltillstånd genom evolutionen och under historien. Fred är det onaturliga.

Jag svarade Stig:

"Ja, det är riktigt att jag 'ibland grips av en total ångest'. Men det gäller inte det du tror, det har ingenting med kriget att göra. Mest har det med min egen mardröm 'att fastna' att göra. Eller att någon som är mycket viktig för mig plötsligt vänder mig ryggen. Erfarenheten av människans grymhet och krigets verklighet är en annan sak. Den är ju sann, vad skall man ha ångest för den för?"

Det finns mera att berätta om dialogen med Stig. Men först skall vi hälsa på Buli igen i landet Israel.

Herr Mani

Jerusalem 1989. Återigen står jag på min terrass i Jerusalem, strax nedanför det stora Hadassasjukhuset, och spejar mot vägen som går framför de tillfälliga bostäderna för gästande läkare och forskare. Nedanför mig ligger Ein Karem, Johannes Döparens by, med sina gamla arabiska hus och många kyrkor. Men mina tankar sysslar inte med min underbara utsikt denna gång. Buli har just ringt. Han är på väg hit, med manuskriptet till sin nya roman, *Herr Mani.* Han har sagt att boken består av fem samtal. Han vill att jag skall skriva brev till honom efter varje del som jag har läst.

Varför vill han det? Vill han pröva min hebreiska? Vill litteraturprofessorn sätta min intuition på prov? Har det med våra tidigare diskussioner om romanen i allmänhet och den israeliska romanen i synnerhet att göra?

Mina funderingar avbryts av Bulis ankomst. Hans snabba kroppsspråk och mimik återspeglar en intensiv nyfikenhet som blandar sig med återseendets glädje.

Han överlämnar ett tjockt manuskript och berättar hur underbar världen ter sig för honom ”efter förlossningen”. Jag vill tala om att jag just läst ett av hans tidigare verk, men han verkar inte intresserad.

Läs den här istället. Hela min libido är riktad mot den. Mina tidigare böcker är som vuxna barn som lever sina egna liv.

Libido? Har fru Ikas psykoanalytiska terminologi smittat maken? Men när han, medan jag tittar in i hans skälmskt glänsande men ändå allvarliga ögon, påminner mig om löftet att skriva ett brev efter var och en av de fem delarna, förstår jag att metaforen kanske inte är helt malplacerad.

Så fort Buli har gått börjar det tjocka manuskriptet och jag att granska varandra, inte utan en viss skepsis. Jag vet att det kommer att ta mig på en lång resa. Vem vet var den kommer att sluta?

Den första ytliga granskningen bekräftar att boken består

av fem samtal. Första delen är ett långt telefonsamtal i december 1982 mellan Hagar, en israelisk flicka, och hennes mor. Den lyssnande läsaren hör endast Hagar men kan lätt föreställa sig vad modern säger. Det andra samtalet avlyssnas den 1 augusti 1944 i Herakleion på Kreta. Den tyska Wehrmachtofficeren Egon Brunner talar med sin från Tyskland ditresta styvmor som Egon alltsedan barndomen vant sig vid att kalla för farmor. Läsaren som har blivit van vid telefonsamtalet från första delen har ingen större svårighet att acceptera att man bara får höra vad den ena samtalspartnern säger. Man lyssnar på Egons röst, och kan utan svårighet gissa sig till ”farmors” svar. Samma teknik används även i de övriga tre ”samtalen”. Det tredje tar oss till ett brittiskt militärläger nära Jerusalem. Den engelske löjtnanten och arméjuristen Steven Horowitz talar med sin överordnade, militärdomaren och översten Woodhouse, i april 1918, kvällen före ståndrätten mot en misstänkt spion. Det fjärde samtalet för oss ännu längre tillbaka i tiden, till en oktobernatt 1899 på en lantgård i Jelenisad i västra Galizien, nära Krakow. Vi hör den unge läkaren Efraim Spiro tala med sin far efter en lång resa. Det femte samtalet, som enligt Bulis instruktioner bör ses som nyckeln och roten till allt som har berättats i de föregående men tidsmässigt senare delarna, äger rum den 9 december 1848 på ett gästgiveri i Aten. Abraham Mani, den förste och ende av bokens samtalande personer som bär detta namn, är en i Grekland hemmahörande sefardisk judisk köpman som har kommit tillbaka från en längre vistelse i Jerusalem. Han talar med sin vördade lärare, rabbinen Shabthai Hadjah, eller snarare med dennes hustru, Flora, eftersom rabbinen är förlamad av hjärnblödning och inte kan tala. Den allra sista delen av samtalet utspelar sig dock i enrum mellan Abraham Mani och den förlamade rabbinen, som dör under samtalets gång.

Hur hänger detta ihop? Varför går romanen tillbaka i tiden? Vad har alla dessa samtal med Herr Mani i bokens titel att göra? Och varför får vi endast lyssna på den *ena* samtalspartnern?

Den 22 maj 1990 är jag färdig med bokens första del. Hagar, studentska vid Tel Aviv-universitetet, har äntligen lagt på luren efter det långa telefonsamtalet med sin mor Yael, medlem av en kibbutz nära Beersheba, där Hagar har vuxit upp. Hagars uttryckssätt och mentalitet är karakteristiska för dagens sekulariserade israeliska ungdom. Hon talar en emotionellt intensiv och grammatiskt ofta felaktig slang. Rapsodiskt och lite slarvigt berättar hon om sina förehavanden under den senaste veckan då modern förgäves försökt få tag i henne i studentbostaden i Tel Aviv och då hon i motsats till sin vana inte heller hört av sig. Det hela började några veckor tidigare då Hagars farmor åkte utomlands och Hagar fick hennes lägenhetsnycklar för att vattna blommorna. Detta ledde till fullbordan av en kort men intensiv kärleksaffär med en ung student, Efraim Mani, vilket enligt vad Hagar tror kan ha lett till graviditet. Efraim blir inkallad redan efter några dagar och kan endast då och då ta en kort men ångestfylld telefonkontakt med Hagar. Hans bekymmer gäller dock inte den unga väninnan, om vars eventuella graviditet han ingenting vet, utan fadern Gabriel Mani som är domare i Jerusalem. Denne är änkling och har nyligen förlorat också sin älskade mor. Fadern har inte svarat i telefon på flera dagar. Hagar förstår inte riktigt Efraims stora oro för fadern men är beredd att följa hans uppmaning att ta reda på hur det är fatt med honom. Hennes försök att nå fram per telefon blir dock lika fruktlösa som sonens. Hon får inget svar, men ibland är det upptaget under långa tider i faderns telefon. Till slut bestämmer Hagar sig för att åka till Jerusalem. Hennes ihärdiga ringningar på dörrklockan besvaras inte, men hon har det bestämda intrycket att någon rör sig innanför dörren. Efter en sista lång påringning går hon nedför trappan med högljudda steg, tar sedan av sig skorna och smyger sig snabbt och ljudlöst tillbaka. Hon hade gissat rätt. Någon öppnar försiktigt dörren på glänt, uppenbarligen för att speja efter den objudna gästen. Hon sätter en fot i dörrspringan och banar sig väg in i lägenheten. Där finner hon domaren Mani iförd morgonrock och med rufsigt hår, orakad och smutsig, uppenbarligen i upplösningstillstånd. Ett rent handgemäng uppstår. Domaren som aldrig har sett flickan förut försöker kasta ut henne, men hon tränger ända in i sovrummet och får där syn på en färdigställd galge med vidhängande rep. Efter att ha presenterat sig som sonens flickvän vägrar hon envist att avlägsna sig förrän Mani har kommit till sina sinnen igen. Efter flera misslyckade försök att skicka iväg flickan till Tel Aviv, ger Mani upp och låter henne övernatta i tamburen. Nästa dag verkar han helt lugn, galgen är borta, sovrummet i ordning. Han kör Hagar till bussen och säger farväl, kyligt men korrekt. Men hon tar första bussen tillbaka till Jerusalem och beger sig till domarens rättssal. Där bevittnar hon hur Mani dömmer småförbrytare med precist formulerade motiveringar och en imponerande auktoritet. Han låtsas inte känna igen Hagar. På kvällen smyger hon sig fram till domarens lägenhet igen och tar sig in med den nyckel som hon lyckats tillskansa sig dagen innan. Även denna gång kommer hon i sista ögonblicket. Galgen är färdig med rep och allt. Händelseförloppet upprepar sig med mindre variationer de tre följande dagarna. Under tiden växer dock en något kylig, ordlös men faderlig-dotterlig vänskap fram mellan domaren och flickan och situationen har stabiliserat sig så mycket att Hagar vågar lämna honom ensam.

Här slutar telefonsamtalet mellan Hagar och hennes mor. Det åtföljs av ett sakligt och koncist efterord. Läsaren får veta att Hagar inte var gravid vid tidpunkten för telefonsamtalet men att hon blev det något senare, i samband med en av Efraim Manis permissioner. Efraim blir dock aldrig nämnvärt intresserad av sin lille son eller hans mor, de får klara sig själva bäst de kan. Han hade ingen önskan att skaffa barn och känner sig lurad av Hagar. Hans pappa blir desto mer intresserad. Självmordskandidaten som Hagar räddade till livet blir en hängiven farfar.

Romanens andra samtal tar läsaren till det tyskockuperade Kreta år 1944. Den hörbara rösten tillhör fallskärmsjägaren Egon Brunner, som kommit till Kreta med den tyska invasionsarmén fyra år tidigare men av vinden förts bort från sin fallskärmspluton under själva hoppet. Han tar mark i närheten av ruinerna i Knossos men ser mycket litet av terrängen, eftersom han har tappat sina glasögon under hoppet. Han har dock tillräckligt mycket syn kvar för att som gisslan ta de första två män – en far och son – han möter bland labyrintens ruiner. Med kulsprutan i hand tvingar han fadern att stanna kvar, medan sonen bittert gråtande beordras att lämna fadern för att gå och skaffa ett par glasögon. Under den långa väntan bland de ödsliga ruinerna inleder tysken ett samtal med sin fånge. Det visar sig att denne är turistguide, mycket språkkunnig, och heter Mani. Han är född i Jerusalem men lämnade staden redan i sin ungdom. Konversationen, med Mani framför kulsprutans mynning, blir allt livligare. Efter flera timmar återvänder sonen med en samling glasögon och i sällskap med sin vackra unga hustru och en liten pojke – den blivande domaren. Han finner sin far vara inbegripen i en avspänd men intensiv arkeologisk och historisk diskussion, på flytande tyska, med sin plågoande. Glasögonen passar inte riktigt. Sonen får ånyo ge sig iväg, tillsammans med sin familj. Egon Brunner stannar kvar med sin bundne fånge och vill fortsätta samtalet om labyrinten. Men ”vägvisaren” Mani lägger sig på sin kappa, och medan han fortsätter att artigt besvara Egons frågor, verkar han alltmer lågmäld och frånvarande. Egon slumrar till för något ögonblick. När han vaknar är Mani död. Det finns inga tecken på självmord eller annan onaturlig dödsorsak. Läsaren, eller åtminstone undertecknad läsare, upplever det som om Mani har sökt och funnit den enda säkra flyktvägen från nazisten, sin egen död, inom sig själv.

Egon Brunner berättar allt detta för sin styvmoder som han kallar för Grossmutter, men som egentligen är änka efter Egons biologiske far, en legendarisk amiral och krigshjälte från första världskriget. Den korta biografiska inledningen talar om att änkan Andrea var ofruktsam från början. Det höga paret hade då valt ut en tjänsteflicka som fick äran att bära och föda amiralens barn, Egon. Efter förlossningen fick flickan en penningsumma och skickades bort. Egon fick växa upp hos sina ”morföräldrar”, dvs sin biologiske far amiralen och dennes hustru.

Amiralskan har flugits till Kreta i ett militärt transportplan, driven av sin oro för Egon. Tre år har förflutit sedan Egon deltog i Kretas ockupation som fallskärmsjägare men amiralskan har trots sina efterforskningar inte lyckats få något besked om hans verksamhet där. De utmärkelser och befordringar som hon hade väntat sig att han skulle få har lyst med sin frånvaro. Hennes patriotiska iver och den hängivenhet hon hyser för Führern och hans totala krigsansträngning lämnar henne ingen ro. Hon ger sig iväg för att se vad Egon egentligen håller på med och för att ställa honom mot väggen, om så behövs. Är det med så liten framgång Egon förvaltar det stora namnet? Vet han inte vilka förpliktelser det för med sig gentemot fosterlandet?

Men Andrea har inte tänkt stanna vid kritik och förebråelser. Genom sina kontakter inom den högsta arméledningen har hon för Egon förberett den stora äran att få förflyttning från det relativt lugna Kreta till den hårt ansatta Östfronten. Där kommer han att få goda möjligheter att utmärka sig såsom det anstår en person med det stora namnet: att erövra ärofulla utmärkelser eller dö en hjältedöd.

Trots att läsaren endast hör Egons röst, lär ingen som någonsin har träffat en tysk dam av Andreas typ ha några svårigheter att föreställa sig hennes stenhårda bigotteri. Man kan bokstavligen fylla i hennes svar. När hon under samtalets gång med stigande förvåning och harm förstår att Egon inte ämnar gå med på hennes planer, inställer hon den planerade festmiddagen som Egons kommendant har ordnat till hennes ära och återvänder med första militärplan till Tyskland. Under hemresan förföljs hennes plan av ett brittiskt jaktplan och skjuts ned. Ur Bulis sammanfattande epilog får vi veta att Andrea ser den brittiske piloten genom transportplanets fönster. De "står" bokstavligen öga mot öga, innan han fyrar av sin kulspruta, på endast några meters håll. Andreas sista tanke är att det är Egon som pressar ner avtryckaren.

Men Andrea och även Egon är endast statister i denna "familjeroman", liksom alla andra "bipersoner". Centralgestalten är Herr Mani, i rakt nedstigande led. Han uppträder i olika generationer, förkroppsligad i olika skepnader, men förblir genom hela berättelsen en oföränderlig bärare av och symbol för sitt folks öde. Men hur kan det judiska folket uppenbara sig i ett samtal mellan två mycket olika men lika "patriotiskt övertygade" stortyskar? Vi måste ta ett steg tillbaka och lyssna noga.

Strax efter att han välkomnat henne på Kreta, tar Egon sin något rörelsehindrade "Grossmutter" till toppen av en hög kulle för att peka ut de viktigaste milstolparna och berätta om sina tre år på Kreta. Hans långa ordflöde söker sig dock på ett egendomligt sätt ständigt tillbaka till Mani, som ett vattendrag som söker sig nedåt dalen eller som tankegångarna hos en besatt som inte kan släppa sina tvångsföreställningar. Läsaren erfar att Egon efter Mani den äldres oväntade död söker sig, fortfarande utan glasögon, till närmaste tyska armépostering. Mottagningen blir dock allt annat än vänlig. Han misstänks för desertering, ställs inför militärdomstol, och frikänns först efter en långvarig rättegång. Under fängelsevistelsen vill han inte meddela sig med Andrea. Till slut rentvås han helt och får återuppta sin tjänst som officer. Han får en, enligt egen bedömning, ytterst betydelsefull uppgift vid militärpolisen. Uppgiften består i att spåra upp och deportera gömda judar. Detta imponerar inte på Andrea, som endast respekterar kämpande soldater. Men Egon känner stor entusiasm för sitt arbete. Han lyckas spåra upp många judar, bland dem den unga Manifamiljen. Deras ickejudiska identitetshandlingar är uppenbart falska. De kommer i själva verket från en gammal sefardisk-judisk Jerusalemfamilj (liksom Buli själv, är man frestad att tillägga). I detta fall nöjer sig Egon inte med omedelbar deportation utan bestämmer sig för att på egen hand pröva något nytt som skall föra problematiken ”ett steg framåt”. Indoktrinerad nazist som han är ser han judarna som ”mänsklighetens cancer”, men han är också övertygad om att judiskhet inte är ett biologiskt utan ett kulturellt begrepp. Han ser det som en själslig åkomma som måste angripas vid sin källa, i judarnas egen själ. Unge Mani förstår Egons syften och försäkrar honom om att han och hans familj för länge sedan utplånat all judiskhet. Den hebreiska originaltexten, som Buli har lagt i Egons tyska mun, använder här ett intressant verb, *levatel*, som betyder ”att annullera”. Mani bedyrar att han och hans familj redan har annullerat all judiskhet. Egon söker envist vidare efter bevis för motsatsen. Han beordrar ständigt återkommande husundersökningar hos Manis, utan förvarning. Han letar efter böcker, brev och religiösa symboler för att kunna bevisa att Mani ljuger. Detta är en rent privat ambition – han behöver inga bevis för att verkställa deportationen. Husundersökningarna ger inga resultat, men Egon låter sig inte övertygas. Hur kan man vara säker på att någon har annullerat sin judiskhet? utropar han gång på gång under samtalet med Andrea. Hans misstankar får ny näring när Manis unga fru och lille son plötsligt försvinner. De har förmodligen lyckats rymma till ett gömställe i bergen. Läsaren har anledning att fråga sig varför fadern stannar kvar som levande gisslan i Egons händer? Tror han att familjen skall komma undan lättare utan honom? Eller har han tappat livslusten, i likhet med sin far?

Ur författarens torrt sakliga efterord framgår att Mani till slut deporteras tillsammans med andra infångade judar och att deras båt sänks av en tysk torped under färden mot fastlandet.

Den 24 juni 1990 skrev jag till Buli:

”Den andra delen av din bok är full av gåtor. Varför tystnar Mani den äldres in i det sista mycket kultiverade arkeologiska samtal med Egon successivt, varför vänder han sig mot den antika muren, varför dör han? Beskriver du den psykosomatiska voodoo-döden eller häxdoktorns förbannelse hos Australiens urinvånare? Är det så livet slocknar när man inte längre ser någon mening med det? Går den yngre Mani en så gott som säker död till mötes, efter att ha räddat hustru och barn, av någon liknande anledning?

Mörker och gåtfull tystnad.

Varför har du planterat denna dödslängtan i Manifamiljen, varför låter du den komma igen när domaren, den en gång så framgångsrikt räddade sonen, står framför den hemmagjorda galgen? Ville du skildra judarnas uppgivenhet inför Förintelsen? Motsvarar den äldre Mani 'muselmanerna' i Auschwitz som hade givit upp allt hopp och var på väg att dö? Kan Mani den yngre jämföras med min egen chef vid Judiska Rådet i Budapest 1944* som i likhet med Sokrates tackade nej till den erbjudna hjälpen att fly?

Med Egon inför du ett viktigt nytt moment i diskussionen kring antisemitismen. Här har du 'lyckats' skapa den verklige nazisten som överträffar Hitler, eftersom han inser att judiskheten är en andlig hållning och inte någon 'biologisk' egenskap. Egon är nazist men han har genomskådat det tidiga 1900-talets pseudobiologiska, rasistiska nonsens, som grundade sig på den världsomfat-

* Se G. Klein, *I stället för hemland* (1984), s. 67-68.

tande eugeniska rörelsen. Den växte fram strax efter återupptäckten av Mendel år 1900.* I den stora optimism som följde fick man för sig att det står i människans makt att styra sin egen hereditet.** Egon vet instinktivt att det inte är möjligt. Varifrån har han fått denna insikt? Var det hans klassicistiska bildning som lärde honom idéernas snabbt genomträngande makt, har han insett memernas betydelse för vår kulturella utveckling, blev han övertygad om att deras dynamik är överlägsen jämfört med våra långsamt evolverande gener?*** Hans förhör med den yngre Mani påminner mera om inkvisitionens granskning av misstänkta kättares trossatser än om de nazistiska Nürnberglagarnas 'tillämpade biologi'. Genom denna paradoxala bakdörr för du också in dina egna frågor om judisk identitet. Skall man söka den på utsidan, i symboler och traditioner, eller framförallt inombords, i själarna själva? Stöter du på den israeliska romanens av dig själv definierade trädstam här?

Jag vet inte om det fanns sådana nazister som Egon. Yehoshua har förmodligen uppfunnit honom genom egen logisk analys, som lett honom till slutsatsen att han borde ha funnits. Nazisternas brist på logik och/eller blinda lydnad mot Hitler hindrade dock sannolikt dem från att förverkliga honom. Men det spelar ingen större roll. Genom att skapa Egon har Yehoshua riktat strålkastaren på den centrala frågan om judisk identitet.

Jag kan inte påminna mig att jag stött på något "Egonliknande" exempel bland de äkta nazisterna. Man tänker sna-

* För en närmare diskussion om detta, se Georg Klein, "Ultima Thule" i *Ateisten och den heliga staden* (1987), s. 65; "Helvetesresenärens återstående fasa" i *Pietà* (1989), s. 133.

** Se min essä om den moderna genetiken längre fram i denna bok.

*** Se Dawkins, R.: *The Selfish Gene* (1989), s. 189-201; samt Dawkins, R.: Viruses of the Mind i *Challenges to the Enlightenment*. Utg. Paul Kurtz (1994), s. 188-210.

rare på den märkligaste av alla judiska antisemiter, Wienförfattaren och filosofen Otto Weininger, som hatade sin egen judiskhet och inget hellre ville än att utplåna den. Helt följdriktigt begick han självmord vid 23 års ålder. Hitler omnämnde i ett av sina bordssamtal honom berömmande som den "ende hederlige juden" som tog de rätta konsekvenserna av sin judiskhet. Detta spöke förföljer dock inte Manifamiljen. Judiskhetens annullering är antisemiternas, inte judarnas problem. Men varifrån kommer Manifamiljens demoner? Jag får läsa vidare.

I romanens tredje del har berättelsens kräftgång fört läsaren tillbaka till den 10 april 1918. Vi befinner oss i ett brittiskt militärläger i närheten av Jerusalem. General Allenby har erövrat större delen av Palestina från turkarna men kriget pågår fortfarande. Läsaren hör som vanligt endast den ena rösten i en pågående dialog. Rösten tillhör den unge brittiske löjtnanten och juristen Stephen Horowitz, som är av judisk börd och tjänstgör inom det militära åklagarväsendet. Han presenterar ett egendomligt spionfall för sin för oss ohörbara samtalspartner, den nyligen anlände militärdomaren, överste Woodhouse, som har fått i uppdrag att döma i målet redan dagen därpå. Tiden är knapp. Översten har svårt att läsa beroende på nedsatt syn och har därför bett Horowitz att muntligen presentera fallet.

"Man skulle lätt kunna tänka sig att Jerusalem för en jude är vad London är för engelsmannen", säger Horowitz. "Men i Londons East End bor fler judar än i hela Palestina. Jag tror att det beror på att London är för stort för att någon människa skulle kunna bära det med sig, medan judarna tar Jerusalem med sig vart de än går, men ju mer de bär det med sig, desto lättare blir det."

Rättsfallet är ovanligt och synnerligen allvarligt. Man har svårt att komma ifrån en fällande dom som innebär dödsstraff för en brittisk medborgare. Den anklagade har försökt smyga sig igenom stridslinjen, förklädd till herde som vallar en flock får. Det är inte första gången han passerar stridslinjen på detta sätt, men denna gång lägger en av kontraspionagets experter märke till att ”fåren inte älskar honom”. Han stoppas och visiteras. Det visar sig att han bär på hemliga militära handlingar som innehåller detaljerade kartor över brittiska arméns ställningar.

Först vet man inte vem han är. Men så fort han yttrar de första orden på lysande god engelska ropar någon inom förhörsledningen: ”Är det ni, herr Mani!”

Ja, det är ingen annan än Efraim Mani, vars ”spontana” död på Kreta ett kvartssekel senare läsaren redan har bevittnat. Här möter vi honom som en överspänd men samtidigt deprimerad ung man som uppfylls av en absurd vision. Deprimerad, ja. Yehoshuas originaltext använder ordet *koder*, svårmodig, någon som inte ler så ofta eller överhuvudtaget. Detta blir hans viktigaste kännemärke även längre fram när vi får följa honom ännu längre tillbaka i tiden, ända till barndomen.

Det visar sig vid det fortsatta förhöret att Mani är välkänd inom den brittiska armén. Han har tjänstgjort i Palestina som arméns mästartolk, vars snabbhet och artikulation ansågs oöverträffad. Enligt Horowitz är han en språklig jonglör, som bokstavligen kan fånga de uttalade orden i luften så fort de har yppats och studsa dem tillbaka på ett annat språk – hebreiska, arabiska, engelska eller franska – utan någon märkbar ansträngning. Det är obegripligt hur snabbt ljudvibrationerna kan nå hans öra och sätta igång översättningsmaskinen i hans hjärna och hur talorganen kan verkställa kommandot inom några sekunder.

En egendomlig, ensam man, fortsätter Horowitz. Hans far var en berömd gynekolog i Jerusalem och byggde upp ett förnämligt privat förlossningshem där. Fadern omkom på järnvägsstationen i Beirut under oklara omständigheter – sannolikt självmord – när pojken var 13 år. Så fort han kom upp i de övre tonåren hade Efraim själv rest till Beirut och tillbringade många år där. Han har alltid haft mycket svårt med de mänskliga kontakterna. En gång tar han dock hand om en flicka som befinner sig i en nödsituation som flykting. Han låter henne bo hos sig, och gör henne så småningom med barn, men av allt att döma utan nämnvärt känslomässigt engagemang. Det blir inget bestående äktenskap. Barnet tas om hand av Manis släktingar. Själv påtar han sig knappast någon fadersroll överhuvudtaget. Han går helt upp i en galen idé, som inte lämnar honom någon ro. *Han ser araberna och judarna som bröder med samma religion, som på något sätt kommit ifrån varandra. Han vill få dem att inse detta för att sedan tillsammans bekämpa den gemensamma fienden, kristendomen.*

Enligt Horowitz har Mani varit mycket samarbetsvillig under undersökningen, och när man väl fått honom att förstå att det inte är någon idé att han trasslar in sig i lögner med tanke på den överväldigande bevisningen mot honom blir han rentav talför. Han försäkrar att det var han själv som erbjöd sina tjänster till turkarna. Som brittiska arméns tolk hade han tillgång till hemliga handlingar. Han informerade fienden genom regelbundna personliga besök. Han hade lyckats ta sig igenom frontlinjerna varje vecka flera månader. Han hade inte tagit emot pengar utan begärde endast en gentjänst i utbyte. Han ville hålla ett tal till de arabiska byinvånarna i samband med varje besök. Turkarna hade inte varit sena att acceptera erbjudandet. De fattiga, förtryckta, illitterata bönderna hade kommenderats att församla sig för att lyssna på Mani. Han hade velat förmå dem att inse att de egentligen var judar som hade glömt bort sin judendom och att de därför tillsammans med judarna skulle resa sig mot engelsmännen. Bönderna visade ingen reaktion och hade förmodligen inte förstått någonting.

Det hade visat sig under förhören att Mani var väl medveten om att endast dödsstraff kunde komma i fråga för en brittisk medborgare som har begått ett så svårt brott. Det skrämde honom inte. Han var tvärtom fast besluten att använda rättegången som ett forum där han kunde propagera för sin tes. Horowitz varnar översten för Manis vältalighet och de politiska effekter rättegången kunde få.

Läsaren, som redan vet att Mani kommer att överleva och bli turistguide på Kreta börjar undra hur författaren skall lösa det rättsliga problemet. Det gör han med bravur medan han återigen ställer läsarens inlevelseförmåga på prov. Vi hör ju inte överstens repliker och kan endast gissa oss till dem av löjtnantens reaktioner. Vi blir lika förvånade som Horowitz själv när vi förstår att översten börjar fråga ut Mani om hans exakta härkomst. När han får veta att Manis farfars far (i vars fotspår vi kommer att trampa längre fram under vår kräftgång i tiden) var en kringvandrande köpman från Saloniki, förstår vi så småningom, av Horowitz tilltagande förtjusning över överstens genialitet, att domaren kommer att ifrågasätta Manis brittiska medborgarskap. Eftersom britterna är i färd med att ta över turkarnas roll som ockupationsmakt i Palestina, har de ju all anledning att granska invånarnas nationalitet. Genom att underkänna Manis medborgarskapsanspråk, slipper domaren hela den egentliga rättegången. Han kan nöja sig med att förvisa spionen till hans "hemland", varifrån familjen "ursprungligen" kom, dvs. till Grekland.

Den andra augusti 1990 skrev jag till Buli att jag hade blivit både rörd och skakad av den tredje delen. Herrarna Mani blir alltmer gåtfulla. Varifrån kommer deras mörka, obotliga svårmod? Är detta en viktig del av trädets stam, är det så författaren upplever den judiska identiteten? Varför denna kombination av messianska idéer, djupa bindningar och hopplösa konflikter, denna ändlösa väv av kärlek och besvikelse, av hängivenhet och kontaktlös isolering?

Varför har Mani avlat ett barn? Och varför brydde han sig inte mer om sonen? Hur formades sonens djupa tillgivenhet till fadern, som vi redan bevittnat bland labyrintens ruiner på Kreta? Hade spionen Mani behandlats likadant av sin far? Det får vi antagligen veta i bokens fjärde del. Men åtminstone hans egen son blev en tillgiven far. Som vi redan vet offrade han sitt liv för att rädda sin fru och lille son när han skickade dem till bergen för att de skulle undkomma tyskarna.

Det fjärde samtalet vi får avlyssna äger rum under natten mellan den 20 och 21 oktober 1899, nära Krakow i Galizien, inte långt från det område där dödslägret Auschwitz skulle byggas ett knappt halvsekel senare. Den unge judiske läkaren Efraim Spiro talar med sin åldrige far på dennes stora lantegendom i Jelenisad. Fadern somnar gång på gång under samtalet, trots sonens färgstarka och i vissa stycken mycket upprörande berättelse om en nyligen avslutad lång resa med sin vackra yngre syster. Enligt den ursprungliga planen skulle sonen ha åkt till den tredje sionistkongressen i Basel tillsammans med fadern som är hängiven sionist. Fadern blir dock tvungen att stanna hemma beroende på hustruns svåra sjukdom. Dottern får åka i stället. Syskonen skulle sedan ha tillbringat ett par veckor i Schweiz. Men det blir inte så. Efter kongressen får fadern i Galizien plötsligt ett telegram från Jerusalem. Sonen meddelar kort att han och systern har rest dit på inbjudan av en kollega, dr Josef Mani, som de träffat på kongressen i Basel. Först efter flera veckors fördröjningar och oroliga telegram hemifrån återvänder syskonen till fadershuset, djupt chockerade av sina upplevelser. Dotterns långa, vackra röda hår är avklippt, vilket förklaras med att hon fick löss i håret på det smutsiga hotellet i Istanbul där de övernattade på vägen hem. Men detta är mindre viktigt. Det visar sig att deras värd, dr Josef Mani, under mystiska omständigheter omkom på järnvägsstationen i Beirut, kort efter att han hade tagit farväl av syskonen. Han hade i själva verket hamnat under deras tåg när det startade. Systern är djupt deprimerad efter händelsen. Hon vägrar att tala med någon, och i synnerhet med brodern. Efter hemkomsten låser hon in sig i sitt rum och förblir otillgänglig.

I den sena nattliga stunden försöker den unge läkaren rulla upp hela händelseförloppet för sin sömnige far. Systerns exotiska skönhet, glada humör och spontana öppenhet hade väckt stor uppmärksamhet redan under tågresan. Brodern hade hela tiden fått skydda henne för otillbörliga närmanden, en roll som han inte alls hade varit förberedd på från början. Men de riktiga problemen hade börjat i Basel. Efraim Spiro, som var relativt nybliven läkare, hade råkat befinna sig i närheten då sionismens grundare, Theodor Herzl, plötsligt blev illamående under ett kommittémöte. Upprörda människor hade störtat ut ur rummet och ropat efter en läkare. Spiro var först på plats men fann att det bara var en övergående attack av yrsel. Herzl såg dock inte frisk ut.

Efraim Spiro kan inte ha hållit på med sin "patient" mer än i några minuter förrän många andra läkare kommer inrusande. Spiro drar sig tillbaka men går sedan vilse i den labyrintiskt stora kongressbyggnaden. Medan han söker efter utgången, stöter han ihop med en artig och välklädd gynekolog från Jerusalem, dr Josef Mani, som inte heller kan hitta vägen till utgången. Till slut får de hjälp av en stadig schweizisk tjänsteflicka som leder dem ut ur labyrinten, helt omedveten om den Ariadneroll författaren har tilldelat henne. På gatan utanför inväntas Mani av en elegant privatvagn, som är förspänd med en underbart vacker svart häst. En rik sionistsympatisör har ställt vagnen till hans förfogande som ett tecken på hans respekt för en även vid sionistkongressen mycket sällsynt representant för en judisk jerusalemfamilj av bildad klass.

De båda läkarna får genast god kontakt med varandra. Mani skjutsar Spiro hem till dennes pensionat, men där möts brodern av en obehaglig överraskning. Den vackra systern har ännu inte kommit hem, trots den sena kvällstimmen. Dr Mani erbjuder sig att hålla honom sällskap. De får vänta i flera timmar. Med stigande oro berättar Spiro om sitt liv, sina föräldrar, men alldeles särskilt om sin systers skönhet, som redan på tåget och under kongressen har fångat alla unga mäns blickar. Det var en ren tillfällighet att de tappade bort varandra tidigare under kvällen då Herzl blev illamående och det uppstod ett visst tumult. Mani berättar om sitt privata förlossningshem i Jerusalem. Dit kom judiska, kristna, armeniska, arabiska och andra kvinnor för att föda. Kliniken var inhyst i ett gammalt arabiskt hus inom den tyska kolonin strax utanför Jerusalems murar. Den hade mycket gott rykte. Alla okomplicerade fall sköttes av en skicklig och mycket hängiven svensk barnmorska. Mani kallade henne rätt och slätt för ”svenskan”. Spiro får också veta att Mani är gift och har en trettonårig son. Läsaren som är på sin vandring tillbaka i tiden förstår att det är den blivande spionen som vi kommer att möta i en ungdomligare gestalt.

Efraim Spiros berättelse för fadern lämnar inget tvivel om att dr Mani hålls kvar hos sin orolige unge kollega under de sena nattimmarna av sin växande nyfikenhet på systern. Enligt Spiro blir han förälskad i henne innan han har sett henne. Först långt in på småtimmarna kommer hon, glatt skrattande, i flera unga mäns sällskap. Under den högljudda uppgörelse som bryter ut mellan syskonen förhåller dr Mani sig helt passiv. Men vid det här laget är han redan hjälplöst förälskad. Detta visar sig dock först så småningom. Effekterna sprider sig långsamt, som ringarna på en lugn vattenyta som träffats av en sten.

Under de följande dagarna utsätts Efraim Spiro för allt intensivare försök till övertalning att följa med dr Mani till Jerusalem, tillsammans med systern. Kan det finnas ett mera lämpligt resmål för en sionist än Jerusalem? Han ger till slut med sig. Han bryter det givna löftet till föräldrarna och lämnar det i förväg betalda pensionatet, trots starka protester från ägarinnan. Ungdomarna möter dr Mani i Marseille, efter att denne kört med kusk och vagn genom halva

Europa. Väl framme i hamnen skickade han iväg kusken och vagnen med en majestätisk gest, för att sedan med väl betalda sjömäns hjälp tvinga hästen ombord på skeppet.

Under sjöresan blir Efraim svårt sjösjuk och stannar mestadels i sin kajuta. Mani och systern kommer allt närmare varandra. Deras kärlek kan ha fullbordats när båten lägger till för ett uppehåll på en grekisk ö. Brodern går iland med de andra två, men blir liggande på stranden, svag och sjuk, medan systern vandrar bort med Mani. I likhet med dr Spiro får läsaren nöja sig med gissningar. Vi får inte glömma att vi befinner oss i ett judiskt hem i Polen, strax före sekelskiftet. Sexualiteten är en väl förborgad vulkan, som döljs bakom eufemismer. Den måste kontrolleras och behärskas. Om den nu finner sig i det.

Det är svårt att säga om det är Yehoshuas starka känsla för psykoanalys, hans enastående sinne för symbolik eller hans ofta frambubblande, gossaktiga skämtlynne som ligger bakom att dr Manis eleganta kolsvarta fiakerhäst får följa med på båten. Det börjar egentligen med att systern blir helt betagen i hästen redan i Basel. Hon beundrar djurets perfekta former, graciösa rörelser och känsliga uppförande. Det är när Mani märker detta som han bestämmer sig för att låta syskonen ta tåget till Marseille medan han själv åker med kusk och vagn hela den långa vägen till hamnstaden. Han lyckas inte få den motvilliga hästen att kliva ombord i båtens lastutrymme förrän man drar en stor svart säck över dess huvud. Under hela sträckan fram till de grekiska öarna plågas alla ombordvarande av den instängda hästens ursinniga sparkande och klagande. Mani och flickan har därför bestämt att djuret skall säljas på ön där man gör uppehåll. Hästen och passionen släpps lösa samtidigt.

På den återstående resan till Jaffa behandlas brodern med en alltmer distanserad artighet av de andra två. Omedelbart efter ankomsten till Jerusalem får systern anställning på förlossningskliniken. Hon får bo i familjen Manis lägenhet som ligger i samma byggnad som förlossningshemmet. Brodern får hyra sig ett rum i Jerusalems gamla stad där han tar tillfällig anställning.

Dr Manis förlossningshem är ett ganska ovanligt ställe. Det innehåller flera spegelsalar där alla, inklusive föderskan, får se sig själva plötsligt mångfaldigade. Manis hustru är en undergiven, tystlåten och oansenlig kvinna. Den trettonårige sonen verkar inåtvänd, sorgsen, avog och begåvad. Efraim Spiro, som får dela rum med honom under de första nätterna, berättar hur pojken brister i bitter gråt när fadern, trots många påminnelser och upprepade löften, ändå glömmer att säga god natt till honom.

Vad som börjat som ett till synes oskyldigt besök av två unga polska sionister hos en framstående äldre beskyddare i den heliga staden slutar i en tragedi. Efter otaliga vädjanden från Mani till syskonen om att de skall stanna längre, som de får väga mot allt fler och alltmer oroliga telegram från föräldrarna i Galizien, bestämmer brodern det oåterkalleliga resedatumet. Mani följer med syskonen till hamnen i Jaffa. Där ligger båten som skall ta dem via Haifa till Beirut, varifrån de skall ta tåget hem via Turkiet. Men Mani kan inte slita sig från sin älskade. Efter den långt utdragna avskedsceremonin på båten i Jaffa dröjer han sig kvar ombord, långt efter att klockorna ringt för besökare och släktingar att gå i land. Till slut beslutar han sig för att följa med till Haifa. I Haifa upprepas samma scen, Mani följer med till Beirut. Där åker han med syskonen till järnvägsstationen och när tåget äntligen startar, kastar han sig framför loket.

Självmordet blir en svår chock för systern, som inte har yppat ett enda ord sedan det inträffade, inte ens när hennes vackra röda hår blev helt nerlusat på tredjeklasshotellet i Istanbul där de övernattat. Brodern fick klippa av det och desinfektera henne.

Enligt Efraim Spiro beror självmordet inte bara och kanske inte ens huvudsakligen på den medelålders mannens oförmåga att skiljas från sin unga älskade. Spiro betecknar hela kärleksaffären som en *taana*, en förevändning. Den gav dr Mani kraft att fullborda ett självmord som han sedan länge måste ha övervägt och vars rötter måste ha legat långt tillbaka i hans förflutna.

Jag lägger ifrån mig fjärde delen full av undran över vart författaren har velat leda mig. Har han velat skildra kommunikationsklyftan mellan man och hustru efter att de oåterkalleligt har fixerats i sina traditionella roller? Har han velat skildra en hos judar inte så ovanlig form av messianism när han låter dr Mani överlämna sitt berömda förlossningshem till en svensk barnmorska medan han själv beger sig till Europa för att där verka för sionismens till synes helt verklighetsfrämmande, utopiska idé? Varför återkommer samma kombination av depressiv självmordsrisk och stor professionell skicklighet nästan ett sekel senare hos sonsonens son, domaren, och i en annan, bisarrare form hos den verbalt begåvade sonen, tolken, vägvisaren och storspionen?

Buli har försäkrat mig att bokens femte och sista del skall innehålla svaren på alla frågor. Där tar han läsaren till ett judiskt gästgiveri i Grekland. Datumet är den 9 december 1848, en onsdageftermiddag. Gästgiveriet ligger vid en gatukorsning i Aten. Här hör vi äntligen en Mani som talar själv. Det är inte ur-Mani, den äldste, som vi får veta något om, utan hans sonson, Abraham Mani, född i Saloniki för 49 år sedan. Hans far och farfar hade varit relativt välbärgade kringresande köpmän i det ottomanska riket, även om deras köpmannalycka varierade, beroende på Napoleonkrigen och de ständiga omvälvningarna i det turkiska imperiet.

Abrahams far var mycket mån om sina barns religiösa uppfostran. Pojken skickas till en berömd rabbin, Haddyah Shabtai i Konstantinopel, som har bildat en religiös skola och förestår en synagoga där. Han är känd och beundrad av judar i hela det ottomanska riket. Han älskar att resa och har besökt de flesta judiska församlingar mellan Persien och Grekland och gästar ofta Jerusalem. Trots fyllda 50 år är Rabbi Shabtai ännu ogift, vilket är mycket ovanligt bland rabbiner.

Unge Abraham är mycket fäst vid sin lärofader och brukar citera hans visdomsord i alla sammanhang. Rabbinen är också fäst vid sin elev, trots att denne inte visar någon större begåvning. Studierna tar dock ett bryskt slut. Fredsfördraget i Wien 1815 sätter stopp för de många europeiska krigen. Den grekiska frihetskampen mot turkarna inleds och Josef Mani, Abrahams far, ser sin köpmannalycka gå upp i rök. Vägarna blir osäkra, familjens ekonomi raseras, och den tjugoårige Abraham beordras att återvända för att hjälpa sin far att sköta en liten kryddaffär i Salonikis hamn. Det dröjer inte länge förrän Abraham får överta affären och sköta den i egen regi. Han behåller dock kontakten med Rabbi Shabtai och tar över Bosporen så snart krigssituationen och affärerna tillåter det. Så småningom gifter han sig med en köpmannadotter som föder honom en son, som får namnet Josef, och en dotter. Hustrun dör medan barnen är små. Abraham förblir änkling och tar själv hand om sina barns uppfostran. Han skickar den trettonårige sonen till rabbinen i Konstantinopel, liksom han själv en gång skickades dit av sin far. Han hoppas att få behålla sin kontakt med läraren genom sonen. Under tiden har Rabbi Shabtai, som nu är i 60-årsåldern, träffat en trettio år yngre kvinna ur en gammal förnäm jerusalemfamilj, Donna Flora. Till allas förvåning gifter hon sig med den gamle rabbinen.

Den unge Josef finner ett andra hem i rabbinens hus. Han äger ett betydligt livligare intellekt än sin far och lever inom en rik inre fantasivärld. Donna Flora som inte får några egna barn tycker mycket om pojken. Han blir hennes springpojke och uppassare och behandlas alltmer som en adoptivson.

Även sedan unge Josef Mani i stort sett har avslutat sina studier, och trots att hans far, Abraham, fortfarande är i stort behov av hjälp beslutar man att Josef skall stanna kvar hos Donna Flora i Konstantinopel. Abraham vill behålla kontakten med sin store lärofader. Donna Flora tycker alltmer om pojken, som har kommit upp i målbrottet. Han är vacker och kvicktänkt, artig och hjälpsam och blir till allt större nytta i samband med hushållsgöromålen och som sällskap under hennes långa ensamma perioder då rabbinen är bortrest. Rabbinen anser att Josef är mycket begåvad och vill ha honom kvar som elev.

Josef tycker om sina studier och är mycket fäst vid Donna Flora som blir en modersgestalt för honom. Han klarar av studierna och hushållsarbetet på kort tid. En stor del av sin fritid tillbringar han med att vandra runt i Konstantinopel och bekantar sig där med många människor med olika traditioner. Donna Flora oroar sig för hans äventyrliga sinne och hans ovilja att bry sig om vilka risker han utsätter sig för i samband med sina strövtåg. Hon försöker råda bot på detta genom att ge honom fler husliga uppgifter. När rabbinen är på sina långa resor och huset känns tomt på nätterna ber Donna Flora honom ofta att tillbringa natten i rabbinens säng vid hennes sida.

1844 får Donna Flora veta att dottern till hennes älskade, nyligen avlidna syster i Jerusalem, Tamara, har rest till Beirut i sällskap med sin styvmor för att vara med vid ett bröllop i styvmoderns familj. Hon ber att få rabbinens tillstånd att åka till Beirut för att träffa sin systerdotter och, i den händelse rabbinen själv inte kan följa med, att få ta Josef Mani med som ressällskap och medhjälpare. Även Abraham Manis tillstånd inhämtas från Saloniki. Resan blir mycket framgångsrik. Donna Flora bestämmer sig för att "gifta bort" Josef med systerdottern. Det blir inte svårt att få rabbinens välsignelse. Josefs far är glad över släktbandet med den store läraren. Han hoppas att sonen skall stadga sig när han som 20-åring får bilda familj i Jerusalem och han gläds i förväg åt alla barnbarn han skall få. Även Josef är entusiastisk. Endast Tamara, den unga bruden som var så lik Donna Flora att hon verkade som en yngre kopia av henne, uppvisar en viss, om än resignerad återhållsamhet.

Bröllopet äger rum i Jerusalem under enkla omständigheter. Det unga paret bosätter sig i det spegelbelamrade hus som vi lätt känner igen som det senare förlossningshemmet. Josef får anställning på det brittiska konsulatet. Postgången är dålig och fader Abraham i Saloniki blir rastlös efter en tid. Han vet inte ens om han har något barnbarn på väg. Han åker till Jerusalem för att personligen ta reda på detta, men i stället för den korta vistelse han har planerat blir han borta i ett och ett halvt år utan att höra av sig till rabbinen eller Donna Flora. Efter en tid kommer resenärer från Jerusalem till dem med den förfärliga nyheten om att den 22-årige Josef har dräpts i ett tillfälligt bråk eller upplopp i Jerusalems gamla stad och att Abraham stannat kvar för att ta hand om sin svärdotter och invänta barnbarnet (den blivande dr Mani) som var på väg.

Samtalet som utgör bokens femte del äger rum på ett gästgiveri i Aten dit rabbinen som är på tillfälligt besök i staden förs efter ett slaganfall. Han är inte längre i stånd att tala, men förstår allt han hör. Donna Flora som har rest till Aten i all hast tar hand om sin förlamade make, medan hans lärjungar och trosanhängare ängsligt vaktar utanför. Läsaren "hör" endast Abraham Manis röst. Han har till slut återvänt från Jerusalem och skyndat till rabbinens sjuksäng. Donna Flora är den för oss ohörbara samtalspartnern med den förlamade rabbinen som tredje person i rummet.

Abraham Manis berättelse blir mycket dramatisk. Mångordigt och känsloladdat beskriver han sonens stora besvikelse när han, fadern, anländer till Jaffas hamn för sitt besök hos det unga paret. Sonen Josef möter med hästar och vagnar för att till Jerusalem föra sin far och, efter vad han tror, Donna Flora. Enligt de ursprungliga planerna skulle de ha kommit bägge två, men rabbinen återkallade i sista stund sitt samtycke till Donna Floras resa. Abraham fick åka ensam.

Josefs bedrövelse vet inga gränser när han förstår att Donna Flora inte är med. Han har tagit med sig en omsorgsfullt utvald, vackert utsmyckad häst till henne. Den får återvända utan ryttare. Under hela den långa vägen till Jerusalem verkar det som om Josef led av en stor smärta. Hans fåordiga tal kretsar uteslutande kring Donna Flora. Vad skulle hon ha sagt om vägen, om landskapet, och särskilt om den omsorgsfullt utvalda hästen?

Abrahams vistelse hos det unga paret i Jerusalem blir inte som han hade väntat sig den. Redan efter ankomsten till spegelhuset börjar han förnimma en säregen atmosfär. Det verkar som om Josef flyr den äktenskapliga sängen så mycket han kan. I stället vandrar han omkring i Jerusalems labyrintiska gränder eller på de många hopträngda hustaken. Den som har gått runt på gamla stadens murar eller sett ner på hustaken från en minaret eller ett kyrktorn vet att det inte kräver någon större skicklighet. Husen ligger tätt intill varandra, det finns inga stora höjdskillnader, man kan lätt hoppa eller klättra från det ena platta taket till det andra. Josef Mani rör sig i detta medium som fisken i vattnet. Iklädd en svart mantel och med en liten lykta i handen liknar han en stor fladdermus när han letar sig fram på hustaken. Men han nöjer sig inte med att ströva omkring på taken. Han kliver ner till människorna, knackar artigt på, ber om ursäkt för den ovanliga väg han har valt, och frågar om han får tala med invånarna en stund. Han väljer ofta ut familjer eller sällskap som sitter runt ett bord. Som den sympatiska yngling han är, får han ofta tillstånd att berätta vad han har på hjärtat. Men han vill endast tala om en sak, oavsett vem som sitter där. *Judar, muslimer och kristna tillhörde samma ätt. Alla är egentligen judar, fast de har ”glömt bort” det.* Josef är bergfast övertygad om att förståelsen av denna sats kommer att leda till ett paradisiskt fredstillstånd mellan de tre religionerna. Det blir hans fixa idé.

Abraham Mani blir alltmer bekymrad över sonens ständiga frånvaro, särskilt på nätterna. I början försöker han följa efter honom i hans vandringar, men han tappar snabbt spåret. Under många långa kvällstimmar sitter han hemma med sin ensamma svärdotter. Utan att direkt våga tala om saken men med stigande ångest måste han inse att det efterlängtade barnbarnet inte visar något tecken på att förverkliga sig. Det blir Abrahams fixa idé att släktet Mani måste föras vidare. Men hur skall Tamara kunna bli med barn när Josef arbetar hela dagen, försvinner på kvällen och är borta nätterna igenom? Till slut uppvaktar han den brittiske konsuln tillsammans med svärdottern och utverkar hans tillstånd för Josef att komma hem mitt på dagen under två tre timmar. Under dessa timmar brukar Abraham fösa ihop det unga paret i sovrummet för "middagssömn". Han låser dörren utifrån, tar med sig nyckeln, och går på en lång promenad. När han kommer hem är Josef borta – det öppna fönstret vittnar om vilken reträttväg han har valt. Icke desto mindre uttrycker Abraham högljutt sin förhoppning om att det unga paret nu har avlat ett barnbarn åt honom och inspekterar rummet. Sängen är ofta i oordning som efter en stor kamp och Abraham känner lukten av sperma. Detta lugnar honom – nu kan det inte dröja så länge. Men månaderna går och hustrun visar inte minsta tecken på att vara gravid. Josefs nattliga vandringar och messianska predikningar fortsätter oavbrutet. Abraham börjar misstänka att hans ende son är galen! Skall ätten Mani dö ut med honom?

Och en kväll kommer det länge fruktade budet. Josef har dödats av en grupp uppretade muslimer. Utan lykta och i muslimsk förklädnad har han tagit sig in i det heliga moskéområdet på Tempelberget som ingen icke-muslim får beträda, för att där föra fram sitt budskap till en grupp pilgrimer. Hans kropp påträffas med uppskuren hals. Han har bokstavligen slaktats som ett lamm. Sorgen känns outhärdlig. Abraham stannar kvar i Jerusalem för att ta hand om svärdottern. Det visar sig snart att hon är gravid. Sonsonen, den blivande gynekologen Moshe, eller baby-Moses som

Abraham gärna kallar honom, föds nio månader efter Josefs död.

Den för läsaren ohörbara ”samtalspartnern”, Donna Flora, som uppenbarligen lyssnat på Abrahams långa berättelse med en blandning av intresse, oro och avsky, är nu dödstrött. På Abrahams enträgna begäran överlåter hon till slut vakandet vid rabbinens sida på honom. Läsaren, som endast hör Abrahams röst, får ett bestämt intryck av att Donna Flora har svårt att gå med på detta i sin oro för den åldrige, förlamade maken.

Ensam med rabbinen, men utan vetskap om hur mycket denne egentligen hör och förstår, kommer Abraham med sitt egentliga ärende. Han har begått en stor *avira*, syndat mot den religiösa lagen, fastän det han gjorde samtidigt var en stor *mitzva*, en god gärning varje religiös jude är skyldig att utföra inför sin Gud. Han vill att rabbinen skall befria honom från hans skuld, eller döma honom att begå självmord. Det räcker med en ögonblinkning, en handrörelse eller ett oartikulerat ljud, som Abraham kan förstå.

Men han får aldrig något svar. Han vet inte ens när rabbinen förlorade medvetandet och hur mycket han har hört innan. Endast läsaren får höra hela berättelsen, vars sista del förs fram till ackompanjemanget av ett ihärdigt bultande. Rabbinens lärjungar knackar, skakar och slår med sina knytnävar på den låsta dörren, men Abraham öppnar inte. När han äntligen kommer till slutet av sin historia och vänder en förväntansfull blick mot rabbinen ser han en död man framför sig. Den smärta och skuld som Abraham känner förvärras ännu mer av Donna Floras och lärjungarnas stora vrede över att han så länge har uppehållit sig hos rabbinen bakom låsta dörrar, vilket enligt deras mening måste ha orsakat den sjuke åldringens utmattning och död.

Men vari består Abrahams brott? Vad har han berättat för rabbinen bakom de lyckta dörrarna?

Hans ”subjektiva brott”, som Abraham kallar det själv, bottnar i en förtvivlan över sonens messianska galenskap, hans brist på verklighetssinne, hans fixa idé att kunna ”väcka” muslimernas ”judiskhet”, och, kanske mest av allt, hans uppenbara ointresse för att bygga upp en egen familj. Kan denna förtvivlan, detta uppgivande av allt hopp ha bidragit till sonens död? Var Abraham innerst inne inställd på den dödliga utgången? Var han i så fall kanske delaktig i mordet?

Det andra brottet, som Abraham samtidigt rubricerar som en god gärning, är mera konkret. Efter sonens våldsamma död sitter Abraham och svärdottern sju dagar i sorg, enligt judisk sed. Hela dagarna kommer vänner och bekanta för att sitta med dem och tala om den döde. På natten är de ensamma i spegelhuset. De får ta på sig tjocka lager med vinterkläder på grund av kylan. I sitt famlande efter något hopp frågar Abraham den unga kvinnan om hon möjligtvis kan vara med barn? Efter en lång tystnad bryter svaret plötsligt fram. Äktenskapet har aldrig fullbordats. Det har inte lyckats, trots alla eftermiddagar då Abraham låste in det unga paret och gick på långpromenad med nyckeln i fickan. Sin vana trogen överlåter författaren till läsaren att gissa orsakerna. Och läsarens fantasi sätts genast i gång. Berodde det på Josefs längtan efter den älskade modersgestalten Donna Flora i vars säng han som bortskämd yngling fick ligga under många långa nätter då rabbinen var borta? Bottnade det i den stora besvikelsen över att hon aldrig kom, kroppens och själens vägran att finna sig till rätta med hennes ungflickaktiga avbild? Eller var det hans bristande erfarenhet som hindrade honom från att bryta den reserverade, som person okända makans jungfruliga försegling? Hade han hamnat i en återvändsgränd, hade detta lett till hans långa vandringar och hans galna predikningar i det nattliga Jerusalem? Eller var det snarare tvärtom? Hade den messianska drömmen fått prioritet, hade den satt in sitt veto mot att släktet skulle föras vidare? Vad vill Yehoshua få oss att tro i sin mångbottnade symbolik? Låt oss se vart han för oss.

Abraham kan inte ta sina tankar från sonen som var borta för alltid. I min översättning: ”Varför gladdes han inte att se sin brud som hade kommit i all oskuld... om det inte var så att han blev rädd att göra henne illa, när han mötte den ungdomliga kopian av den enda kvinna han någonsin älskat... och till vars doft han hade varit bunden sedan den tiden då han vältrade sig i rabbinens säng, tusenfaldigt förbjuden som den var. Och det var då, min lärare och mästare, medan vi satt inlindade som bollar i ett rum som var isande kallt och medan jag i spegeln sökte kontakt med hennes skugga som skymtade i månskenet i sitt eget bylte av filtar... som jag kände hur sorgen över min döde son, som låg naken under jord och snö på Oljeberget, höll på att göra mig galen och hur jag önskade att jag var död (...) Jag kände hur hans ensamhet höll mig i ett dödligt grepp och jag önskade att få sona hans död trots att jag visste att jag inte kunde förtjäna en sådan försoning om jag inte först dog med honom, lät mig slaktas med honom och låg naken under snö och jord, jag med. Och så, min rabbin och lärofader, började jag ta av mig kläderna, lager efter lager tills jag stod naken i det iskalla rummet medan jag såg in i en spegel som speglades i en spegel och mindes hur jag hade skickat ut honom ur min egen kropp och nu var beredd att ta honom tillbaka igen... och när jag försökte driva honom tillbaka in i mig själv flög han själv genom mörkret som en snöflinga och gick upp i mig så att vi var förenade igen. Jag var han och han var jag – och då, genom den högtidliga sammanvigningen i Beirut och hans heliga bröllop i Jerusalem, reste han sig i mig, gick in i nästa rum, klädde av byltet som satt där och ägde sin brud för att avla sin son och dog sedan en gång till. Och så på ett indirekt sätt, genom många omvägar... trädde jag in i er bädd, min mästare, en säng jag aldrig vågat kliva upp i ens när jag var en ensam pojke som sprang nedför er långa korridor, skrämd till döden av kanoner som sköt över Bosporen. Nu, i Jerusalem, smög jag mig in mellan era lakan och låg med er Donna

Flora, trettio år yngre, i hennes födelsestad, i hennes barndomshem, i hennes föräldrars säng, medan jag kände lukten av er starka tobak på avstånd, medan jag gav och fick en kärlek som förljuvade en stor plikt som var ett stort brott på en och samma gång. (...) På morgonen, när gamle Carso knackade på dörren för att ta mig till mellersta synagogan för morgongudstjänsten och sorgebönen, skulle han inte ha kunnat drömma om att den sörjande fader han hade lämnat kvällen före nu var en syndig farfar... och att världen skulle få sin nye Mani, trots allt."

Abraham avslutar sin historia för den tigande, ovisst sedan när döde rabbinen – symbolen för den förborgade, alltid oåtkomlige Guden? – med att berätta om det nya barnet Moshe Mani, eller baby-Moses som läsaren känner bättre än Abraham, alltså den blivande förlossningsläkaren som skulle hjälpa många barn till världen, utan att kunna bli av med sin egen obotliga dödslängtan. Abrahams egen färd mot rabbinens dödsbädd blir för övrigt nästan lika dramatisk som dr Manis sista resa i nästa generation. Efter att ha sagt farväl till svärdottern – sonmodern – reser han från Jerusalem med en väl skyddad karavan mot Jaffa. Men redan första kvällen upphinns han av den modiga unga kvinnan som rider ensam på brittiska konsulatets häst med sin baby-Moses i famnen. Abraham ber vid varje uppehåll att hon skall vända om, men hon kommer hela tiden efter. Man får leta upp arabiska ammor i byarna för att dryga ut hennes knappa mjölk, ända tills de kommer fram till hamnen i Jaffa. Sedan seglar Abraham iväg till den förlamade, tyste rabbinen – Gudsgestalten som inte ger honom något svar.

Ur författarens slutanmärkningar får läsaren veta att Abraham Mani inte begår självmord. Han ägnar resten av sitt liv åt att åka runt mellan judiska församlingar och synagogor i mindre Asien och Grekland, som förkunnare av rabbinens läror. Om och om igen berättar han, med allt fler och allt färgrikare detaljer, om rabbinens död, dock utan att någonsin avslöja hemligheten med sitt sista ”samtal”.

Jag slog igen boken, men den har inte slagit igen i mig. Den har levt vidare och lever ännu, den har ingen början och inget slut. Den 19 oktober 1990 skrev jag till Buli och berättade att min långsamma hebreiska läsning nu hade tagit mig över Manimassivet. Efter många månader av mödosam men njutningsfull klättring har jag åter funnit mig stående framför romanträdets mäktiga men gåtfulla stam. Visst handlar *Herr Mani*, i likhet med de flesta israeliska romaner, om den judiska identiteten, sedd genom en säregen sefardisk jerusalemfamiljs privata men i viss mån allmängiltiga öden.

Vad är det som driver dessa ibland på gränsen till besatta herrar Mani? Varifrån kommer Josef Manis fixa idé? Från rabbinen som tillbringade större delen av sitt liv med att vandra omkring på Balkan och i Främre Asien? Varför gjorde han det? Ville han bara diskutera den judiska läran med sina egna församlingsmedlemmar eller ville han också påminna muslimerna om att de hade glömt sin judiskhet? Symboliserar Josefs messianska iver och dess tragiska utgång dagens israeliska situation? Var det samma fixa idé som två generationer senare gjorde spion av näste Josef Mani, dr Moses Manis son?

Varifrån kommer den mörka dödslängtan och självmordsbenägenheten hos de flesta herrar Mani? Även fader Abraham ställer i det oavslutade ”samtalet” med rabbinen frågan på sin spets om hans brott är så stort att han bör begå självmord. Varför kastar sig dr Moses Mani framför tåget; varför vänder sig den andre Josef Mani, spionen-vägvisaren, mot labyrintmuren och dör; varför väljer hans son Efraim att stanna i nazisternas klor, där han går en säker död till mötes; och varför bygger domaren Gabriel Mani en galge i sitt sovrum, där han i sista stund räddas av en israelisk (!) flicka? Hemsöks de medvetet-omedvetet av visionen om den förste Josef Mani, ser de honom inom sig, vill de följa hans exempel då han likt en stor svart fågel kastar sig från Gamla stadens hustak ner till sin våldsamma offerdöd i grändernas labyrinter? Det är säkert ingen tillfällighet att han slaktas vid Tempelberget, själva medelpunkten för den judisk-muslimska konflikten, men också för drömmen om det himmelska Jerusalem som skulle öppnas efter Messias ankomst. Visste han, vet alla Manis, att deras fixa idéer är omöjliga utopier? Använder de idéerna som en förevändning för den efterlängtade offerdöden, den enda utvägen från livets absurditet? Men varför vill och kan alla Manis – med den förste Josef Mani som det enda undantaget – alstra en ny Mani innan de går under?

Man kan lätt förstå läkarsonens, den blivande tolkens, storspionens och vägvisarens bitterhet. Förgäves försöker han att nå sin far. Blodfläckarnas minne på järnvägsstationen i Beirut kan varken trösta eller förklara.

Varför kan dr Mani inte komma i kontakt med sin familj? Varför förblir hans fru, i likhet med sonens fru eller sambo som har fört linjen Mani vidare, så ansikts- och konturlös? Endast en av alla dessa Maniproducerande kvinnor träder fram med en egen identitet. Det är den emanciperade israeliska flickan Hagar i den första, dvs. kronologiskt sista delen, logiskt nog. Men hon får inte heller någon verklig kontakt med sin tillfällige sexualpartner, den siste fadern Mani vi hör talas om i detta verk. Hennes kärlek besvaras aldrig, och faderskapet erkännes endast med nöd och näppe av den alltid frånvarande israeliske soldaten.

Jag frågade Buli varför han hade gjort allt detta med sina romanfigurer och med sina läsare. Buli svarade att han inte visste. Bulis vän, psykologiprofessorn Shlomo Breznitz vid universitetet i Haifa, kommenterade att Buli lät sitt undermedvetna komma till tals i sina romaner och särskilt i denna roman. Den talar till läsarens undermetvetna. Det måste vara så. Hans text väcker resonans hos läsaren, den trollar fram oväntade funderingar, dunkla aningar, ångest och inte så sällan en barnslig förtjusning.

Spionen-vägvisaren Josef Manis död framför den tyska gevärspipan på Kreta är lättast att förstå. Den liknar voodoo-döden på Haiti eller afrikanska och australiska urinnevånares psykosomatiska död när de fått motta schamanens dom. Men varken faderns ständiga frånvaro och hans oförmåga eller ovilja att kommunicera med sonen, eller hans våldsamma död för egen hand i Beirut, har hindrat Mani från att utveckla sin verbala förmåga och bygga upp sin breda kulturella förankring så konsekvent att han blir känd som brittiska arméns mästartolk. Senare uppenbarar han sig som den polyglotta turistguiden på Kreta som, inför sin egen omedelbart förestående död, kan engagera sig i en intelligent konversation med Egon, den övertygade nazisten som ville utrota själva den judiska andligheten, för att en gång för alla skilja den från den europeiska kulturens grekiska rötter, direkt ovanpå Knossoslabyrintens ruiner – en ironisk symbolik som måste ha fått Buli att bokstavligen gnugga händerna av förtjusning när han kom på den.

Varken de utopiska framtidsdrömmarna eller den depressiva självmordsbenägenheten har kunnat hindra dr Mani från att bli en allmänt aktad förlossningsläkare. På samma sätt kan inte ens galgen i domarens – hans barnbarnsbarns – sovrum hindra honom från att värdigt presidera, fälla och fria under sin arbetsdag i rätten.

Endast hos Efraim Mani, spionen-vägvisarens son, möter vi verklig kärlek till hustru och son. Men varför stannar denne kvar efter att ha skickat familjen till bergen för att de skall överleva och föra Mani-ätten vidare, varför utsätter han sig för nazisten Egons andliga och kroppsliga utrotningskampanj? Han låtsas ge efter när han påstår att han har ”annullerat” sin judiskhet, men enligt vad vi kan gissa oss till från Egons starkt vinklade berättelse för ”Grossmutter”, utan att verkligen mena det. Hans förutbestämda men ändå på sitt sätt slumpartade död genom det massmord som vi kallar Förintelsen är en logisk konsekvens av hans beslut att stanna kvar. Har han förutsett det, har han accepterat denna död genom att stanna? Symboliserar han min, eller snarare mina föräldrars, Holocaustgeneration?

Avslutningsvis skrev jag till Buli:

”Det kan knappast finnas en mera tidsaktuell läsning än din roman som täcker ett och ett halvt sekel. Genom din kräftgång mot det förgångna har du sett in i framtiden. Ytligt betraktat har du skrivit en händelserik familjekrönika. Men du har i själva verket talat som en gammaltestamentlig profet, en något kamouflerad Kassandra. Du låtsas spela dina favoritroller, medan du nästan omärkligt trycker på larmknappen. Du har använt alla dina trollkonster för att dölja allvaret i ditt budskap. Du väver ihop din egen sefardiska bakgrund och din kunskap om den judiska historien med din människokännedom och dina inte så ringa psykologiska insikter till ett verk som är både allvarligt och skämtsamt, ironiskt och präglat av stor människorespekt. Men det går inte att ta miste på din aktuella verklighetsbakgrund i intifadans skugga, en situation vars omöjlighet och suicidala kurs du bättre genomskådat än de flesta. Mani finns här och nu. Hans absurditeter är inbyggda i vår säd, de är sammanvävda med vår dag och morgondag.

En av dina recensenter har skrivit att din roman handlar om mannens säd som rullar från sköte till sköte, från generation till generation. Kanske det. En bräcklig men envis avelslinje som ständigt löper risk att definitivt skäras av genom mordiska företag utifrån och depressioner inifrån. Våra messianska aspirationer matar både det ena och det andra. Dina röst- och ansiktslösa kvinnor underkastar sig patriarken, föder barn, döljer sitt ansikte och håller tyst.

Sträcka ut handen mot det ouppnåeliga, vända inåt mot resignation och död, men först efter att sädens tunna tråd har förts vidare – är det så Manis skapare, litteraturprofessorn, demagogen och den israeliska litteraturens stora prosapoet ser vårt folks framtid, har vi nått den innersta kärnan i den israeliska romanens breda trädstam?"

Jag fick ett långt fax på hebreiska till svar på mitt brev om den femte delen. Ja, jag har i princip förstått den rätt. Men Buli kan inte tolka alla sina symboler. Många av dem förstår han inte heller. Det är först när litteraturvetare eller psykologer skriver om romanen som han upptäcker mycket av den symbolik han tidigare inte har märkt själv.

Min tolkning av den speciellt judiska, och särskilt den sionistiska messianismen är korrekt. Har jag förresten tänkt på att den sionistiska rörelsen grundades av författare: Herzl, Nordau, Pinsker, Jabotinsky? Endast författare förstår hur messianismen verkar. Det är också riktigt att hela romanen har en dagsaktualitet. Tempelberget står i centrum för våldet mellan muslimer och judar. Samma långa kniv som Josef Mani slaktades med kan träffa vem som helst idag, just där. När Abraham Mani inbjuder rabbinen att döma över hans öde och väntar sig ett tecken han aldrig får, handlar han som de ortodoxa judarna som ständigt vänder sig till sin Gud, vars röst de inte hör och förmodligen inte ens vill höra fastän de säger sig tro på honom.

Den unge Josef Manis fixa idé att muslimerna hade "glömt bort att de var judar" kan också ses som en ironisk parafras av den tidiga sionistiska doktrinen. Både Ben Gurion och Israels andra president, Ben Zvi, ville göra gällande att Palestinas arabiska befolkning egentligen är tidiga israeler. De hade förblivit landet Israel trogna, de hade bara förlorat den ursprungliga religionen. Josef Mani uppfann denna idé vid en tidpunkt, 1848, då det endast fanns ungefär 15 000 judar där. Att då se det som judarnas land förutsatte att man styrdes av en fix idé som bortsåg från verkligheten. Och att man var så övertygad att man var villig att leva och dö för sin idé. Är det inte ironiskt, tillade Buli, att vi nu i stället har gjort araberna till våra "judar"?

På min fråga om varför Josef Mani aldrig fullbordar äktenskapet med sin unga hustru gav Buli som vanligt flera svar. Hon liknade den älskade modersgestalten Donna Flora alldeles för mycket, men det finns mer här som jag inte riktigt förstår själv, tillade han. Hans läsare, eller i varje fall denne läsare, är frestad att svara den virtuose romanförfattaren, den skarpsynte analytikern, den erfarne jämförande litteraturprofessorn: "Så klart att du inte kan förstå det helt, du har ju aldrig upplevt hur världen kan te sig för en ung kvinna..." Buli har lättare att identifiera sig med Josef. Han vet att rabbinens hustru, i vars säng tonåringen värmt sig, var förbjuden för honom som man. Fanns det en bitterhet hos Josef över att Donna Flora skickade bort och i bokstavligaste mening gifte bort honom med sin egen ungdomliga avbild? Donna Floras säng – rabbinens säng – den varma tryggheten hos den moderliga men förbjudna kvinnan – är det så nära man kan komma Gud? Är den frånvarande rabbinen en symbol för Gud själv? frågade Buli nu själv i brevet. Genom denna fråga bekräftar han vad läsaren redan anar. Han spanar ständigt efter den dolda meningen i sin egen roman, i sitt eget undermedvetna, i det judiska folkets kollektiva undermedvetna. Rabbinen – Guden som kom österifrån, från Mesopotamien – var han verkligen jude? – frågade Buli vidare i sitt brev. Här kände jag igen hans förbryllande tankesprång, hans förmåga att öppna till synes låsta dörrar när det faller honom in. Hur mycket av den judiska centraltanken, Jakobs *Gottessorge* i Thomas Manns arketypiska formulering (i *Josef och hans bröder*), härstammar från Mesopotamien eller andra föregående kulturer? Hur stark är den judiska identiteten? Rabbinen är ju ett hittebarn. Han placerades hos judiska fosterföräldrar enbart av den enda anledningen att han var omskuren. Liksom hos Moses är hans verkliga ursprung höljt i dunkel.

Buli har vidgat perspektivet, gjort den israeliska romanens trädstam ännu bredare och mäktigare, väckt många frågor men inte formulerat några definitiva svar. Det är ingen risk att problematiken kommer att ”lösas” inom en överskådlig framtid.

Våldet i Stigs färger

Våren 1992 läser Stig sin roman *Brev till en hembygdsgård* (1974) som följetong i radion. Den lågmälda, något monotona rösten och den till synes enkla, ibland nästan triviala texten tar oemotståndligt mitt medvetande i besittning varje gång jag hör honom. Tonen är äkta, den återspeglar en djup melankoli och något mer som endast den som har vistats i samma trakter som författaren kan, och får, nås av.

Stig läser en krigsberättelse, eller snarare en berättelse om ett krig som han har råkat hamna i men som han sedan upplevt inifrån genom var och en av de till synes enkla människor han möter. Samtidigt kan han betrakta kriget utifrån, som om det var en bioföreställning. Stigs envist intensiva röst, hans dolda smärta, fredsbarnets indignation över det obegripliga och meningslösa våldet tar lyssnaren med till ett säreget rum eller landskap som belyses eller mörkläggs av konstnärens färger. Natten vid järnvägsstationen i Warszawa är mörkblå som järnvägsmannens rock. Järnvägsmannen försöker förgäves laga sin fotogenlampa inne i stationens väntrum där en gosse ständigt slår mot golvet med sin gevärspipa och där lemlästade barn sover medan regnet duggar därute i den mörkblå natten. När Stig blir sjuk, verkar sjukhussalens morgnar lika mörkgröna som städarens rock. Hur har han hamnat där? Det beror på flickan i Sverige med det kastanjebruna håret som viskar i hans öra att hon är med barn. Han försvinner så snabbt han kan, mot kontinentens grushögar, som en gång var städer och där livet håller på att slå rot igen med sina mörkblå nätter och mörkgröna morgnar. Det är därifrån Stigs röst når oss, den kommer från ”en mörkblå efterkrigsnatt då det duggregnade över tiotusen miljoner söndersmulade tegelstenar medan en gosse slog med gevärspipan i ett stengolv och grät för att han skadskjutit en rysk löjtnant och en järnvägsman gned en icke-förtrollad fotogenlampa och jag och en bagare letade efter en rödmålad svensk godsvagn som en ladugård innehållande godsaker som skulle ha knäckt ryggraden på hela den förbannade svarta börshandeln. (...) Jag fyllde år och jag kom från det enda land i världen där hela min egen generation fanns kvar och hade varit på utedans och på hemvägen kunnat vandra i en nedförsbacke genom en välmålad idyll ned mot ett stationshus där murgrönan klättrade på det röda teglet och klockan gick rätt. Där en järnvägsman rakade sig två gånger om dagen i drickbart vatten och putsade sina skor och kanske hade en åsikt och en lykta som aldrig slocknat och barn som kunde växa ur ett par skor.”

Stigs bok har formen av ett brev till en hembygdsgård som har inbjudit honom att föreläsa inom ramen för en serie kulturprogram, som anordnats för att motverka avfolkningen av glesbygden. Men Stig infinner sig inte. Hans nejsvar andas samma indignation, hans radioröst uttrycker samma lågmälda men tydliga vrede som hans rapport från järnvägsstationen i Warszawa. Natten är mörkblå i glesbygden och det duggar som på järnvägsstationen. Men glesbygdens natt kommer aldrig att ta slut. Spåren vid järnvägsstationen har redan rostat sönder på en del ställen, det kommer aldrig att gå några tåg på dem. Ungdomarna försvinner eller har försvunnit, de dödas rostiga cyklar står på samma ställe där de lämnat dem, de som finns kvar kommer snart att dö.

> ”Ni kommer att få begrava dem. Ni kommer att få närvara vid begravningar då dagern är mörkblå och det duggregnar. *Men ni slipper begrava dem som tvål*. (...) Vänta er inget under och vänta er ingen nåd ty hjälpen dröjer med sina styrkor vid sockengränsen.”

Stig vet allt om glesbygdens avfolkning. Han har skrivit om specerihandeln vid grusvägen som var landsväg en gång, innan den förvandlades till en skogsstig när motorvägen kom till, om gumman i sin ensamma stuga, om skomakaren och vad som har blivit av hans verkstad, där han satt med dinglande ben som pojk. I hans barnsagor blir glesbygdens fåordiga, gamla och ledsna människor som har funnit sig i sitt öde till förklädda prinsar och prinsessor som äntligen får träffa varandra och bo tillsammans i ett sagoslott. Hans osentimentala inlevelse är total. Hans solidaritet döljer sig bakom en mask av fåordighet och en råbarkad yta med så ofta återkommande fan och helvete som språket tål.

Det finns bara en sak Stig inte kan förstå: det krigiska våldet. Han förstår andra typer av våld: berusade ynglingars bråk vid dansbanan, vådaskott, det hierarkiska förtryckets till synes milda men i verkligheten desto hårdare våld. Men han kan inte förstå det djupa, det urgamla etniska våldet.

Eller kan det vara tvärtom? Förstår han det alltför väl? Skriver han om vådaskjutningen på järnvägsstationen i Warszawa den mörkblå natten då allting blev ett enda frågetecken, eller om den förtätade, spända stämningen före en militärkupp i ett medelhavsland där svenskar semestrar och där ett dödande vådaskott avfyras mot en av dem (i romanen *Dagarna före lunch*), för att läsaren skall få något att fundera över? Vill han överraska på samma sätt, men med omvända förtecken, som när han skriver om skomakarprinsar och dolda prinsessgummor i barnsagorna? Vill han skaka om på samma lågmälda men tveklösa sätt som i sin regelbundet återkommande kolumn i tidningen Metallarbetaren? Nej, detta är något annat. Hans skildringar av våldet slutar ofta med: ”Vad vet jag. Hur fan skall jag kunna veta det.”

Skogen kring Kottlasjön, 1992

Majkvällen sänker sig sakta över min motionscykel som jag mekaniskt trampar medan jag rättar ett manuskript. Jag betalar ”dagens skatt”: rättar en av mina studenters dåliga engelska, försöker få ihop en text som alla kan begripa. Arbetet är bra, men texten är obegriplig för utomstående. I stället för enkla, klara meningar som kan väcka de korrekta associationerna i en annan människohjärna, vars referensramar man i stort sett känner, invecklar studenten sig i sina egna långa meningars djungel, hittar inte ut, slänger in en kliché, snubblar på den och faller pladask. Är detta mitt jobb egentligen?

Ja, tyvärr är det det. Men plötsligt känner jag mig klaustrofobisk. Intagningskanalerna är hungriga. Sluta att pressa dig som en urvriden citron! säger jag till mig själv. Jag tar senaste numret av tidskriften Nature, lägger diktafonen i fickan och börjar min sedvanliga promenad runt Kottlasjön, sex kilometer. Samma runda sedan trettio år, samma och alltid olika. Jag känner varenda sten och de känner mig. Jag kan därför lugnt läsa. Nature låter mig hoppa mellan mitt eget ämnes välkända trakter och alltid färska nyheter om för mig okända områden, presenterade som översiktsartiklar eller bokrecensioner. Jag hoppar över astrofysiken och kvantkemin som jag inte begriper. Jag ögnar igenom den senaste översiktsartikeln om våra prehominida förfäder medan mina automatiskt fungerande navigationsinstrument registrerar att jag just har passerat Maggkissstigen där min femåriga dotter behövde kissa för trettio år sedan då vi för första gången rekognoscerade området där vi skulle tillbringa resten av våra liv. Med ett soligt-melankoliskt igenkännande läser jag sedan recensionen av en biografi över en av vårt områdes stora gestalter, blyg och inåtvänd, försynt och arrogant, ömsom självutplånande och ömsom dominerande. Han var lika inspirerande när han hade fel som i sina profetiskt korrekta förutsägelser. Jag minns honom i fotografisk detalj där jag står vid Hattfågelsjön, sumpmarken nära Långängen där min åttaårige son en gång i tiden fascinerat iakttog de egendomliga fågelskådarmännen med sina kikare och kameror som samlades där på våren. De bar alltid hatt.

Efter att ha rundat Kottlasjön är jag framme vid Blodtassklippan, alldeles intill Badberget. Här tjöt vår svarta labrador Dennis, frid över hans minne, plötsligt till, med en falsettröst jag aldrig hört förut. Han hade trampat på en glasskärva. Blodet sprutade ur tassen. Det var en artärblödning, det fanns ingen tid att förlora. Jag gjorde ett provisoriskt tryckförband av min skjorta och lyckades hindra blodet från att spruta. Hunden hoppade hem på tre ben. Med min kirurgtjänstgöring ännu i färskt minne trodde jag i barnslig enfald att jag kunde sy ihop en liten artär i en hundtass. Jag ropade åt Evas gamla polska barnsköterska, som var mycket fäst vid hunden, att hon skulle hjälpa mig med synål och tråd. Hon sprang förtvivlad omkring i huset för att sedan meddela att hon tyvärr inte hade svart tråd – inte kan man väl sy en svart labrador med vit tråd? Under tiden hade jag dock insett att jag var lika kompetent att sy ihop en hundtass med synål och tråd som att spela ett Bachpreludium och fuga på den stora orgeln i Storkyrkan under högmässan och körde hunden till veterinären.

Vid Badberget, på samma ställe där hunden Dennis trampade på glasskärvan en gång i tiden, sitter en grupp ungdomar. Jag hade passerat dem en halvtimme tidigare, på väg åt motsatt håll. Den gången log de vänligt mot mig. De var uppenbarligen roade av att se mig med min diktafon och mina papper i skogen. Jag kände någon sorts tyst samförstånd: både de och jag var ute för att njuta av den vackra sommarkvällen, fast på olika sätt. Vi hörde till samma art. Det fanns tillräckligt mycket klippa, sol, skog, luft och sjö för oss alla. På väg tillbaka hör jag dock redan på långt håll att en scenförändring måste ha inträtt i deras teater, trots att skogen och sjön är sig lika. Förändringen signaleras bl.a.

av tomma ölburkar. Dessutom har ett antal flickor anslutit sig till sällskapet. Men det är rösterna som står för den mest påtagliga förändringen. De tidigare tysta samtalen har ersatts av vrål, hojtanden och andra oartikulerade tjut från manliga stämband. Det är inte bara ett ”här är jag”-tjut utan snarare ett ”jag är större än du”-tjut, eller ett ”min motorcykel kör snabbare och väsnas mera än din”-tjut.

Varför hörs inte flickornas röster? Vad tycker de om det hela, gillar de killarnas beteende? Sitter de tysta i trygg förvissning om sina för minst två decennier framåt uppladdade äggstockars makt, inser de att hela orrspelet är till för deras skull? Vill de famna den som vrålar högst, eller den mest tystlåtne? Eller är de snarare instängda i sin egen osäkerhet, försöker väga sin egen dragningskraft mot de andra flickornas?

Inte vet jag. Men redan en bra bit innan jag kommer i deras närhet förstår jag att även bilden av mig har undergått en förvandling på deras näthinnor. Från att ha varit en likgiltig och tolererad del av landskapet har jag omvandlats till en irriterande inkräktare. Nu är jag inte längre den inte vidare respekterade men accepterade äldre person som har samma rätt som ungdomarna att befinna mig i skog och mark. Jag har förvandlats till en gammal gubbe som inte längre är välkommen i naturen. Tidigare hade jag kanske betraktats som en rolig typ som bar på en massa papper och mumlade i sin diktafon. Nu är jag en löjlig idiot vars magnetband skall vrålas fullt med så högljudda läten man förmår frambringa.

Jag blir så förvånad över denna förvandling att jag inte ens blir ledsen. Jag känner mig snarare som en åskådare som försöker begripa vad som försiggår på scenen och varför, utan minsta chans att lyckas.

Bulis nära vän, psykologiprofessorn Shlomo Breznitz från Haifa, gav följande kommentar till min berättelse om detta:

"Du skriver om hyggliga, under vanliga förhållanden trevliga ungdomar som kan omvandlas till grymma, hänsynslösa vildar när de befinner sig i en grupp och har druckit lite öl. Du frågar om en sorts 'lyxgrymhet' (*wanton cruelty*) kan komma till uttryck hos 'väluppfostrade' svenska pojkar när de agerar i gäng. I vårt evolutionära arv har den lilla gruppen mycket stor betydelse. Distinktionen mellan 'oss' och 'dom andra' blir avgörande. Hannarna är biologiskt predisponerade att konkurrera om honornas uppmärksamhet. Dessa tendenser är redan i förväg så pass inbyggda (*pretty much prewired*) i vår förhistoriska däggdjurshjärna, dvs. i det limbiska systemet, att den glamorösa hjärnbarken har mycket litet att säga till om i saken. I stället för att förneka dessa problem borde vi ta dem för givna och inrikta oss på att diskutera vad vi kan göra åt situationen, dessa inbyggda tendenser till trots. Jag hade samma tankar när jag nyligen deltog i flera konferenser om hat. Att drömma om en värld där alla människor älskar varandra är en förolämpning och visar bara ett ointresse för historien, såväl den gamla som den moderna. Frågan är i stället: hur kan människosläktet reducera sina aggressiva impulser genom ökad medvetenhet om sin egen sårbarhet inför vissa typer av provokationer."

För Breznitz är det en förolämpning att inte acceptera världen som den är. För Stig är det uppenbarligen en förolämpning att världen inte är som den borde vara – åtminstone när det gäller Jugoslavien.

Borde vara, enligt vad? Enligt de tio budorden, kan man gissa. Förmodandet stärks när man läser Stigs tolkning för barn av texten på de två stentavlorna Moses tog ner från Sinaiberget för att slänga dem i ansiktet på folket som dansade runt guldkalven. Dansen fortsätter dock ännu, men söderpojken, den begåvade konstnärseleven som kunde måla mörkblå nätter och mörkgröna morgnar och utan större svårighet trollade fram en sol på sin vaxduk under grå februarimorgnar, han som antogs på Konstakademien när han var 19 år utan att förstå vad han hade där att göra, han som hade sett Warszawas och Dresdens grushögar men inte begrep vad krig var för någonting, han som fick omkull en och annan flicka i höladan eller i det bakersta sätet på en rälsbuss, men som åkte långt söderut när flickan med det kastanjebruna håret viskade i hans öra att hon var med barn, han vars romankärleksbarn så ofta tar in på ett idylliskt landsortshotell eller träffas vid en medelhavsstrand, men bara för att pojken eller mannen senare skall hamna i sängen ensam med en flaska medan flickan eller kvinnan är ute och dansar med någon annan, denne socialist som aldrig hade varit med i något politiskt parti men ändå byggde Ungdomens Järnväg i Bosnien tillsammans med 250 000 andra ungdomar från hela världen, denne desillusionerade idealist som tog avstånd när gårdagens hjältar först hängdes som förrädare och sedan några år senare fick återupprättelse och statsbegravning med livstidspension för änkan, ja, denne konstnär till författare och författare till konstnär som vägrade att åka till Kuba för att skörda sockerrör, men mönstrade in till svensk militärtjänst för att det fanns mat och man kunde åka skidor där, denne illusionslöse skeptiker som så sent som 1974 fortfarande ansåg sig kunna skilja mellan folkets och kapitalets krig, då han valde att se det ryska ingripandet i Ungern 1956 eller den ryska inmarschen i Tjeckoslovakien 1968 som ett skydd mot den till invasion beredda amerikanska kapitalismen, förklarar gång på gång i *Brev till en hembygdsgård* och i andra böcker att han ingenting begriper. Han upprepar det envist, besviket, som ett trumpet barn men med den gripande melankoli i rösten som endast det ohöljda, oförblommerade, inifrån kommande, öppet och utan sidoblickar uttalade ordet kan åstadkomma så att åhöraren rycks med. Den mörka, något sorgsna barytonrösten etsar sig fast i minnet utan att man riktigt vet varför. Mest minns man den ständigt upprepade meningen ”jag begriper för fan ingenting”.

Hur kan fotografen som tar en bild med blixt en mörkblå natt vid en järnvägsstation förstå någonting? Hur kan målaren som ser att morgonen är lika mörkgrön som städarens rock i sjukhussalen där han råkar vakna förstå de sjukdomar hans medpatienter lider av? Hur kan en pojke som har dinglat med benen hos skomakaren i glesbygden och några år senare fått omkull några flickor i en hölada, på en järnvägsstation i Warszawa en mörkblå natt som aldrig vill ta slut förstå varför staden har förvandlats till en grushög? Vilka förutsättningar har han att begripa varför Tito är hjälte först, förrädare nästa år och sedan hjälte igen, och varför folken han i flera decennier hade hållit samman plötsligt börjar skjuta besinningslöst på varandra?

Fast egentligen förstår han alltsammans. Han bara låtsas att han inte begriper. Han vill tvinga läsaren att tänka efter.

Eller?

Han förstår och han förstår inte. När han på järnvägsbygget träffar en mager liten judepojke som jobbar hårdare än alla andra för att så fort som möjligt kunna åka hem och kasta ut britterna ur Palestina, förstår han inte hur någon medvetet kan träna sig för krig. Men när han skriver brevet till en hembygdsgård i Sverige darrar hans röst av indignation över önsketänkandet som vägrar att se glesbygdens långsamma död såsom den är. Samtidigt tröstar han dock glesbygdsfolket som både är och inte är hans landsmän med att de åtminstone slipper att begrava sina döda som tvål. Han försöker inte foga samman verklighetens bitar, han låter dem ligga som lösa klossar. Han är Bulis motpol och antites. Hos Buli hänger allt ihop. Forntid, nutid och framtid går in i och ut ur varandra, eller speglar sig i varandra. Kärlek och hat, våld och ömhet växlar ständigt som vågrörelserna på vattnet, medan fruktsamhetens röda tråd rullar vidare från sköte till sköte, från generation till generation.

Judeokristna kontraster

Stockholm, december 1973. Nobeldagarna har passerat, det är gråtrist i staden, den kommersialiserade julens stereotyper dyker upp som gamla flaskor och ölburkar i lågvattnet när det slår om till ebb. Årets sista doktorsdisputationer drar förbi för att hinna stökas undan före julstängningen.

En av mina studenter disputerar på Luciadagen. På kvällen firar han med en av dessa nymodiga, genom Guds nåd förenklade disputationsfester som i allt större utsträckning har ersatt de traditionella doktorsmiddagarna med sina oändliga tal och sin hopplöst fastklistrade leda. Min vana trogen klämmer jag in mig i ett hörn och försöker föra ett samtal medan andra dansar. Plötsligt ser jag en av mina tidigare studenter, nu min kollega, bestämt och målmedvetet navigera mot mig, med sin hustru i följe. Båda tillhör den hörbara och synliga delen av den aktuella, trendgynnade nyvänstern. De ser på mig med ivrigt forskande, redan i förväg något anklagande blickar. En obehagskänsla infinner sig innan de hinner öppna munnen. Mina onda aningar besannas. De går rakt på sak.

Kan du förklara för oss varför alla judar, oavsett och i vissa fall stick i stäv med sin politiska uppfattning, ställde sig solidariska med Israel under Oktoberkriget? Vi befann oss vid University of California i Los Angeles. Många av våra judiska vänner och kolleger var lika kritiska mot Israels ockupationspolitik som vi. Men de gick ändå man ur huse för att demonstrera sin solidaritet och sitt stöd för Israel så fort kriget bröt ut. Ofattbart! Förklara!

Tonen är upprörd och vädjande på en och samma gång. Min första impuls är att slå frågan ifrån mig. Jag skulle helst vilja deklarera att jag inte känner någon sympati med nyvänsterns ideologi, att jag inte heller är ansvarig för Israels politik och att jag inte fattar vad de vill att jag skall förklara. Men denna första impuls viker snabbt för en annan.

Det skulle jag också ha gjort, säger jag. Jag har faktiskt

gjort det här hemma, fast det har tagit andra former.

De stirrar på mig, mållösa. De har alltid sett mig som en opolitisk person som inte engagerar sig. Plötsligt förstår jag att det rör sig om någon sorts ömsesidigt missförstånd judar och kristna emellan. Det spegelvända missförståndet dök upp med ovanlig klarhet i en fråga Begin ställde under inbördeskriget i Libanon: "Varför kommer inte den kristna världen till sina trosfränders, maroniternas, undsättning?"

Begins fråga var lika insiktslös som min svenska kollegas. Det finns en judisk värld som i stort är solidarisk med Israel. Men det finns ingen kristen värld som kan komma till andra kristnas undsättning.

Varför?

Jag ställer frågan till Daniel Elazar, professor i statskunskap vid Bar Ilan-universitetet i Israel, med federalism som sin specialitet. Vad är skillnaden mellan judars sammanhållning och exempelvis muslimers, som tycks ha svårt att agera på ett samfällt sätt och för ett gemensamt mål?

Det finns många orsaker, svarar han. Den flertusenåriga förföljelsen av judar är en viktig faktor, men det finns även andra komponenter. Enligt den judiska traditionen härstammar alla judar från samma patriarker, i rakt nedstigande led från Abraham. De tillhör därför samma familj. Muslimerna har däremot masskonverterat i många olika länder. Den religiösa tillhörigheten växte snabbt och horisontellt, inte långsamt och vertikalt. Denna skillnad saknar visserligen all objektiv betydelse i genetisk mening, men är desto viktigare för folkens uppfattning av sig själva. Den muslimska inställningen präglas dessutom av en viss fatalism. Allah bestämmer allt, inklusive katastrofer och underverk. Individen eller nationen hamnar därför lätt i en passiv roll. Trots allt tal om det heliga kriget och individers eller mindre gruppers självuppoffrande aktioner väntar man sig ofta att USA, FN eller andra utomstående makter skall ingripa. Tanken att alla kan och rentav bör ta initiativ, eller att man spontant skall samla sig till samfälld aktion kan verka helt främmande. Judarna har lärt sig av egen bitter erfarenhet att man endast kan lita till egna krafter.

Jag har lätt att inse sanningshalten i detta. Motsvarande svenska attityder har ingenting med fatalism eller religiösa övertygelser att göra, men i jämförelse med de snabba judiska reaktionerna är de ofta alltför passiva. Ibland visar man en viss tendens att förlita sig på "högre makter" även här, särskilt på FN. Man utgår då ofta från en FN-bild som bottnar i teoretiska förutsättningar eller optimistiska förväntningar och inte i en sakligt analyserad verklighet. Denna tendens till idealisering försvåras ytterligare av den brist på erfarenhet som följer av att man har suttit på historiens läktarplats under nästan två århundraden. Efter att man har uttryckt sin grundade mening eller ventilerat sina mindre välgrundade fördomar om en konflikt eller ett händelseförlopp som inte känns på det egna skinnet kan man lätt invagga sig i en tilltro till högre politisk styrning eller bygga utopiska visioner av överstatliga och rationellt ledda idealsamhällen. Man behöver inte vara jude för att inse det fåfänga i detta, men det kräver kanske en viss historisk traumatisering. När Ungernrevolten hade slagits ned av ryssarna 1956, cirkulerade följande vits i Budapest:

> Ungernkrisen kunde ha lösts antingen realistiskt eller genom ett mirakel. Den realistiska lösningen hade varit om ärkeängeln Gabriel hade stigit ned med de himmelska härskarorna och drivit ut ryssarna. Miraklet hade varit om FN skulle ha intervenerat.

Jag inser det fåfänga i att försöka förklara svenska attityder för de israeliska professorerna. Vi återgår till judarna.

Finns det inga andra folkslag vars sammanhållning liknar judarnas?

Armeniernas, kanske, svarar Moshe Greenberg, professor i bibliska studier vid Hebreiska universitetet.

Men kineser och japaner?

Jo, för all del, de är mycket lojala, men det är något annat. Det är en självklar del av deras sociala ordning. Judar har inte någon motsvarande kollektiv sammanhållning eller liknande stränga beteenderegler, om man bortser från de religiöst ortodoxa. Den judiska solidariteten yttrar sig framför allt i krissituationer. Den ibland förvånansvärt starka uttrycket för denna sammanhållning har alltid irriterat medvetna och omedvetna antisemiter. Vägen till anklagelser om "judisk konspiration" är inte lång. Det ökända "Zions Vises Protokoll" har avslöjats som en ren förfalskning av domstolarna i tre olika länder och nu också i Ryssland som det fjärde: fabricerat av den tsaristiska hemliga polisen under senare delen av 1800-talet. Icke desto mindre används det idag flitigt av nynazisterna, utan minsta hänsyn till objektiva fakta.

Judarnas syn på sig själva som medlemmar av en stor familj, deras redan i Bibeln uttalade förkärlek för "att bo för sig själva", deras framgång som överlevnadskonstnärer under de mest ogynnsamma förhållanden och deras envisa fasthållande vid sina traditioner och sin egenart har utan tvekan bidragit till judehatet. Israels och judarnas fiender har inte haft svårt att hålla sitt hat levande även bortsett från de politiska händelserna i området. Otaliga gånger under de senaste två tusen åren har judarna jagats bort från Machpelachgrottan i Hebron, patriarkernas gravplats enligt den bibliska traditionen, men de har alltid återkommit. Redan år 70 e. Kr., efter Titus seger över Jerusalem, har romarna en gång för alla deklarerat att "Hierosolyma est perdita", förklarat staden judefri och döpt om den till Aelia Capitolina. Efter ett par århundraden var dock judarna tillbaka igen. Idag representerar de religiösa judarna antikens enda överlevande kultur i någorlunda autentisk form. Räcker inte detta för att upprätthålla det eviga hatet? Men den speciellt kristna formen av antisemitism har även andra orsaker. Juden har i många århundraden betraktats som en arketypiskt negativ figur av kristenheten. Detta har haft sin grund i den roll som evangelierna tilldelade judarna som Kristi mördare samt deras vägran att acceptera Jesu gudomlighet och frälsarroll. Enligt ersättningsteologin har judarna förlorat sin position som Guds utvalda folk och deras religion har inte längre något existensberättigande.

I sin monumentala film *Shoah* intervjuar Claude Lanzmann överlevande från Förintelsen, ofta på ort och ställe. I ett avsnitt befinner han sig tillsammans med sin tolk i en liten idyllisk polsk by. Det är vår med yppig grönska, blomsterprakt och fågelsång. Bönderna är söndagsklädda, vitklädda flickor går i procession, på väg till kyrkan. En grupp gamla kvinnor ser på processionen. Lanzmann börjar tala med dem. Var det inte så att judarna föstes ihop i denna kyrka innan de deporterades till förintelselägret? Jo, det var här. Hur stor är kyrkan? Hur många människor får plats under en högmässa? Hur många judar förvarades här, hur länge? Hur varmt kan det ha varit? Fanns det någon toalett? Gummorna svarar lugnt och lågmält medan de fortsätter att se på processionen. Så och så var det. Deras sakuppgifter ger en fruktansvärd bild.

Plötsligt förvrids ett vackert, djupt fårat ansikte i en hatfull grimas.

– Det var rätt åt dem! skriker hon gällt. De har mördat Kristus!

Det tar inte många sekunder innan alla skriker. De vänliga mormorsansiktena förvandlas till oigenkännlighet.

Kan jag efter detta lyssna på den av mig så älskade "Kreuzige, kreuzige!"-kören* ur Bachs Matteuspassion lika oskyldigt som förut?

Ersättningsteologin, ja. En av mina vänner i Jerusalem, immunologiprofessorn David Weiss skriver till mig i juni 1993 (min översättning):

* Ur Matteuspassionen. "Judarna skrek och sade: korsfäst honom!"

”Om kristendomen accepterade att judendomen representerar ett legitimt system av trossatser och religiösa regler, skulle kristendomens tunga överbyggnad te sig som onödig lyx. För att undvika detta fråntar man judendomen dess legitimitet. Om tron på den korsfästes offer ses som inträdesporten till frälsningen, blir judendomen antikverad och förlorar sin legitimitet. Att frånkänna en hel idévärld dess legitimitet kan leda till en kedjereaktion. Det kan börja med nedlåtande sympati, kanske ett visst medlidande, men sedan leda vidare till svartmålning, förakt, bortstötning. De mest negativt inställda kan direkt slå in på förföljelsens väg, så fort de får ett tillfälle. Relativt moderata kan dölja sin diskriminerande inställning bakom vänliga ord, men de bidrar lika fullt till den kollektiva avlegitimeringen.

Det finns några mänskliga och för mig betydligt mindre förståeliga undantag. Några kristna teologer här i Jerusalem och särskilt några av de tongivande inom det amerikanska Congregational Church (numera omdöpt till United Church of Christ) anser att det gamla förbund som Gud slöt med judarna fortfarande gäller. Jag har mycket svårt att förstå dem i *teologiska* termer. Deras synsätt skapar en kategorisk ’teoetnisk’ skillnad mellan judar och andra icke-kristna. Det går dessutom stick i stäv med Jesu egna uttalanden enligt evangelierna och epistlarna och med kyrkofädernas tolkningar. Och även om somliga kristna skulle klara av att leva med spänningsfyllda teologiska motsägelser som bottnar i en tolerant attityd, medför den skarpa åtskillnaden mellan judar och andra icke-kristna en viss fara. Den kan lätt överföras till andra områden. Man kan t. ex. placera judarna i en speciellt framstående kategori där deras egenheter, begåvningar och själsliv ställs i fokus och där själva urskiljningen lätt kan glida över i avståndstagande.”

Har David rätt? Kanske, från rent teologisk synpunkt, men det finns teologer med en mindre rigorös inställning. Jag minns ett besök hos en av dessa liberala teologer i Jerusalem, tillsammans med Buli, som jag hade bett följa med mig. Jag visste att ömsesidig tolerans och respektfull samexistens judar och kristna emellan var lika självklar för denne teolog som tolerans mellan judar och araber var för Buli. Teologen har ofta i tal och skrift upprepat att antisemitismen är de kristnas och inte judarnas problem och att de kristna framför allt behöver bearbeta Förintelsem, antisemitismens yttersta konsekvens. Skam var det vanligaste ordet i hans framställningar i ämnet. Hans egen teologiska synpunkt var den att man kunde tala om ett nytt förbund utan att klassa ett tidigare som gammalt, antikverat och ersatt, dvs. utan "triumfatorisk ersättningsteologi".

Teologen bjöd oss på te. Buli såg sig omkring med sin vanliga, ivrigt intensiva blick. Sedan gick han rakt på sak: Anta att såväl kristendomen som judendomen i en avlägsen framtid kommer fram till slutsatsen att de två stora religionerna har mycket mer gemensamt än vad som skiljer dem åt. De beslutar därför att överväga möjligheten av en eventuell federation. Vad skulle de kristna vara beredda att ge upp och vad skulle de begära från judarna i utbyte? Vore de beredda att ge upp dogmen om Kristi gudomlighet?

Teologen tog frågan mycket allvarligt. Ja, han skulle kanske vara beredd att ge avkall på Jesu gudomlighet för egen del, men han trodde inte att hans kolleger skulle instämma. I gengäld såg han gärna att judarna visade en större universalitet. Varför är de judiska lagarna endast bindande för judar? Antingen är de viktiga för människorna överhuvudtaget och borde i så fall gälla för alla eller annars, om de inte är så viktiga, borde de inte vara bindande för judarna heller.

Min teologvän har senare, i vår efterföljande skriftväxling, gjort vissa tillägg till vårt samtal. Han skriver följande:

”Som svar på Bulis fråga skulle jag nog i första hand vilja säga, att judendomen mest behöver tänka över vad den *speciella utkorelsen av Israel har för universella* dimensioner (... Gud som världens konung och inte bara Israels Gud). Och vi kristna behöver i första hand brottas med problemet hur vi har klarat av den *universella* ambitionen att gå ut till alla folk – den tyranniska universalismen, som framför allt judarna blivit lidande av. Vi behöver lära oss mer om den *partikulära* sidan av vår religion.”

Buli och min teologvän, två moderna humanistiska företrädare för sina professioner, hade inte svårt att komma överens. De visste dock samtidigt att de inte var representativa och att deras röster förblev ensamma rop i öknen.

Är visionen om tolerans mellan religionerna i allmänhet och kristna och judar i synnerhet en messiansk tanke? Är det en kristen version av de utopiska idéer vi mötte hos två av Bulis romanfigurer, den brutalt slaktade unge Josef Mani och hans ”barnbarn”, spionen-vägvisaren Josef Mani? Det finns åtminstone en ytlig likhet: visionerna är lika omöjliga att förverkliga. Men den humanistiska visionen är inte messiansk. Den saknar varje drag av fanatism. Den är en sann kristen tanke i ordets mest självklara men också mest sällsynta betydelse. Dess äkta, inifrån kommande vädjan om förståelse står i bjärt kontrast till det högtidligt predikande men ofta ihåliga munvädret hos somliga av religionens officiella företrädare.

Det är bara att beklaga att Bulis och min teologväns tankar är fullständigt omöjliga. Ger kristendomen avkall på Jesu gudomlighet, faller den som ett korthus. Inte heller kan de religiösa judarna utvidga sitt ”familjebegrepp”, den direkta härstamningen från Abraham, till alla människor utan att ge upp sin identitet. Utplåning av den judiska identiteten skulle förinta den sammanhållning som har gjort judarna till de envisaste överlevnadskonstnärerna bland alla folkslag och till rasisternas främsta hatobjekt.

Under mina samtal med de tre nämnda Jerusalemkollegerna kom vi in på den svenska kyrkan och judarna. Jag berättade om rättegången mot Radio Islam och teologiprofessorn Jan Bergmans häpnadsväckande uttalanden när han uppträdde som försvarets vittne. Jag berättade också om Uppsalateologen Sigbert Axelsons försök att vitmåla saken och dölja den bakom en tjock dimridå av förvrängningar och bagatelliseringar.* Plötsligt frågade en av de närvarande fruarna om jag anser att Sverige erbjuder en lämplig jordmån för antisemitisk propaganda?

Nej, det trodde jag inte alls. Radio Islam är ett bra exempel. Via Stockholms lokalradio har den under flera år spritt ut samma typ av propaganda som nazisternas officiella publikationer, inklusive *Mein Kampf* och *Der Stürmer* – man hade inte ens brytt sig om att ändra eller "modernisera" formuleringarna.** Den har dock inte trängt ner på djupet, eftersom den gick stick i stäv med svensk rättsuppfattning och grundtankarna om jämlikhet och demokrati. Det kan dock inte uteslutas att propagandan kan ha påverkat några.

Hur kan en sådan obscen absurditet som förnekelsen av Förintelsen, det bäst dokumenterade massmordet i mänsklighetens historia, få den spridning det får?

Jag funderar. I den mån det förekommer i Sverige, kan det möjligen ha ett samband med den tämligen allmänt utbredda uppfattningen att människan i grund och botten är god. Ju mer fäst man är vid denna uppfattning, desto obegripligare blir Förintelsen. Även betydligt mindre omfattande illdåd blir svårförståeliga. Man instämmer lätt med Stig Claessons "jag begriper för fan ingenting". En välmanipulerad nynazistisk kampanj som vänder sig till ungdomen

* Ilicki, J.: *Att urskulda antisemitism.* Svenska Kommittén mot Antisemitism (1993); Arvidsson, H. (red.): *Affären Rami-Bergman* (1994).

** Bachner, H.: Från Hitler till Radio Islam – antisemitisk propaganda i ett jämförande perspektiv, i *Det eviga hatet* (1993), s. 161-213.

kan bygga på mottagarnas önsketänkande att det kanske inte var så farligt som man påstår.

Är det verkligen sant att många svenskar lever i föreställningen att människan är i grund och botten god? – frågar mina israeliska kolleger.

Ja, det tror jag faktiskt. Jag har dock ofta frågat mig hur man då kan handskas med all den information om motsatsen som ständigt strömmar in genom alla media. Det vanligaste är att man förtränger den eller, när det inte går, bortförklarar den. Den onda människan är sjuk, hon måste ha behandlats illa i barndomen, hon har vuxit upp utan kärlek eller utsatts för fysisk och psykisk tortyr.

Det var egendomligt, säger de två teologiskt kunniga professorerna nästan unisont. Detta stämmer inte med kristna trosläror. Kristendomen utgår ju ifrån att människan är ond och måste frälsas.

Men varifrån kommer denna inställning då? Dess uppenbara absurditet kan lätt inses, särskilt om man har upplevt krig och andra stressituationer. Stora naturkatastrofer som jordbävningar eller översvämningar åtföljs ofta av en plundringsvåg. Den kan förekomma sida vid sida med en beundransvärd hjälpsamhet som kan stegras till självuppoffring. Och hur klarar man av tidningarnas nyhetssidor med barnmisshandel, våldtäkter, rån och mord? Vill man hänföra allt detta till dåliga barndomsmiljöer? Men vad säger man då om Joszepow-massakern under andra världskriget då helt vanliga reservsoldater egenhändigt mördade en judisk stadsbefolkning, trots att var och en hade rättighet att dra sig ur utan att riskera bestraffning?*

Kan tanken, eller snarare önsketänkandet om människans inneboende godhet åtminstone delvis spåras till det "moderna projektet", liksom historielösheten? Har den ideellt inriktade arbetarrörelsen rensat bort det "orena"

* Browning, C.R.: *Ordinary Men – Rescue Police Batallion 11 and the Final Solution in Poland* (1993).

som ”otidsenligt” dvs. en gång för alla passerat? Är detta en andlig motsvarighet till den steriliseringspolitik som Bosse Lindquist beskriver i sin bok *Förädlade svenskar* som behandlas närmare i essän om genetik i denna bok? Har det bidragit till att man kunnat agera med ett humanistiskt och allmännyttigt patos när man ville ”rensa” nationen från ”genetiskt mindervärdiga” typer, utan att ha några vetenskapliga belägg för ärftligheten av de mentalsjukdomar och andra psykiska defekter som man ville eliminera? Var man kanske också benägen att förvisa den mänskliga ondskan till ett undantag? Ansåg man att den universella ondskan inte borde finnas och därför med gott samvete kunde förnekas?

I ett brev daterat den 29 juni 1994 har Carl Gustaf Boëthius kommenterat detta på följande sätt:

> ”... Men den kristna läran perverterades så att förkunnelsens huvudändamål blev att förkrossa åhörarna, skapa syndamedvetande. Jag minns en gammal prost som i en insändare frågade hur konfirmandundervisningen skall kunna framkalla den rätta syndakänslan, om vi inte får stämpla onani som en svår synd. Allt detta tillsammantaget skapade en växande folkvrede, som proklamerade att människan inte är så syndafördärvad. Denna process ingick förbund med naturvetenskap, psykologi och ofta socialism, och växte till den moderna sekulariserade kulturradikalismen. Denna livsåskådning fortsatte att förneka syndafördärvet till den grad att man hamnade i den naiva föreställningen att människan är god. Då framstår Förintelsen, Jugoslavien, Rwanda, Tidaholm och åtskilliga företeelser i vårt eget själsliv som oförklarliga.”

Som bekant löper ideologiskt grundade ställningstaganden alltid risken att hamna långt från verkligheten. En annan vän, den under 60-talet avlidne författaren och publicisten

Stefan Szende, gav mig min första lektion i svensk utrikespolitik när jag i början av 50-talet som oerfaren nykomling uttryckte min förvåning över de illusioner svenska regeringen tycktes hysa om Sovjetunionen. Det var särskilt aktuellt för mig i samband med Raoul Wallenberg. Den ryske utrikesministern Andrej Vysjinskij förnekade kategoriskt att Raoul Wallenberg fanns eller någonsin befunnit sig i Sovjet. Vid denna tidpunkt var Vysjinskij redan för länge sedan ökänd i hela den västliga världen som skenprocessernas regissör i Moskva under 30-talet. I sin egenskap av allmän åklagare hade han formulerat "rättegångarnas" scenario som bestod av helt fiktiva, aldrig begångna brott. Framtvingade "bekännelser" fick ta den juridiska bevisföringens plats.

Svenske utrikesministern Östen Undén uppvaktades av Wallenbergkommittén redan 1945. När man presenterade bevisen för att R.W. befann sig i rysk fångenskap vid den aktuella tidpunkten, frågade Undén om de trodde att Vysjinskij ljög. På det bestämda ja-svaret replikerade Undén med "Detta är oerhört".* Han vägrade att diskutera saken vidare. Undén måste ha vetat bättre. Men den svenske utrikesministern brukade inte utgå ifrån världens verkliga beskaffenhet, utan hur den enligt internationell lag och överenskommelser borde vara beskaffad, förklarade Szende för mig. Undéns ställningstaganden var teoretiskt grundade och därför orubbliga. Stormakten Sovjets utrikesminister kunde inte ljuga, även om han var Hin Onde själv. Szende citerade Brechts *Tolvskillingsoperan*, där fattiglapparna berättar hur de skulle vilja leva om de hade råd med det. Efter varje vers upprepar de den sorgliga refrängen: "*Aber die Verhältnisse, die sind nicht so.*"

Kunde man, med full kännedom om att Moskvaprocessernas "grammatiska fiktioner" författades av samme Vysjinskij, anse att Sovjetunionens utrikesminister inte kunde lju-

* Anger, P.: *Med Raoul Wallenberg i Budapest* (1985), s. 140.

ga, därför att en stormakts utrikesminister inte bör ljuga, då kan man lika gärna utgå ifrån att alla människor är i grund och botten goda, om den aktuella politiska ideologin så kräver.

En rysk journalist och historiker, Arkadij Vaksberg, har skrivit en väldokumenterad och mycket avslöjande bok om Vysjinskij vars svenska översättning bär titeln *Skjut de galna hundarna* (1990). För en tid sedan tillfrågades han i svensk radio om det var mycket smärtsamt för honom att gå igenom KGB-arkiven för att samla in materialet om skenprocesserna. Nej, svarade han, det var inte smärtsamt, i och för sig. Han kände ju till alla grundläggande fakta, det var bara detaljer som fattades. Skenrättegångarna, som kallades för "konceptuella processer" i den poststalinistiska kommunistvärlden, där man fortfarande höll fast vid vissa eufemismer, följde ett förutbestämt scenario. Stalin var dramaturgen, Vysjinskij regissören. Skriften varken hade eller behövde ha någon kontakt med verkligheten. Dess syfte var att hamra in vissa ideologiska koncept. Man ville "avslöja bovarna" för det "enkla folket" för att därmed öka folkets lojalitet mot Stalin och Partiet. Koncepten och bovarnas identitet ändrades efter behov, medan anklagelserna om spionverksamhet, mullvadsarbete och konspirationer för att störta sovjetsystemet i stort sett var desamma. Det krävdes ingen bevisföring. Det gällde endast att förmå fångarna att skriva på "bekännelsen". Med hänvisning till namnteckningen utnämndes scenariot till verklighet. Den ideologiskt omanipulerade verkligheten kunde man lugnt bortse från.

Allt detta visste Vaksberg sedan länge. Det smärtade honom mycket mer att upptäcka att många västerländska vänsterintellektuella accepterade detta nonsens och letade efter "faktaunderlag" bakom de absurda historierna. Med vilken lätthet kunde de säga "ingen rök utan eld"! Makt korrumperar och absolut makt korrumperar absolut, säger ett välkänt talesätt. Här frestas man att tillägga: "ideologi förblindar och en totalitär ideologi förblindar totalt".

Sett ur både svensk och ungersk-judisk synpunkt väcker Undéns formella hållning ännu smärtsammare associationer. Här är det inte fråga om en vänsterintellektuell som försöker skydda den för honom viktiga kommunismen inom eller utanför "socialismens eget hemland", utan om en högt uppsatt professionell politiker och jurist som i likhet med Kaifas och andra överstepräster genom historien offrar den enskilda människan för det han uppfattar som statens intressen.

Kunde man ha valt en annan kurs?

Undén kunde kanske inte ha gjort det. Han var den han var. Men jag blev smärtsamt medveten om alternativa möjligheter när jag för några år sedan i Jerusalem träffade Israels förutvarande FN-ambassadör, Gideon Rafael. När han hörde att jag tillbringade krigsåren i Budapest, berättade han följande:

År 1945 hade han skickats till Budapest av Sochnut (Jewish Agency), den amerikanska sionistorganisation som stödde den judiska bosättningen i dåvarande Palestina, tillsammans med en ungersktalande sionistkamrat. Deras uppdrag tedde sig rätt omöjligt. På reträtt från den avancerande Sovjetarmén hade de ungerska nazisterna fyllt ett tåg med värdefull konst, juveler, guld och utländsk valuta och flytt till väst. Tåget föll sedan i amerikanska händer. Sochnut hade fått amerikanska regeringens tillstånd att förhandla med den ungerska regeringen. Om ungrarna gick med på att det gods som ägdes av judar som hade mördats under Förintelsen fick överlämnas till Sochnut, skulle amerikanerna lämna ut det icke-judiska godset till Ungerns regering.

Gideon Rafael visste att hans förhandlingsposition var svag, eftersom han inte representerade någon regering. Staten Israel hade ännu inte bildats – FN-resolutionen, självständighetsförklaringen och befrielsekriget kom först tre år senare. Det fanns ingen anledning till optimism.

I stället för att kontakta den ungerska regeringen gick de

två Sochnutrepresentanterna direkt till Rákosi, den från Moskva nyligen återvände stalinistiske politikern som själv skulle bli Ungerns Stalin tre år senare. Vid denna tidpunkt var han redan kommunistpartiets generalsekreterare, men innehade inte någon regeringsställning. Partiet hade bara fått tio procent av rösterna vid det sista fria valet, som ägde rum på sensommaren 1945. Det hade en representant i koalitionsregeringen, den senare avrättade László Rajk. Det var dock en offentlig hemlighet att Rákosi styrde bakom kulisserna, med stöd av Sovjetarmén. De icke-kommunistiska regeringsledamöterna var rädda. Många av deras partikamrater hade fängslats. Somliga av dem hade anklagats för konspiration mot Röda armén och deporterats till avlägsna orter inom Sovjet.

Gideon Rafael och hans kollega presenterade det amerikanska förslaget för Rákosi. OK, jag accepterar ert förslag, svarade Rákosi efter bara någon minut. Sedan ringde han upp premiärministern och "beordrade" honom att underteckna överenskommelsen. Men när han väl hade lagt på luren sade de två unga sionisterna, väl medvetna om det höga spel de bedrev, att de ställde vissa krav innan de var beredda att underteckna överenskommelsen för egen del. Detta var en ren oförskämdhet enligt diplomatisk sed, eftersom de endast representerade en privat organisation i USA. De krävde att två i Ungern fängslade sionistiska fallskärmssoldater skulle friges. Dessa hade överlevt den misslyckade aktionen 1944 då fyra medlemmar av den i Palestina stationerade judiska brigaden inom brittiska armén hoppade ner över Ungern. En av dem var den senare legendariska Hanna Szenes, som tillfångatogs och torterades ihjäl av nazisterna. De två överlevande lyckades gömma sig för nazisterna, men arresterades senare av den ryska armén. Vid den aktuella tidpunkten var de fångar hos den ökända ungerska säkerhetspolisen ÁVO.

Rákosi lyfte luren igen, ringde polis- och inrikesministern Rajk och beordrade honom att omedelbart frige de två unga fallskärmssoldaterna. Så skedde också, redan samma dag.

Så lätt, med lite guld, juveler, hårdvaluta och konstföremål, kunde människoliv räddas. Även de i övrigt mycket korrekta schweizarna lyckades utväxla en av sina i Sovjet fångna diplomater mot två Sovjetspioner som de höll fängslade.

Sådana lösningar var otänkbara för Östen Undén. Vid ett tillfälle yttrade han: ”Svenska regeringen bedriver ingen människohandel”.*

Har man råd att prioritera principfasthet, stolthet och formell legalism när man har med en kriminell regim att göra? Skall föreställningarna om en idealvärld, som enligt förhoppningarna skulle byggas på internationella lagar och överenskommelser, få företräde framför pragmatiskt handlande när man har en aldrig så liten chans att rädda sina egna medborgare? Ville man skapa en myt om en ny och på internationell lag grundad världsorganisation som förhöll sig till det existerande FN ungefär som de ortodoxa judarnas himmelska Jerusalem förhåller sig till det jordiska? Kunde man verkligen invagga sig i tron att detta skulle bli mer än ett önsketänkande och tomma gester?

Åke i Ludvika och Thomas Manns änglar

Någon som kallar sig Åke i Ludvika har skrivit till mig. Han uttrycker sin beundran för men också sitt beklagande över ”stora judars teorier”. Han nämner Jesus, Marx, Freud och Einstein. Med vilken iver hade han inte kastat sig över deras läror! Hur glad blev han inte när han först upptäckte dem! Varje gång trodde han att han hade hittat Den Allomfattande Sanningen, Det Fulländade Tankesystemet. Det dröjde dock inte länge förrän han upptäckte motsägelser, luckor

* Anger, P.: *Med Raoul Wallenberg i Budapest* (1985), s. 140.

och paradoxer. Strax därefter ramlade den teoretiska byggnaden ihop som ett korthus.

Åke lät ganska anklagande. Hans halvt omedvetna, i hyfsade former framförda budskap hade följande innebörd för mig:

Vad är det ni judar försöker göra med mig? Jag förleds att engagera mig för era idéer, men det slutar alltid i besvikelse. Det är eller har varit eller borde vara er skyldighet, er givna roll att hitta på något bättre, något verkligen heltäckande som jag kan tro på utan förbehåll!

Varför det, undrar jag. Vad är det för roll judarna har tagit på sig?

I *Josef och hans bröder* återkommer Thomas Mann ständigt till Jakobs "Gottessorge". Den kan spåras ända till Abraham men når sin kulmen hos Jakob som tar på sig namnet Israel (han som kämpar med Gud) efter sin nattliga brottning med ängeln. Det är samma "Sorge", samma andliga bekymmer och engagemang, i kombination med den bestämda viljan att "endast tjäna den högste", för att använda ett annat av Thomas Manns återkommande uttryck, som uppenbarar sig i förändrade former men med samma intensitet hos Jesus, Marx och Freud. Ja, även hos Einstein. Och hos flera av herrarna Mani.

Vart kan denna "Gottessorge" leda?

I "förspelet" till *Josef försörjaren* tar den urgamla legendens milt ironiska men samtidigt djupt allvarliga återberättare en titt på "de högre kretsarna". Han väljer ögonblicket efter det att Josef för andra gången har gått i fällan, beroende på sitt motstånd mot Potifars hustru. Där, i de allra högsta sfärerna, går änglarna omkring som vanligt, men de sänker ögonlocken något när de passerar varandra, eller också drar de ner mungiporna en liten aning. "Åter var ett mått rågat, åter voro barmhärtighetens skålar tömda, åter var rättvisans timme slagen... Man hade i sin majestätiska sorg sett sig nödsakad att inskrida och röja upp, att störta, tillintetgöra och än en gång jämna med jorden – liksom på den stora flodens tid, på svavelregnets dag..."*

Hela problemet började med att människan hade skapats. Innan dess fanns endast djuren och änglarna. Djuren hade inte skapats som Guds avbild men de var fruktsamma. Änglarna var Guds avbild men de var inte fruktsamma. Då ansåg Man sig plötsligt föranledd att skapa människan som var Guds avbild och fruktsam på en och samma gång. Därmed kom det onda till världen, men också det goda, som endast kunde existera som det ondas motsats. Det gick många rykten om denna oväntade handling i änglakretsarna, de överfördes som knappt hörbara viskningar och nästan osynliga minspel. Ryktet påstod att Man inte agerade på eget bevåg utan följde ett råd som ursprungligen hade givits av ärkeängeln Semael, den högst uppsatte, som senare föll i onåd, störtades från himmelen och blev Den Onde. Redan under sin tid som ärkeängel kunde Semael få mångbottnade tankar och ge minst sagt tvetydiga råd. Änglarna var ju, trots allt, inte Guds avbild, menade han, eftersom Gud var fruktsam. Endast människan skulle bli Guds riktiga avbild, endast hon erbjöd en spegel för Honom att spegla sig i. Människan var "ett resultat av Guds nyfikenhet att lära känna sig själv". Genom att följa Semaels råd hade Skaparens väsen förvärvat sin levande kraft. "... man behövde bara tänka på utövandet av nåd och barmhärtighet, och hans styrande och ställande, rannsakande och dömande, på avvägningen av förtjänst och skuld, lön och straff – eller kort sagt på uppkomsten av *det goda* som var förknippad med uppkomsten av det onda, alldenstund det förra, vilande i möjlighetens sköte, faktiskt hade att vänta på sin motsats innan det kunde bliva till."

Den godtyckliga orättvisan är Hans viktigaste privilegium. Jag gynnar den jag gynnar. Den jag vill förgöra skapar jag så att han förgör sig själv. *Quem Deus perdere vult,*

* Citaten från Mann, T. *Josef försörjaren* (1944), s. 5 och 8. Översättning av Nils Holmberg.

insanem faciet. (Den Gud vill förgöra, honom gör han galen.)

Men det var inte bara Han som gjorde så. Den judiska gudens preferenser och orättvisor anammades och praktiserades av hans patriarker. Abraham var nära att offra Isak. Jakob fick faderns välsignelse på falska premisser. Själv följde han många gånger sina känslor och satte rättvisan åsido. Den bibliska berättelsen finner visserligen en gudomlig mening i Jakobs ensidiga förkärlek för Josef, eftersom det så småningom leder till hans upphöjelse, till en position som möjliggör att han räddar Israels folk från hungersnöden, men orättvisan kvarstår okorrigerad och oemotsagd. Bibelns stora gestalter åsidosätter ofta de strängaste moraliska lagarna för att därmed uppfylla en gudomlig vision. Judahs svärdotter Tamar förför svärfadern Judah, förklädd till sköka, för att genom denna äktenskapsbrottsliga och egentligen med dödsstraff belagda handling säkerställa stammen Judahs fortbestånd. En av tvillingarna som blir frukten av detta äktenskapsbrott i ett dike vid vägkanten, blir anfader till konung David. Salomon, Israels störste konung, härrör också från ett äktenskapsbrott, David och Betsebas, parat med mord på Betsebas man, Davids lojale officerare. Samtidigt som hela den judeokristna kulturen vilar på de stränga Moselagarna, kan Gud själv och hans utvalda sätta sig över lagen, när de så finner lämpligt, utan några förklaringar. Har kulturens fortbestånd således inte bara berott på lagarna utan också på att dessa kunde åsidosättas av den högsta makten eller dess representanter? Har man velat odla en speciell, ”från ovan given” elitism vars lagöverträdelser måste accepteras som en självklarhet? Eller ville man ge de troende en möjlighet till undanflykter, när deras av Gud styrda moraliska världsbild inte längre passade ihop med den bistra verkligheten?

Varken Åke från Ludvika eller Stig Claesson kan riktigt finna sig i detta. De vill att moralen skall vara konsekvent, samma rättvisa skall gälla för alla, de tio budorden skall efterlevas. Men det gör de ju inte, eller endast sällan. Åke blir arg, Stig begriper för fan ingenting, människan blir förvirrad. Eller varför inte en älg?

Den förvirrade älgen

Stigs brev signeras ibland med en älg. Andra gånger skriver han om en förvirrad älg vars spår han försöker att följa. Ett tag förefaller älgen att vara ett sagoväsen. Stig älskar att skriva sagor. De får barnen att lyssna. Men de är vid närmare eftertanke alltid sagor för vuxna – också.

I en av sina romaner från senare år, *Män i min ålder* (1992), har Stig äntligen tagit bladet från munnen vad älgen beträffar. Det visar sig att han skrev sagan om älgen för många år sedan, men att den fortfarande är aktuell för honom. Den handlar om en stor tjur som råkar stöta mot en elektrisk ledning med hornen. Han får en våldsam stöt. En hare som har blivit vittne till olyckan påstår att älgen nästan blev genomskinlig, som om han hade träffats av blixten. Han klarar sig dock, men har förändrats. Han kan se in i framtiden. Det han ser gör honom ledsen. Han ser hur skogen kommer att förändras, hur motorvägarna dras, hästarna försvinner, järnvägen läggs ner, gamla stugor rivs. Han berättar det för en liten gosse som bor med sin morfar i en röd stuga inne i skogen – Stigs återkommande sagobild av sig själv. Älgen suckar över allt han vet. Det gör Stig också, trots att han inte kan se in i framtiden på samma sätt.

Men *Män i min ålder* handlar egentligen inte om älgen. Den handlar om en resa till Budapest och om hur romanens Leo – knappt värd täcknamnet – möter en märklig kvinna där. När han vandrar på Budapests gator med Maria från Békéscsaba, känner han sig som europé, åtminstone korta stunder. Han tänker på att Arthur Koestler föddes i Budapest. Varje gång han känner sig som en europé tycker han att det är ganska nyttigt att tänka på Koestler. Men han kan inte undgå att tänka på Adolf Eichmann också, i samma veva.

En eftermiddag sitter Stig alias Leo och hans ungerska brevvän Maria på ett konditori. Bredvid dem sitter en berusad man som håller på att beställa mer och mer vin av den livrädda servitrisen. Sedan börjar han vråla och gapa. Stig förstår endast hans upprepade gånger framstötta ”Heil Hitler”. Till slut hjälps den nästan sanslöse mannen från platsen av en gammal man som också betalar för honom. När den gamle kommer tillbaka sätter han sig vid Stigs och Marias bord. Han talar tyska med Stig. Ni måste förstå att vi är krigsskadade här i landet. Alla, utan undantag.

Jag är svensk, tänker Stig, och kommer aldrig att förstå detta. Ingen svensk kan heller förstå den europeiska gemenskap som vi kommer att tillhöra i framtiden.

Européer? Krigsskadade? Orden klingar falskt i mina öron. Någon ”europé” existerar inte. Är en schweizare en icke krigsskadad europé? Ligger Thomas Manns arbetsrum i Zürich, där han skrev böckerna om Josef och hans bröder, i Europa? Är bosnierna och serberna, som hugger varandra i bitar just nu, européer? Är de tyska nynazisterna européer? Är Edgar Allan Poe och T.S. Eliot icke-européer bara för att de råkade födas och levde på västra halvklotet?

Ordet ”krigsskada” är helt fel, det också.

Nu skall jag säga en sak till Stig.

Stig! Det är egentligen synd att din nittonåriga inkarnation inte talade mera med min tjugotvååriga där på båten! Jag kan förlåta dig detta om det berodde på ditt akuta intresse för Birgitta, men inte om det berodde på din svenska blyghet. Nåväl – det var så länge sedan att jag kanske förlåter dig ändå.

Men det är synd att du inte frågade mig en del saker. Fast jag tror inte att du hade kunnat acceptera svaren, inte då, inte ännu. Du var alltför uppfylld av din vrede över den svenska överklassen för att förstå att dumheten och ondskan var samma hjärnas produkt som kärleken och godheten och att din och min hjärna inte var några undantag. Detta kan inte upphävas genom strukturerande kategoriseringar som socialistiska och andra teoretiker har försökt förleda oss till att tro. Din vrede över dumheten och ondskan har gjort dig till främling inför det mesta men utan att göra dig improduktiv. Du har inte gett efter för din melankoliska dragning, inte heller har du gömt dig i de småländska urskogarna där den förvirrade älgen skulle gå vilse några decennier senare. Tvärtom. Du lät all din uppdämda värme och – jo, det måste sägas för en gångs skull – din kärlek till människor som har förlorat spelet – flöda fram som en mäktig flod genom dina två uttrycksmedel, ordets och bildens. Men det kom senare. När vi träffades på båten skulle du kanske inte ha förstått, inte ännu, att ingen sats som rör relationerna mellan människor och människogrupper kan gälla allmänt och principiellt och att varje sökande efter en allmän världsordning var dömt att misslyckas. År 1947, året innan Tito stöttes ut ur Stalins monolitiska imperium, skulle du förmodligen inte ha varit beredd att acceptera att den socialistiska drömmen var på väg att omvandlas, och att den på sina håll och alldeles särskilt i "socialismens hemland" redan för länge sedan hade omvandlats till en mardröm. Dess like fanns endast i de koncentrationsläger, tortyrkammare och gaskamrar som en häpen värld nyligen hade dragit förhängena från, sedan djävulen Adolf äntligen hade befriat mänskligheten från sin förbannade närvaro.

Men vem vet vad vi skulle ha sagt till varandra om vi hade fört ett längre samtal på båten? Du skulle ha blivit irriterad över mina borgerliga fasoner, precis som du retade dig på min stora beundran för det okända Sverige så till den grad att du fann det nödvändigt att regissera den slipslösa utkastningsscenen från båtrestaurangen. Du skulle nog ha nosat dig fram till resterna av den välkammade medelklass som jag bar med mig på samma sätt som valar och delfiner bär på sina förtvinade fötter. Du skulle nog säkert ha blivit förbannad, precis som du blev arg över att jag som fjortonåring spelade tennis med min kusin när du läste boken där jag beskriver hans död.

Det var nog bra att det blev som det blev. Annars hade du kanske aldrig skrivit till mig nästan ett halvsekel senare: ”om vänskap skulle existera, så vore vi vänner”.

I din bok promenerar du alltså i staden där jag växte upp, i sällskap med Maria från Békéscsaba som ger dig Attila József-boken som skulle påminna dig om henne. Det är samma bok som du gav mig när vi helt ovetande om vårt första möte återsågs i sextioårsåldern. Men du glömde inte bort henne för det. Tvärtom. Några år senare skrev du en bok om ditt möte med henne i Ungern. När du anlände till Budapest fann du att Maria – som du endast brevväxlat med tidigare – var vacker, lång och rätt många år yngre än du. Hon bar på en hemlig sorg som hon så småningom anförtrodde dig. Du försökte inte förföra henne.

Du skriver vackert och ömsint om min födelsestad, Donaus en gång så glada och glittrande drottning som börjar glittra igen när du besöker henne. Hon gör sig vackrare än någonsin och döljer skickligt inför sin nye beundrare att hon relativt nyligen har varit med om det mesta som kan drabba en kvinna: våldtagen flera gånger om, gemen hora, kedjad fånge, fattig, utblottad, ensam och förfrusen gumma, och så plötsligt ung vacker revolutionärska full av framtidsdrömmar och stora idéer ännu en gång, och nu vad?

Du ställer frågan utan att riktigt ställa den. Du anar att svaret hör ihop med det dimmiga begreppet Europa, men du vet inte riktigt om det är böckernas och konstens Europa eller den hårda våldsamma dödens. Gång på gång återkommer du till den ungersk-judiske poeten Miklós Radnóti som sköts i nacken efter flera veckor av forcerad marsch senhösten 1944. Hans kropp hittades efter kriget i en massgrav. Hans sista dikter, som skrevs under dödsmarschen, låg i fickan på hans trasiga överrock. Du försöker översätta några av dessa underbara dikter, dessa den så ofta blodbefläckade ungerska litteraturens svarta klassiker. Du lyckas inte nämnvärt med tolkningen av det vilda motspänstiga språket, men din känsla lyckas ändå krypa in i orden. Du lever dig in i dem och du misslyckas med att leva dig in i dem, du kan och kan inte identifiera dig med den förfärliga död som bor i dem, som bokstavligen viner om dem – eller? Tänk på raden ur Radnótis näst sista dikt: ”*Fölöttünk fú a förtelmes halál*” (Över våra huvuden viner den vidriga döden).

Så här översätter du dikten Radnóti skrev den 31 oktober 1944, samma dag som hans bäste vän, en violinist, blev skjuten, den sista dikt han skrev innan han själv mördades:

> Jag föll vid sidan av honom
> när hans kropp rullade runt allaredan stelnande,
> en sträng spänd till bristningsgränsen.
>
> Skjuten i nacken. Du kommer att sluta på samma sätt
> mumlade jag för mig själv, så ligg still.
> Nu blommar tålamodet inför döden.
> *Der springt noch auf*, säger någon över mig
> och lera och blod torkar i mitt öra.

Du kryper in i orden men du kan inte krypa in i dödsmarschen. Du som med så få men träffsäkra ord kan återge exakt vad dina ensamma åldringar känner i de avlägsna och alltmer glesbefolkade svenska byarna, du som kan uppleva hur de rotlösa storstadsungdomarna känner sig, du kan endast betrakta Radnótis dödsmarsch utifrån. Undra på det! Fattas bara annat! Det är beundransvärt att du ens försöker. Men här står din omsorgsfullt dolda, lågmälda passion och bankar förgäves på den igenmurade porten – ja, din lidelse som strålar om dig som en personlig kroppsdunst som ingen känslig mottagare någonsin kan ta miste på. Vad den säger? Jag kan inte höra det tydligt. Men jag tror att den säger ”jag begriper för fan ingenting”.

Bulis och Stigs värld vilar på samma fundament. Moses stentavlor som han hämtade från Sinaiberget, hur de nu hade kommit dit, var inristade med samma sorts bokstäver som Buli använder för sitt författarskap. Stig har skrivit en bok för barn med titeln *De tio budorden.* Där säger han inledningsvis: "De tio budorden finns och har funnits så länge människan kallat sig civiliserad och dom finns för att vissa regler måste gälla människa och människa emellan."

Frågan hur strängt man skall efterleva dessa och andra, ur dem härledda lagar och bestämmelser besvaras, som bekant, på högst olika sätt. Men den största skillnaden finns kanske mellan dem som tror att allmängiltiga, "riktiga och rättvisa" lösningar kan formuleras för varje frågeställning och att den rätta formeln kan lägga grunden till ett idealsamhälle och dem som intar en mer pragmatisk "här-och-nu-attityd" och riktar sin blick mot den enskilda människan och hennes aktuella situation.

Tron att samhällets och individernas liv kan och bör regleras av lagar har inte uppstått med kristendomen. Ortodoxa judiska fundamentalister kan inta lika eller ännu mera kategoriska attityder.

Några av dem vill följa lagen bokstavligen. En av mina kolleger i Jerusalem har en farbror som bor i den mest ortodoxa stadsdelen, Mea Sharim. Det betyder "hundra portar". Portarna leder in i en exklusiv medeltida värld. Mitt under den heliga sabbaten, då en religiös jude inte får befatta sig med något som helst arbete, bröt en eldsvåda ut i den trångbodda hyreskasern där han bor. Brandkåren körde fram och började släcka elden. Enligt den ortodoxa uppfattningen bröt de därmed mot den religiösa lagen och vanhelgade sabbaten. Invånarna samlades utanför sina brinnande hem och började kasta sten på brandsoldaterna. Plötsligt kom någon ihåg att en tora – pergamentrullen med den heliga skriften – låg kvar i huset. Det är varje religiös judes skyldighet att rädda den, även om han därmed bryter mot sabbatslagen. Man får annars bryta mot den endast när det gäller att rädda människoliv. Så fort ryktet spritt sig om torarullen, började alla hjälpa brandkåren att släcka elden. Till slut kunde någon springa in och hämta toran. Omedelbart därefter började invånarna kasta sten på brandsoldaterna igen.

En annan kollega som är invärtesläkare vid det stora Hadassahsjukhuset måste ibland åka till det ultrareligiösa området med ambulans för att ta hand om akuta fall. Om det skulle inträffa under sabbaten, tar han sig bara dit på villkor att en ortodox religiös man med typisk klädsel och huvudbonad bokstavligen hänger ut ur ambulansfönstret. Det signalerar att sabbatslagen bryts för att rädda ett liv. Endast så kan han undvika stenkastning. Lyckas han ta hand om patienten utan att denne behöver föras till sjukhus, måste ambulansen lämnas kvar. Läkaren får ta sig till fots från området.

De ultraortodoxa är en liten men ofta mycket högljudd fraktion. Man finner alla övergångsformer mellan dem och mera "liberalt" religiösa. De antika lagarna kommer lätt i konflikt med det moderna livet och de något mindre stränga försöker då ofta finna pragmatiska kompromisser. En del av dem kan bli riktigt roliga. Inte långt från Jerusalem ligger en ortodox religiös kibbutz som producerar mjölk. På sabbaten får man inte arbeta och därför bör man inte mjölka kor. Men förbudet kommer i konflikt med en annan lag som säger att man inte skall vålla djur onödigt lidande. Talmud, som ger detaljerade instruktioner för alla livets problem, tillåter att man mjölkar korna under sabbaten för att de inte skall plågas men endast under förutsättningen att man låter mjölken "rinna bort på en klippa". Kibbutzmedlemmarna följde instruktionen till punkt och pricka i många år, men när deras kollektiv råkade i ekonomiska svårigheter beklagade man att den goda mjölken gick till spillo. En duktig elev löste problemet genom att lägga en stor sten i en hink och låta mjölken rinna ner på den. Ordet *sela* kan lika gärna betyda stor sten som klippa.

Hyckleri? Eller en kompromiss mellan traditionsbevarande fromhet och praktiskt verklighetssinne? Det leder åtminstone inte till stenkastning, hur man än ser på saken.

Hur länge kommer stenarna att flyga i "det heliga landet"? Är heligheten och stenkastningen oskiljaktiga? Det moderna hebreiska språkets kanske störste poet, Yehuda Amichai, har uttryckt saken så här tydligt:*

En tillfällig dikt om min tid

Hebreiska och arabiska skriver man från öst till väst,
latin från väst till öst.
Språk är som katter:
Man får inte stryka dem i fel riktning.
Molnen kommer från havet, *hamsin* från öknen,
träden böjer sig i vinden
och stenar kommer flygande med alla fyra vindar,
och helvete: de kastar sten,
kastar det här landet på varandra,
men landet faller alltid tillbaka på landet.
De kastar landet, vill bli av med det,
dess stenar, dess mark. Men man kan inte bli av med det.

De kastar stenar, kastar sten på mig
1936, 1938, 1948 och 1988.
Semiter kastar på semiter och antisemiter på antisemiter,
onda människor kastar och rättfärdiga människor kastar,
syndare kastar och leda frestare kastar,
geologer kastar och teologer kastar,
arkeologer kastar och ärkehuliganer kastar,

* Amichai, Yehuda: *Bombens diameter* (1991). Svensk tolkning av Per Ahlmark och Lilian Edström. s. 51-53

njurar kastar sten och gallblåsan kastar,
valvstenar och stenar som pannan och hjärtat,
stenar formade som en skrikande mun
och stenar som passar dina ögon
likt ett par glasögon,
det förflutna kastar stenar på framtiden
och de faller alla ner idag.
Gråtande sten och skrattande makadam,
till och med Gud kastar sten i Bibeln,
till och med Urim och Tummim blev kastade
och fastnade på rättvisans domssköld,
och Herodes kastade sten och upp steg ett Tempel.

O, sången om förstenad sorg,
O, sången kastad på stenarna,
O, sången om kastade stenar.
Finns det i detta land
en sten som aldrig kastades
och aldrig blev till bygge
och aldrig vändes på
och aldrig avtäcktes
och aldrig upptäcktes
och aldrig skrek från en mur
och aldrig förkastades av dem som byggde
och aldrig lades på en grav
och aldrig låg under dem som älskade
och aldrig blev till hörnsten?

Jag bönfaller er: kasta inga fler stenar,
ni förflyttar landet,
det heliga, hela, öppna landet,
ni förflyttar det till havet
och havet vill inte ha det,
havet säger: inte i mig.
Var snäll och kasta små stenar,
kasta fossil av sniglar, kasta grus,

rättvisa eller orättvisa från stenbrotten i Migdal Tsedek,
kasta mjuka stenar, kasta söta jordkakor,
kasta kalksten, kasta lera,
kasta sand från stranden,
kasta damm från öknen, kasta rost,
kasta mylla, kasta vind,
kasta luft, kasta ingenting
tills era händer är uttröttade
och kriget är uttröttat
och till och med freden skall bli uttröttad
och så förbli.

Navigeringen mellan det praktiska livets, den individuella situationens, den givna epokens krav och de i religiösa grundtexter invävda lagarna blir oundvikligen ett stort problem för alla religioner. De djupt troende riskerar att pendla mellan fundamentalism och pragmatism eller att fastna i ett alienerande ingenmansland mellan dem. Detta framkommer med all önskvärd eller snarare icke önskvärd tydlighet i vår största moderna naturkatastrof, AIDS. Smittöverföringens direkta samband med människans av religiösa regler och förordningar kanske starkast reglerade område, sexualiteten, sätter alla våra uppfattningar på hårdare och skarpare prov än de äldre problemen, inklusive oönskad graviditet och "vanliga" könssjukdomar, någonsin har gjort. Det sekulariserade samhället har, kanske för första gången i världshistorien, valt att öppet tala om problemet, kalla en spade för en spade, och gå ut med sexualupplysning samt ofta gratis kondomer till alla som kan nås. De relativt liberala religiösa etablissemangen har funnit sig i detta. Värre är det med de religiösa fundamentalisterna. Den för närvarande synnerligen konservativa katolska kyrkan svarar för de mest reaktionära signalerna. Man har förordat avhållsamhet som den enda förebyggande åtgärden, en helt orealistisk tanke som i alla tider kringgåtts av den naturliga driften och skapat ett makalöst hyckleri i länder med stark katolsk dominans. Är inte Freuds på gränsen till besatthet generaliserade sexualteori en direkt reaktion på denna genomfalskhet som präglade det borgerliga Wien kring sekelskiftet? Den moderna drömforskningen bekräftar inte alls hans generaliseringar. Det förekommer visserligen drömmar med öppet eller symboliskt sexuellt innehåll, men de utgör bara en liten bråkdel av alla drömmar hos människorna i vår kultur. Men den katolska kyrkan, ledd av en av de mest konservativa påvarna under modern tid, vill helst föra tillbaka sina troende till sekelskiftets sexuella repression och hyckleri, om inte till ännu tidigare epoker.

Vad skenet bedrar! Kardinal Vojtila, motståndssymbolen i kampen mot den autokratiska kommunismen, spontan och skojfrisk i sin framtoning, han som kunde skämta om att den avgörande skillnaden mellan polska och italienska kardinaler var att femtio procent av de polska åkte skidor (dvs. han själv – Polen har två kardinaler) har blivit den mest reaktionäre påven i mannaminne!

I november 1989 anordnades en aids-konferens i Vatikanens högmoderna konferenslokaler. Den hölls i den påvliga vetenskapsakademiens regi. Till att börja med liknade den andra vetenskapligt högklassiga konferenser som regelbundet anordnas där. De inbjudna vetenskapsmännen utgick från att symposiet skulle rikta uppmärksamheten på virusets strategi i cellen och dess framfart i olika delar av världen. Somliga hoppades att mötet hade kallats samman för att signalera en liberalisering i fråga om aids-prevention och framför allt en uppmjukning av det absoluta förbudet mot kondomer. Men det visade sig att "vetenskapligheten" endast hade använts som ett fikonlöv, för att citera en av mötesdeltagarna, för att maskera det förstockade bakåtsträvandet. Konferensen öppnades av ärkebiskop Angellini från Vatikanen, mötets organisatör. Han upprepade katolska kyrkans dogmatiskt fixerade attityder: total avhållsamhet före äktenskapet, strikt monogami, ingen promiskuitet och inga preventivmedel. Han antydde att aids kunde ses som Guds straff för att den syndiga mänskligheten har satt sig över kyrkans lagar. Efter honom gav ärkebiskop O'Connor från New York luft åt liknande åsikter. Sedan fick vetenskapsmännen hålla på med sitt virus och sina celler. Det förekom ingen kommunikation mellan dem och kyrkans representanter, vilka i vanliga fall, vid andra Vatikansymposier, endast deltar som tysta observatörer. Men det fanns även en tredje deltagarkategori: aids-patienter, somliga av dem ganska sjuka. Under mötet satt de spridda bland övriga deltagare men före den avslutande sessionen samlades de på första raden. Talaren vid denna session var påven själv. Han höll ett enligt samstämmiga uppgifter mycket vackert tal. I motsats till ärkebiskoparna avstod han från att predika moral, han talade varken om synd eller straff, utan om Himmelens kärlek och nåd. Det var en utomordentlig skådespelarprestation som avslutades med att han omfamnade och kysste de aids-sjuka. Även en del av vetenskapsmännen, som varit upprörda över ärkebiskoparnas straffpredikan, blev imponerade. Man får dock inte glömma att kardinalerna endast återger påvens bedömning. Den katolska kyrkan motarbetar ihärdigt och ofta framgångsrikt användningen av det enda effektiva preventivmedlet, kondomen, även i katolska länder med stora aids-problem, som till exempel Filippinerna. Påvens egen extrema inställning kan bäst illustreras med ett av hans intervjusvar. En journalist frågade honom vid en presskonferens om en man som hade smittats av HIV genom blodtransfusion får använda kondom vid samlag med sin icke smittade hustru? Svaret blev ett definitivt nej. Enligt min bedömning kan detta likställas med en uppfordran, om inte direkt påbud, till mord. Samma inställning kom till uttryck i påvens nyligen förkunnade encyklika om människans sexuella beteende, där han inte bara ger uttryck för samma benhårda inställning utan med sin fulla auktoritet fastslår att den utgör en för alla katoliker bindande lag.

Någon auktoritär dogmatism av detta slag behöver man inte befara i det svenska samhället. Men dess upplysta, på demokrati och social rättvisa grundade samhällssyn präglas ändå i mångt och mycket av de gamla judeokristna lagarna även om de uppenbarar sig i reformerade, av lutheranismens begreppsvärld färgade, om än starkt uppluckrade och inte så sällan ganska förvirrade former. Tanken att människan är både ond och god, men kanske mest god, och att det onda kan hållas i styr genom lagstiftning tycks ha ett starkt fotfäste. Uttryckt som ett eftersträvansvärt mål är tanken säkerligen mycket äldre än de judeokristna religionerna. Den är förmodligen lika gammal som den mänskliga samlevnaden i grupp. Det sociala kontraktet måste ha grundats i jägar- och samlarsamhället, om inte ännu tidigare. Även icke-humana primater har stränga regler. Individens intressen får endast hävdas inom gruppens tillåtna beteenderamar, som i sin tur formas som svar på den fysiska och biologiska miljöns krav, möjligheter och faror. Men människans sociala lösningar har ofta gett och ger alltjämt lätt upphov till grandiost utopistiska strävanden, allt från ”Guds rike på jorden” eller paradisets lustgårdar till den perfekta socialismen. Messianismen, och den moderna variant, människans strävan efter individuell och samhällelig förbättring, är en av vår arts intressantaste egenskaper. Men tanken att man lagstiftningsvägen kan nå fram till ett idealsamhälle är en fundamentalistisk tanke. Tillämpas den ensidigt kan i grunden rationella system bli lika farliga som tidigare, på irrationella myter baserade fundamentalismer. De Sorbonneutbildade ”renhjärtade” idealisterna som på marxistiska principer ville bygga upp det perfekta samhället men ställde till med den största massakern sedan andra världskriget, Pol Pot-gänget alltså, framstår som ett av de mest avskräckande exemplen.

Men om idealsamhället inte kan uppnås lagstiftningsvägen, finns det då några alternativa vägar? Eller med en mera skeptisk formulering, vilka andra messianistiska fundamentalismer får vi se upp med i den överblickbara framtiden? Kan naturvetenskapen, särskilt biologin, komma att utgöra ett hot? Eller ett löfte?

Vi skall återkomma till detta längre fram, i kapitlet om alla biologiska vetenskapers moder, genetiken.

Mellanspel

Återbesök hos Peter Noll

Sommaren 1948, under mitt första år i Sverige, gästades Stockholm av professor Ödön Zalka, en vördnadsbjudande äldre herre med ett rött ansikte som tydde på högt blodtryck och koleriskt temperament och ett stort vitt hår som ingöt fruktan i medicinarhjärtan redan på långt avstånd. Zalka var den strängaste av våra två patologiprofessorer i Budapest. Mot andra världskrigets slut och även under den tre månader långa ryska belägringen av den omringade huvudstaden tjänstgjorde han som generaldirektör för samtliga Budapests sjukhus.

Zalkas uppdrag var att studera modernt sjukhusbygge i ett icke krigshärjat land. Frånsett de officiella besöken på olika Stockholmssjukhus hade han inte mycket att göra. Han hade endast få och formella kontakter med svenska kolleger. Han måste ha känt sig ensam eftersom han fann det för gott att tillbringa en hel del av sin tid hos sin forne student, som dessutom varit amanuens hos den andre patologiprofessorn. Eva och jag var 23 år, nygifta, nyanlända till Sverige och nyss omplanterade i en forskningsvärld som vi inte förstod.

Vi var både roade och besvärade av Zalkas tillgivenhet. Det var positivt att lära känna honom som en snäll, avspänd farbror som hade en rad vardagsbekymmer med sina trasiga glasögon, svensk mat han inte tålde och alla de problem som uppstår när man skall förflytta sig från en plats till en annan i ett främmande land. Samtidigt krävde hans besök en hel del tid och uppmärksamhet som inte underlättades av det ungerska språkets feodala tradition i umgänget mellan studenter och professorer. Själv tycktes Zalka uppskatta samvaron och berättade alltmer om sina erfarenheter av de svenska kollegerna som tedde sig mycket exotiska i hans ögon.

En dag anlände han på strålande humör efter att ha upplevt något i hans ögon mycket lustigt. Under förmiddagen hade han besökt det då helt nya Södersjukhuset, ett underverk av modern byggnadsplanering. Han hade visats runt i en rad rymliga källarlokaler som hade sprängts in i berget och var försedda med stora kylaggregat. Vad var detta för nånting? Jo, här skulle man, i händelse av krig, förvara liken tills man kunde begrava dem. På så sätt hoppades man kunna förebygga de hälsorisker som ett stort antal obegravda döda kroppar kunde föra med sig i en belägrad stad.

Zalka brast ut i ett gapskratt. Se, jag var chef för Budapests sjukhus under tvåmiljonstadens tre månader långa belägring. Vi hade tur att det var vinter. Vet ni vad ni skall göra? Jo, ni radar upp liken på längden, sedan lägger ni nästa rad på tvären, sedan igen på längden, så som man travar ved. Det är det enda ni hinner med, vilka lokaler ni än bygger.

Ett möte mellan planering och realitet, ingenjörsritningar och pragmatisk verklighet.

För några år sedan skrev jag en essä om den schweiziske juristprofessorn Peter Noll som tackade nej till all medicinsk behandling av sin blåscancer och skrev en bok medan han väntade på döden.* Jag beundrade och avundades Noll hans attityd. Han beskrev hur medvetenheten om den utmätta tiden skänker livet en mening. Allt det triviala försvinner, endast det väsentliga finns kvar. Man bryr sig mindre om dem som inte älskar en och mera om dem som gör det. Man tittar inte på TV, upphör att läsa tidningar, men läser allt fler böcker där författaren har någonting att säga.

* Klein, G.: "Peter Nolls dödsvisshet och levnadsvisdom", i *Ateisten och den heliga staden* (1987), s. 219-230.

Man bryr sig mindre om prestige och anseende, man försöker fylla varje stund med meningsfulla aktiviteter. Ja, säger Noll, endast dödsvissheten kan ge livet en mening. Eftersom vi alla befinner oss i samma båt, men de allra flesta av oss inte vet när de skall dö, fyller vi livet med trivialiteter utan betydelse, strävar efter skenmål. Den som har sin tid utmätt har inga sådana problem.

Jag kände en djup sympati för Peter Nolls sätt att möta sin död. Psykiatern och tanatologen Loma Feigenberg kommenterade att detta berodde på att min egen grundinställning till liv och död liknade Peter Nolls och tillade: "Det vore önskvärt att fler hade en liknande attityd, men som du vet ter sig döden för de allra flesta människor på ett helt annat sätt."

Feigenbergs kommentar förvånade mig. Var min attityd verkligen så ovanlig? Men viktigare än det, var den attityd jag gav uttryck för i min essä verkligen min inställning? Hur skulle jag reagera inför ett allvarligt dödshot inifrån min egen kropp?

Cor contritum quasi cinis

(Requiem)

På försommaren 1993 får jag bröstsmärtor under min dagliga simtur så att jag måste vila mellan varven. När jag inte simmar, känns ingenting. Tar ett arbets-EKG: kranskärlsförträngning. Kardiologen ordinerar medicinering. Det har god effekt, jag kan simma som förut. Jag förtränger problemet – jag kan ju simma! Hon står dock på sig: du måste göra en angiografi. Vad då, hjärtkatetrisering? Aldrig i livet.

Tanken att man skall köra in en tunn kateter i lårartären och föra den ända upp i hjärtat fyller mig med fasa. Jag vet att det är ett fullständigt riskfritt rutiningrepp som inte vållar något obehag. Trots detta stegrar sig alla mina taggar. Skall man föra en främmande kropp in i mitt hjärta! Är det så en blyg och dygdig tonårsflicka känner sig inför ett våldtäktshot? – undrar jag på fullt allvar, samtidigt som jag till fullo inser överdriftens absurditet.

Men jag visar ingenting av detta. Stolt och lugn går jag igenom proceduren. Passar på att ta med en god bok medan jag ligger i ett begynnande morfinrus omedelbart före ingreppet, inte för att spela teater utan för att med nöd och näppe avleda mina tankar.

Samtidigt är en annan del av min hjärna riktigt arg. Vad är det du håller på med? För en enkel kärlröntgen? Du med ditt filosofiska lugn! Är det så det ser ut med ditt fullständiga accepterande av döden? Var din beundran för Sokrates sista ord då han uppfordrade sina lärjungar att offra en tupp åt Asklepios innan han tömde giftbägaren, bara värdelös nostalgi? (Grekerna hade för vana att offra en tupp åt läkekonstens gud när de hade tillfrisknat efter en svår sjukdom. Med den svåra sjukdomen menade Sokrates givetvis livet.)

Angiografin förlöper snabbt och smärtfritt. Specialistens erfarna händer manipulerar katetern som en violinist får strängarna att vibrera. Jag tror inte att han har börjat när han underrättar mig om att han befinner sig i min vänstra hjärtkammare, i den innersta helgedomen. Hans arbete präglas av matematisk precision, kombinerad med all den känslighet en mänsklig hand är kapabel till.

Jag ser mina hjärtkärl på en bildskärm. Vilket underbart nätverk. Klart och tydligt som på en anatomisk ritning, men dynamiskt, levande. Jag hör dock röntgenologens röst som talar till kardiologen. Min vaksamma studenthjärna från patologitiden registrerar budskapet med diagnostikerns glada tillfredsställelse: huvudartären som förser hela vänsterhjärtat med blod är förträngd. Ja, jag ser förträngningen. Det är som om man hade snört ihop en korv, eller en ballong. Det är underligt att kontrastmedlet kan passera.

Undersökningen är knappt slut förrän röntgenologen berättar för mig vad han har sett. Åtgärd? frågar jag. Det är kardiologens sak att avgöra, svarar han. Men någon ballongtänjning kan det inte bli tal om. Det finns ingen som ger sig på det, eftersom förträngningen sitter i huvudstammen. Stor operation alltså, frågar jag, bypass, frågar jag. Något åt det hållet, svarar han.

Kan det vara möjligt? Det är ju en jätteoperation med hjärt-lungmaskin. Det lär göra mycket ont lång tid efteråt.

Knappt är jag tillbaka i mitt rum förrän kardiologen finns vid min sida. Ja, det måste opereras.

Men jag mår ju så bra och medicineringen har hjälpt, jag har knappast några symptom!

Ja, men det är på huvudartären. Det är som att spela tärning. Om det bildas en tromb där, så är det inte bra.

Menar du att jag dör då?

Ja, något åt det hållet. (Man är tydligen inte van vid så direkta frågor om ämnet.)

Nej, men det går inte, jag skall föreläsa i Washington om tio dar, sen måste jag till Paris en vecka senare, UNESCO-kommitté, sen en föreläsning i Wien, dessutom har jag lovat ett manuskript till det och det, osv. (Samtidigt som jag säger detta rullar några snabba filmrutor i någon annan avdelning av min hjärna. Det är Woody Allen jag ser, men först senare kan jag få upp bilderna till medvetandeytan. I filmen *Små och stora brott* är hans rollgestalt övertygad om att han har cancer. Det har han inte, som det visar sig senare, men vid den aktuella tidpunkten talar allt för att han har det. Han råkar i panik. Detta är ju helt omöjligt: jag är ju en ordentlig medborgare, jag har flera olika kreditkort och bankkonton, jag betalar mina räkningar och skatter, jag har inte dömts för några brott. Jag är en betrodd och accepterad medlem av samhället, detta måste vara något missförstånd, någon förväxling, det måste vara frågan om någon annan.)

Kardiologen ser sorgsen ut. Ja, det är klart att du måste vara psykologiskt förberedd, det är också en viktig faktor. När vill du bli opererad?

Strax före jul, om fyra månader. Då har jag ett par ointecknade månader efter det.

Det är väl långt dit, svarar hon och verkar ännu mer sorgsen. Men jag förstår ju dig, också.

Det är som att spela tärning, säger hon när hon går.

Nästa dag ringer en av thoraxkirurgerna som har sett min röntgenfilm. Spanskt namn, perfekt svenska, spansk brytning.

Jag skall vara mycket rak på sak, säger han. Du har en livsfarlig förträngning av huvudartären. Du måste opereras omedelbart.

Nej, men det är helt omöjligt. Jag har det och det, och det och det och det är otänkbart...

Det är rena rama vansinnet! säger han utan omsvep. Du lever helt på ditt högerhjärta. Det håller inte i längden.

Jag känner hur mina försvarsmurar rasar. Det är rena dominoeffekten. Men om jag åtminstone...

Kan jag få göra min Washingtonresa om en vecka? Där är det ordnat inte bara med föredrag, utan också med en offentlig diskussion som jag är mycket spänd på. Dit kommer bland andra...

Han avbryter mig. Det är fullständigt ansvarslöst! säger han. Du har familj, du har människor som behöver dig. Blir du plötsligt upprörd, eller lite uttorkad, kan dina kranskärl helt täppas till och vem skall ta ansvaret för det? Det gäller att prioritera.

OK då, säger jag. Ge mig en tid. Han ger mig ett datum. Jag accepterar och tror att det är om två veckor. Först när jag ser efter i kalendern visar det sig att det är redan veckan därpå. Jag har sex dagar på mig.

Jag kastar mig på telefonen och faxmaskinen, avbokar allt med en plötslig iver, som ett barn som trampar sönder det stora fina sandslott han just har byggt. Det känns som om jag hade suttit vid ett vackert dukat bord, med god mat och angenäma människor omkring mig, engagerad i intensiva samtal, och plötsligt tvingas resa mig, styrd av en ohörbar och osynlig signal. (Kommer du ihåg Admetos, säger den aldrig tystnande kommentatorn därinne, som aldrig kan svälja en anmärkning. Ja, Admetos, när han mitt under bröllopsmiddagen ser den ännu oidentifierade guden Hermes träda in i salen. Han är som vilken gäst som helst, den eller den som passerar genom salen, men Admetos vet redan det outsagda, det fruktansvärda.) Jag står nu upprätt inför alla gäster, tar fatt i bordduken och drar den mot mig med maximal kraft. Allting rasar, rödvinet rinner över damernas vita kläder, jag sparkar upp hela bordet i ansiktet på gästerna, jag springer iväg så fort jag kan.

Är det så det känns? Ja, men det känns också på många andra sätt. Jag befinner mig i en operafoajé, det är paus, jag dricker kaffe och diskuterar den underbara föreställningen med likasinnade vänner, det känns mycket angenämt. Plötsligt ber jag om ursäkt och går mot herrtoaletten. Men bakom dörren finns ingen herrtoalett. Jag ser en mörk korridor som sluttar nedåt, det luktar formalin. Jag går långsamt framåt. Genom sidodörrarna ser jag anatomisalar. Formalinbehandlade lik ligger på min ungerska medicinartids dissektionsbord av billig plåt. Obduktionsvaktmästaren visar med en sirlig handrörelse på ett ledigt dissektionsbord.

Nej, jag är inte alls där. Jag sitter i mitt skrivrum och arbetar. Plötsligt kommer tre kolleger in, de talar med varandra. Jag försöker fortsätta med mitt arbete, men störs alltmer. Jag ber dem att sluta eller att uppsöka en annan plats för sitt samtal. De reagerar inte. Några andra kommer in, studenter, labotatorieassistenter, snart är hela mitt rum fullt av folk. De skrattar, de röker, de pratar. Förgäves försöker jag höja rösten och be dem att lämna mitt rum. De hör och ser mig inte.

Jag lägger på luren efter sista avbokningssamtalet. Beskedet tas emot med viss chock överallt. Somliga har jag lovat att hjälpa att hitta en ersättare. Dags för det dagliga lunchseminariet.

Min ryske molekylärbiolog talar om sina genkloningsexperiment. Jag lyckas bromsa min oroliga hjärna eller också låtsas jag inför mig själv att jag gör det – jag vet själv inte riktigt vilket. Ryssen talar om det stora projekt han och hans medarbetare håller på med. Det handlar om isolering och uppodling av hundratals tidigare okända gener från människans tredje kromosom, eller snarare dess korta arm, som i njurcancer och lungcancer ofta är "amputerad", dvs. saknar sin bortersta bit. Uppenbarligen befrämjas den cancerösa växten av att någon för cellernas normala tillväxtreglering viktig gen faller bort. Frågan är bara hur man skall känna igen den ansvariga genen bland det hundratal man isolerar. Jättepusslet kräver inte bara hårt arbete och stor skicklighet utan även en mästerdetektivs intuition och tur.

Under seminariet är jag plötsligt på strålande humör. Jag skämtar och kommenterar på ett uppsluppet sätt – för att hålla ångesten borta? Eller i glad förvissning om att ingenting obehagligt kan hända medan vi sitter och diskuterar? När diskussionen är slut kungör jag, driven av en plötslig ingivelse, att jag kommer att hjärtopereras om några dagar och blir borta från arbetet ett bra tag. Häpen tystnad. Föreställningen betecknas senare av flera av de närvarande som "mycket chockerande". Varför det? Jag har inte meddelat att jag lider av obotlig cancer eller att jag tänker lämna labbet för alltid.

Reaktionerna från den multinationella miljön är intressanta. Så olika våra kulturer är! Svenskarna tittar lite nyfiket – blygt – en del med oro, andra klart undvikande. De flesta säger ingenting – man vill inte göra intrång på något så privat som den andres liv och hälsa, när det verkligen gäller – särskilt inte när det är fråga om en chefsfigur. Några frågar dock hur det känns. Ungrarna visar klara könsskillnader. De manliga säger ingenting, eller också blir det en sorts psykologiskt ryggdunkande. Kvinnorna är mer emotionella – en av dem uttrycker stort förtroende för min psykiska och fysiska styrka.

En av japanerna, som aldrig brukar stiga över tröskeln till mitt rum om han inte har fått en avtalad tid för möte och då endast för att visa experiment, knackar blygt på. Med sig har han en stor röntgenfilm som illustrerar resultaten av hans senaste experiment. Vi tittar på den tillsammans, diskuterar olika tolkningar och planer. Innan han går, tittar han plötsligt på mig mycket direkt och säger på en formell och korrekt engelska som tycks mig förmedla en äkta känsla, att han önskar mig lycka till med operationen och hoppas att allt skall gå bra. Kineserna och ryssarna säger ingenting, men de springer förbi för att visa resultat eller frågar om diverse administrativa spörsmål som de egentligen inte alls behöver fråga om. En sydamerikanska som lämnade labbet redan för ett par år sedan har hört ryktena och ringer till min hustru, mycket uppskärrad.

Är svenskarna speciella i dylika sammanhang?

Min inre observatör där inne, den minnesgode cynikern vars anekdoter ibland spelar samma roll som hovnarren i Shakespeares kungaspel, vet precis vad han skall påminna om. Mot slutet av 50-talet satt jag som ung professor i en kommitté med ett dussintal äldre professorer. Diskussionen gällde bygget av vår institution samt det bredvidliggande Wallenbergstiftelsens Jubileumslaboratorium 1960. Minst hälften av kollegerna var klinikchefer, högst kompetenta, praktiskt verksamma läkare. En av mina mest framstående icke-kliniska kolleger, en aktad, mäktig och välartikulerad man i övre medelåldern, gav sina synpunkter på byggnadernas placering och utformning.

Mitt under sitt anförande blev han plötsligt obegriplig. De annars så klara meningarna blev ofattbara. Han började också blanda in tyska och engelska ord, utan sammanhang. Han fortsatte att tala, medan färgen i hans ansikte steg till alltmer onaturligt rött.

Fullständig panik utbröt i rummet, i all tysthet. Flera av kollegerna, inklusive ett par klinikchefer, reste sig och försvann. Till slut lade en av de kvarvarande kollegerna som var god vän med talaren en hand på hans arm. Jag tror att du inte mår riktigt bra, sade han till honom. Nej, det gör jag inte, blev svaret.

Alla satt som förstenade. Ordföranden, som själv var kliniker, sprang till telefonen och beställde en ambulans.

Det visade sig senare att vår förvirrade kollega hade fått en liten hjärnblödning som inte lämnade några bestående rubbningar eller förlamningar efter sig.

Dagen därpå träffade jag en av mötesdeltagarna, en relativt nära vän som varit bland de första att försvinna. Varför sprang du iväg, frågade jag. Du förstår, svarade han i förtrolig ton, man kan aldrig veta hur mycket han kommer att minnas av det som hände. Om han minns att jag såg honom i ett tillstånd då han inte var herre över sig själv, kommer han kanske aldrig att förlåta mig.

Svenskhet? Eller det akademiska utanverket, det traditionella pretentiösa umgänget mellan professorer inom den äldre generationen? Inte vet jag. Men paniken glömmer jag aldrig.

I en multinationell grupp beskrivs reaktionerna lätt i nationellt eller språkligt relaterade termer. Någon sanning kan det ligga i det ibland, men det kan också vara missvisande. I min essä (1987) om Peter Noll skrev jag om en dr Ward, psykiater vid Memorial Hospital i New York, världens största cancersjukhus. I ett föredrag i Stockholm om sitt specialämne, cancerpatienters attityder till sin sjukdom och den annalkande döden, skilde dr Ward endast mellan två kategorier av människor: kineser och icke-kineser. Kineserna var anpassade till dödstanken på ett sätt vi andra aldrig kunde bli.

Senare samma kväll träffade jag dr Ward på en privat middag efter föredraget och frågade vad han ansåg om svenskarna i största allmänhet. Jag vågade mig på denna onyanserade fråga efter att ha hört honom uttala sig så kategoriskt om kineser och icke-kineser. Men jag fick min välförtjänta läxa.

Jag behövde hyra en skrivmaskin under min korta vistelse här, berättade han. Jag gick in i en affär på Kungsgatan. Är ni bosatt i Stockholm? frågade expediten. När det visade sig att jag var här på tillfälligt besök, ville han ha en skriftlig garanti av två svenskar samt en deposition på 200 kronor innan han var villig att hyra ut en maskin till mig. Jag tänkte strunta i det hela och gick vidare. I nästa kvarter råkade jag dock passera en annan skrivmaskinsaffär. Jag kan ju försöka en gång till, tänkte jag. Ta den här, sa expediten och pekade på en fin maskin. Behöver ni någon garanti? Vill ni ha en deposition? frågade jag. Nej, det behövs inte, sa han. Ni kommer nog tillbaka med den.

Detta är min uppfattning om svenskarna, avslutade dr Ward och jag drog in svansen mellan benen.

* * *

Allor fu la paura un poco queta
che nel lago del cor m'era durata
la notte ch'i' passai con tanta pièta.

(Dante, Inferno, Canto I)

Då dämpades den fruktan något litet
som jag förnummit djupt i hjärtats kamrar
så länge nattens ångest hade varat.

(Svensk tolkning av Ingvar Björkeson)

Långsamt rullar dagarna, trots att jag utnyttjar varje minut till febril aktivitet, lika mycket som eller mer än vanligt. Ändå har tidens takt definitivt ändrats. Den har aldrig varit densamma som den klockan mätt. Jag insåg redan som tonåring sanningen i Henri Bergsons *durée réelle.* Tiden är lika med dess innehåll, den upplevda tiden. Den går mycket snabbt när det händer spännande eller engagerande saker men verkar ändå lång när man ser tillbaka. Den innehållslösa tiden är oändligt lång. Klockans visare vill bara inte flytta sig framåt men efteråt verkar det som en kort stund då ingenting har hänt. Men denna gång känns det paradoxalt. Tiden är full av innehåll. Ändå går den mycket långsamt.

Tre dagar kvar till operationen. Jag kommer från min dagliga simtur. Jag har arbetat intensivt före simturen och kommer att fortsätta med det, men det känns ändå som om jag satt sysslolös i något hopplöst väntrum eller på en station där ingen vet när det försenade tåget kommer. Jag undrar hur det kommer att te sig i återblick. Förutsatt att mitt hjärta kommer att slå igen efter det kalla stilleståndet, förstås.

Igår fick jag se Jan Myrdals bypassoperation på videofilm. En märklig upplevelse, inte minst som jag avskyr Jan Myrdal med hela mitt nu så aktuella hjärta. Som jag tidigare vid flera tillfällen uttryckt det* ser jag Jan Myrdal som en "åsiktsclown", en posör och lögnare utan hållning, en ankdammens och mediadebattens soptippstupp och duellhjälte. Frånsett delar av hans ytterst välskrivna självbiografi, som jag finner fängslande, har jag sällan uppfattat honom säga något annat än att han inte har något med Gunnar och Alva att göra. Så har jag i varje fall, med rätt eller orätt, läst honom mellan raderna. Han är visserligen deras son, men enligt vad han påstått misshandlades han bara av dem. Mer än väl förstod jag den dödssjuke Gunnar Myrdal när han yttrade att "kadavret Gunnar" undanber sig den eventualiteten att Jan skulle närvara vid hans begravning.

Och här på TV-skärmen träffar jag nu en avspänd, tankfull och mot all förväntan sympatisk Jan Myrdal före, under och efter samma hjärtoperation jag själv står inför. Man ser ingenting av hans påstridighet, hans ständiga hävdelsebe-

* Ahlmark, P., och Klein, G.: *Motståndet* (1991); Gyllensten, L., och Klein, G.: *Hack i häl på Minerva* (1993).

hov, hans snarstuckenhet, hans uppblåsta fåfänga. Han gör ett försynt, nästan ödmjukt intryck. Med mönstergill klarhet beskriver han sin sjukdom och den operation han kommer att genomgå. På frågan hur han upplever att en stor publik nu skall se det innersta av hans inre, ja, själva hjärtat, svarar han – hör jag en viss lättnad i hans ton? – att han inte kan ha några märkbara individuella egenskaper där inne, utan måste se ut precis som alla andra människor. Upplever Jan Myrdal en viss katarsis när han kan gå upp i vår arts innersta gemenskap, i sjukdomen om inte annars? Jag fäster mig också vid den värme, kanske rentav ömhet, med vilken han talar om sina två morbröder som led av en liknande hjärtsjukdom. Han nämner hur fäst han var vid dem, fast det egentligen inte har med ämnet att göra. Det är för övrigt den enda personliga anmärkningen under hela intervjun. Är det ett sätt att visa att han, trots alla tecken på motsatsen, ändå har tillhört en familj?

När filmen är slut, frågar min svärson, medicinsk psykolog med hjärtpatienter som specialitet, hur jag upplever operationen som jag står inför. Vet jag det egentligen? Jag har förmodligen försökt tränga bort denna fråga genom att koncentrera mig på Jan Myrdal. Ångestens vibrationer utlöstes då och då under filmen: vid talet om en medpatient som vi såg dricka kaffe med honom kvällen innan, men vars hjärta aldrig kom igång efter operationen, vid åsynen av hjärt-lungmaskinen – tänk om den stannar! – och särskilt när jag såg det stillastående hjärtat. Men nyfikenheten på den otroliga proceduren, och beundran för kirurgernas skicklighet, hade för ögonblicket dominerat över oron – hur annorlunda ser man inte på dem som patient, efter att så ofta ha träffat dem i egenskap av samarbetande kolleger!

På väg hem minns jag min oro från årsskiftet 1945–46. Jag var ung superambitiös medicinare och ville hoppa över flera terminer för att kompensera den förlorade tiden under kriget. Det var inflation i Ungern, de värdelösa pengarna var utställda på miljon- och senare på miljardbelopp.

Hade man en dag pengar till en bok, var de nästa dag värda en spårvagnsbiljett, om ens det. Jag lyckades få ihop tillräckligt till farmakologiboken som jag absolut måste ha för nästa termin, sedan jag lyckats läsa in tre terminers kurs under en och just hade fått tillstånd att börja läsa fjärde terminens ämnen efter nyåret. Det var strax före stängningsdags. Folk var på hemväg från arbetet, människor hängde i klasar på alla spårvagnar. Jag visste att jag inte skulle ha råd att köpa boken om jag inte hann fram innan affären stängde. Jag sprang ikapp en spårvagn, hakade mig fast i en människoklase som guppade på en trappa medan vagnen krängde sig fram, tappade greppet och halkade in under vagnen. Turen ville att jag hamnade bakom sista hjulet, men min högra fot fick ett hårt slag av något metalliskt föremål på vagnens undersida. Det blev tre månader på sjukhuset, halva stortån fick amputeras och jag löpte hela tiden risken att råka ut för blodförgiftning. Men värre än smärtan, febern och de andra patienternas hjärtslitande jämmer eller nervpåfrestande prat var visionen om obduktionsbordet där nere på patologen där jag själv arbetat. Jag föreställde mig ständigt hur jag skulle ligga där, om någon eller några dagar, hur obduktionsvaktmästaren skulle öppna min bröstkorg för att ta fram lungor och hjärta och visa dem för min kollega med samma förbindliga leende och råa skämt som han hade för vana att använda med mig när jag stod för obduktionen.

Jag minns också min oro från hösten 1944, den nazistiska dödsdomens tid. Jag led av en nästan outhärdlig ångest så länge jag befann mig på tvångsarbete där jag inte kunde kontrollera min situation. Efter att jag lyckats fly, skaffat mig falska papper och levde illegalt, befann jag mig rent objektivt i en mycket farlig situation, men var strålande lycklig – ja, euforisk. Jag visste aldrig på morgonen om jag skulle vara vid liv på kvällen, men jag rörde mig fritt och var glad som en lärka.

Är känslan att vi kontrollerar vår situation – eller illusionen att vi gör det – det viktigaste för oss?

Ett forskningsteam som arbetar med vilda flyktdjur (antiloper, zebror, gaseller) i Afrika har rapporterat att djur som springer för livet för att undkomma ett hungrigt lejon inte visar några patologiska stressreaktioner när de fälls under flykt för blodprovstagning. Men de uppvisar svåra stressreaktioner – och kan dö av hjärtslag – när de förföljs av en helikopter som inte alls gjort dem illa, eller när de fångas med lasso av vänligt sinnade forskare som släpper dem strax därpå. Är hjälplösheten det mest skrämmande?

Jag tänker på den långa narkos som ligger framför mig, upp till tolv timmars sömn kanske. En djup narkos som lär övergå i vilda, minneslösa drömmar långt före uppvaknandet. Narkosen, denna smärtlindrande välsignelse, ett av den moderna teknologins underverk, varför skrämmer den mig? Är det för att jag inte kan kontrollera det som sker, inte ens iaktta det? Men jag vill varken det ena eller det andra!

Är det rädslan att aldrig vakna mera? Knappast det – då har jag inga problem.

Jag inser att det är helt irrationellt. Men jag kan inte förtränga rädslan – inte just nu.

Inskrivningen. Det känns konstigt att promenera fyrahundra meter från min arbetsplats och vara framme vid thoraxkliniken där jag skall opereras. Under den promenaden förstår jag varför man påstår att hela ens liv kan rulla förbi en som en film när man befinner sig i en kritisk situation. Medicinaråren när jag sprang omkring på sjukhuset amalgameras med mina professorsår. Den 22-årige ynglingen, han som först beträdde dessa marker och kände en förkrossande respekt inför Den Stora Vetenskapen och dess företrädare utan att kunna ett enda ord svenska och endast lite knagglig engelska, stöter ihop med den rutinerade, mångspråkige föreläsaren som kan hålla hundratals människor på helspänn i packade föreläsningssalar. Den förälskade ynglingen, den ansvarsfulle familjefadern och den lekfulle morfadern är en och samma person. Tiden har gått och stått stilla samtidigt. Den sedan länge döda lärargenerationen från medicinartiden finns fortfarande kvar, trots att dagens studenter aldrig har hört talas om dessa, ibland stora, ibland små men för det mesta ganska färgstarka personligheter som dominerade många medicinarkullars liv under en avgörande period i deras utveckling till läkare. Jag vet vad de byggde och planerade, hur de intrigerade och konspirerade, hur de samarbetade och hur de hindrade samarbete. Det finns en tid för allting, säger Kochelet, Davids son, Jerusalems konung, han som kallas för Predikaren i den kristna världen. Det finns en tid att bygga, det finns en tid att riva ner, det finns en tid att älska, det finns en tid att hata. Men tiden står samtidigt stilla. Det finns en tid att leva, det finns en tid att dö.

Tidigare, när jag vandrade genom Södersjukhuset för att titta på filmen om Jan Myrdals operation, upplevde jag samma teleskopering av tiden. Bara någon enstaka gång hade jag besökt Södersjukhuset förut och dess "teleskop" var därför enklare och överskådligare än Karolinska-områdets. När jag tittade ut över viken, i sydlig riktning mot järnvägsbron, såg jag min 22-åriga inkarnation närma sig Stockholm, tillsammans med sin jämnåriga, helt nyförvärvade hustru, som han just hade hämtat från Ungern. I all sin mörka skönhet var hon som en dyrbar juvel i hans ögon. Jag hade berättat för henne om ett stort, vitt sjukhus som från klipporna skulle resa sig över vattnet som ett tecken på att vi var framme. Så hade det också gjort, trofast som utlovat, men först efter att vi hade upplevt den svenska sovvagnskupéns otroliga lyx, med dricksvatten bredvid sängen och morgonkaffe med det okända wienerbrödet vars like vi aldrig skådat, än mindre smakat på något wienerkonditori i Budapest (där man brukar veta något om Wien). Bilden av sjukhuset som majestätisk förkunnare av ankomsten till Nordens Venedig flöt ihop med minnet av mitt sorgtyngda besök hos min gamle vän och beskyddare samt en av min institutions skapare, Hilding Bergstrand, mot slutet av 60-talet. Det var sista gången jag såg honom. Han hade långt framskriden cancer och visste att han snart skulle dö. Som Karolinska Institutets rektor och senare som ordförande i Riksföreningens mot Cancer forskningsnämnd hade han, tillsammans med sin efterträdare på rektorsstolen, Sten Friberg, och min egen chef, Torbjörn Caspersson, organiserat den fyrpartimotion som – med en enda rösts övervikt – ledde till inrättandet av professuren i tumörbiologi 1957. Två år senare, då laboratorielokalerna inte räckte till för vår verksamhet och vi stod inför det svåra valet att tacka nej till amerikanska anslag under det då nya virus-cancerprogrammet eller att flytta hela verksamheten till USA, var det återigen Bergstrand som genom ett snabbt och svårt navigerande mellan det demokratiska systemets klippor och skär pressade fram en dittills och även därefter unik donation av en institutionsbyggnad från Riksföreningen mot Cancer.

Medan jag gick mot Södersjukhusets utgång fortsatte minnesbilderna av mitt sista besök hos Bergstrand att bubbla upp. Jag mindes att vi som vanligt talade om forskning och forskningspolitik och om Tumörbiologens framtid. Inte ett ord om Bergstrands förestående hädanfärd. Han var medveten om att jag befann mig i blåsväder. Några av mina docenter, som hade varit mina unga studenter tidigare men nu snabbt höll på att bli oberoende forskare, var i konflikt med mig. Detta grumlade den i samband med den nya institutionens invigning 1962 ännu så påtagliga ”inre familjelyckan”. Bergstrand visste att jag var ledsen över detta så till den grad att jag 1966 skickade in ett avskedsbrev men övertalades att ta tillbaka det av den dåvarande rektorn, Sune Bergström. Men Bergstrand nämnde inte konflikten direkt. Vi talade mera om utsikten från sjukhusfönstret och det vackra vädret. Men en rad viktiga bimeningar smög sig in under det avspända småpratandet. Jag fick en present: boken om John F. Kennedys tusen dagar i Vita huset. Sedan sade Bergstrand att det var mycket svårt att bli chef för ett antal ambitiösa människor i samma åldersgrupp. Först stod det inte klart för mig vem han talade om. Men du kommer ju att bli äldre med åren, sade han plötsligt, efter att hans blick hade fixerat mig för en sekund, för att sedan glida förbi mig, ut mot viken. Du klarar det, sade han. För min skull, om inte för annat. Jag har ju satsat hela min prestige på dig.

Den sista meningen sades i skämtsam ton. Fortfarande ingenting om hans situation. Malmötåget som hade fört Eva och mig förbi detta fönster ett par decennier tidigare rullade sakta in mot Centralen.

Jag klarade det.

På väg nedåt från myrdalsfilmvisningen passerade jag korridoren där Per Ahlmark och jag tog oss fram i en annan del av teleskopet, två decennier efter samtalet med Bergstrand. Per var sjuk. Vid den aktuella tidpunkten var det ännu oklart om hans njurar skulle klara sig eller förstöras av en pågående inflammation. Vi talade om hans sjukdom, om antisemitismen, om Israel, om aktuella ämnen. Efter besöket påbörjades en korrespondens som vi så småningom publicerade i bokform.* Jag mindes en inledande mening i mitt första brev, skrivet strax efter att Per hade tillfrisknat: ”Välkommen tillbaka i de odödligas högst tillfälliga krets.” En krets jag nu lämnat. Per ville kalla boken för ”Motståndet mot döden”, men jag opponerade mig: döden kan inte motstås. Så det blev bara ”Motståndet”. Breven handlade mest om våra olika attityder till döden, Pers stora ångest inför icke-existensens säkra perspektiv, min stoiska, av Peter Noll förstärkta axelryckning. Det kan inte vara uppriktigt, menade Per, du döljer något.

Hade Per rätt? På ett sätt ja, på ett annat sätt nej. Tanken var uppriktig, den stoiska grundsynen är korrekt, insikten om det oundvikliga står oåterkalleligen fast, någon anled-

* Ahlmark, P., och Klein, G.: *Motståndet. Arton brev om död och liv* (1991).

ning att ”anse döden som en förolämpning” ser jag fortfarande inte. Men jag inser nu att det finns mycket annat som Peter Noll inte talade om. Svårformulerbara saker. Barnets rädsla för att stå ensam vid vägkanten en kväll och frysa. Känslan av att köra mot en hård svart vägg med full fart. Oron för att inte kunna råda över sig själv.

Samtalet. Jag sitter mitt emot klinikchefen. Vi är fakultetskolleger, men vår fakultet slutade att ha gemensamma möten för mer än ett decennium sedan. Följaktligen har vi aldrig träffats förut. En reslig man, med lugna, bestämda rörelser. Konversationen börjar en aning formellt, som den ofta gör i det här landet när människor träffas för första gången, men det har inte gått en minut förrän det första leendet bryter fram. Sedan löper samtalet naturligt och informellt som om vi kände varandra sedan länge.

Hur lång tid kommer det hela att ta? När kan jag vara tillbaka i mitt arbete?

Det beror mest på dig själv. Fyra, sex eller åtta veckor, om inga komplikationer tillstöter. Men du måste ha klart för dig att du varje morgon en bra tid framöver kommer att känna dig som om du hade blivit överkörd av en tung lastbil. Du kan få problem med koncentrationsförmågan, minnesfunktionen, du kan bli emotionellt labil. Det är bäst att vara förberedd på det.

Nej, det tror jag inte alls, säger jag oförskämt. Jag visste ju ingenting och talade dessutom i egen sak, han däremot hade sett många hundra fall.

Jag har känt mig överkörd av en tung lastbil varje morgon sedan jag var tonåring. Hade jag brytt mig om det, skulle jag ha blivit liggande för gott. Jag har mina egna, inifrån uppbyggda försvarsmekanismer mot den ständigt spökande avgrunden inom mig själv. Tanken, koncentrationen, arbetet är min viktigaste sköld. Avkopplingen, passiviteten är mina farligaste fiender.

Han opponerar sig inte men ser artigt skeptisk ut.
Vem skall operera mig?
Det gör jag själv, svarar han.
Det känns bra.
Men när han reser sig för att gå kan jag inte låta bli:
Förlåt, en sista fråga. Vad händer om hjärt-lungmaskinen stannar?
Han ler. Det finns en i reserv. Men det har aldrig hänt att den har stannat.

Kvällen före. Nattsköterskorna avlägger sitt sista kvällsbesök. De beordrar fasta och ger mig sömntabletter. Men jag bestämmer mig för att försöka använda mitt naturliga insomningsmedel först: hebreisk läsning. Det finns inget bättre. Min förståelse av det sent inlärda språket räcker väl till för att läsa engagerande texter, särskilt romaner. Är de inte tillräckligt intressanta, avtar uppmärksamheten och allting blir obegripligt. Jag kan inte använda mig av snabbläsningstekniken, som endast fungerar med det latinska alfabetet. Jag läser som ett skolbarn som nyss har lärt sig att läsa. Efter en stund tröttnar hjärnan och sjunker ned i en djup sömn. Den faller plötsligt och lodrätt som en sten i vattnet.

Jag har tur denna gång. Min favorit bland hebreiska författare, A. B. Yehoshua, eller Buli, som beskrivs närmare i essän ”Vardagar och underverk”, har på min enträgna begäran skickat mig delar av sitt nya romanmanuskript. Hjärnan kryper långsamt fram längs de urgamla skrivtecknen uppfunna av nu sedan många årtusenden döda hjärnor för att kunna huggas i sten, från höger till vänster. Buli tar mig med ända till Indien där en svårt sjuk israelisk flicka skall hämtas. Till min förvåning hamnar jag mitt i en konversation mellan romanens jag-hjälte, en ung läkare som gärna skulle vilja bli kirurg men inte får den eftersträvade utbildningsplatsen, och en äldre anestesiolog som vill övertala honom att bli narkosläkare i stället. När patienten bestämmer sig för en operation, säger han, överlämnar han sin kropp till kirurgen, men hans själ tillhör narkosläkaren. Det är narkosläkaren som "lyfter" själen från kroppen – Yehoshua använder verbet *lehamri*, samma ord som användrds för ett flygplan som lyfter – och flyger sedan med den i många timmar, långt bort från kroppen som operatören arbetar med. Sedan förbereder han själen för landning – *nehita*, samma ord som flygplanets – och sätter så småningom ned den på medvetandets landningsbana, mjukt och smidigt.

Någon minut senare sover jag sött som ett barn. Tabletterna ligger orörda när jag landar på morgonen. Tack, Buli.

Operationsdagens morgon. Kvart i fem drar jag ifrån gardinerna och ser höghusen i Råsunda på avstånd. De reflekterar morgonsolen. KS och KI:s välkända byggnader, med mitt eget laboratorium 400 meter bort, ser inte alls ut som de brukar göra. Färgerna, ljuset, även de röda tegelbyggnaderna har fått en annan innebörd. Den är djupare, allvarligare, mera betydelsediger än vad jag är van vid. Ser jag dem för sista gången? Samtidigt känner jag att de är helt likgiltiga för mig just nu.

Inte oväntat slår ångesten till, med skrikande sirener, medan jag rakar mig. Men det är ingen ny upplevelse, bara en gammal bråkmakare som brukar besvära mig varje morgon så fort jag släpper koncentrationen. Nu skriker han bara lite mera högljutt. Jag gör en ful grimas mot honom – vänta bara tills jag är färdigrakad! Rilkes samlade verk ligger bredvid min säng. Nu, just nu, har jag en chans att brottas med den tredje Duinoelegin som handlar om den manliga sexualiteten. Jag har upprepade gånger börjat läsa den men fått ge upp efter de första tre fyra raderna. Jag rör mig obehindrat i stora delar av Rilkes verk, jag känner mig hemma hos honom som hos få andra poeter.* Men jag har alltid

* Klein, G.: "Orfeus", i *Pietà* (1989), s. 108-132.

haft svårt med Duinoelegierna. Deras språk och tankevärld är så olika allt det jag har uppfostrats till av Rilke själv att jag känner mig bortkommen. Men jag vet att den tredje elegin väntar, måste bearbetas, sållas och filtreras. Jag vet också att kombinationen av Eros och Thanatos är den kraft som mer än något annat kan förmå mig att bryta igenom spärrarna någon gång. Varför inte nu? Låt oss börja, tills sköterskan kommer som skall ge mig en morfin-scopolaminspruta. Det är två timmar kvar till dess.

Knappt har jag öppnat boken förrän jag vet. Nu, för första gången, är mitt sinne öppet för vad Rilke vill säga. Har jag känt mig hotad tidigare? Har jag stängt mig för hans till synes ogenomträngliga men i själva verket rättframma framställning om den manliga sexualitetens tragedi, kärlekens upphov och dess svåraste hinder?

I väntan på operationen känns det inte längre obehagligt att följa med Rilke när han rättframt och utan minsta tvekan penetrerar det minerade området. Tvärtom. Det känns som om jag först hade befunnit mig i ett dystert väntrum där jag förgäves försökt avleda mina tankar genom att titta på de framlagda färgade bladen och övrigt krimskrams. Så fort jag får Rilkeboken i min hand, ändras min sinnesstämning helt: jag känner att *jag kan.* Även denna känsla är som ett eko av Rilke (inledningen till *Stundenbuch*: "Ich fühle: ich kann…"). Jag är på väg att ta mig över en svårforcerad barriär och möter en exotisk men samtidigt välbekant värld på andra sidan. Själva gränsöverskridandet känns som ett déjà vu. Först vet jag inte varför. Visst har jag upplevt samma känsla förut – eller är det en bild? En stig som leder in i mörkret? En väg kantad med höga träd? En förfallen, vildvuxen, ovårdad skogspark som måste ha sett bättre dagar, med antika ruiner som skymtar mellan buskarna? Har det något samband med Orfeus, en av Rilkes viktigaste symboler? Visst har det det, men namnet uttalas inte så. Skall det vara på franska? Ja, Orphée, utan tvekan. Det är Cocteaus film som dyker upp ur medvetandets bortglömda undervegetation. På väg till Hades, i sitt desperata sökande efter den döda Eurydike, går Cocteaus Orphée in i sin egen spegelbild. När han kommer ut på spegelns baksida, befinner han sig i Hades ruinbeströdda skogspark.

Hur kommer det sig att de första raderna i Rilkes tredje Duinoelegi i mitt undermedvetna återuppväcker minnet av Orphée två timmar före operationen, hur har de fått mig att penetrera den spegelbild som jag gärna velat ha av mig själv och som tidigare förhindrat alla försök att komma över till den andra sidan?

Inte vet jag, men jag minns tydligt att jag ser två olika världar framför mig. Det beror inte bara på den tredje elegin – dess budskap är entydigt nog. Den får sällskap av en helt annan Rilkedikt som varit min trogna följeslagare ända sedan tonåren: ”Orpheus, Eurydike, Hermes” ur *Neue Gedichte*. I mer än ett halvsekel har jag otaliga gånger upprepat, mumlat och för mig själv reciterat dess smärtsamma budskap om Orfeus fåfänga och ångestfyllda sökande. Nu ser jag att det är detta budskap som med en sådan rättfram bryskhet avfärdas eller omvärderas i den tredje Duinoelegin.

Allt detta verkar säkert obegripligt. Jag skall försöka förklara. I dikten ”Orpheus, Eurydike, Hermes” följer den smärte mannen i sin blå mantel ”den enda vägens smala strimma” mellan ängar, ”liksom en ändlös rad av linneväv till blekning”.* Det fanns klippor och väsenslösa skogar. ”Broar över tomhet och den stora, gråa, blinda dammen som hängde över fjärran botten likt regnhimlar över ett landskap.” Mannen stirrar stum och otålig på vägen framför sig. Hans steg slukar vägen i stora bitar utan att tugga den. Hans sinnen är splittrade: ”... medan hans blick sprang före honom som en hund och vände om och kom och stod där oupphörligt, på långt håll väntande, vid nästa

* De med citationstecken försedda orden är hämtade från Erik Blombergs tolkning i Carl-Henrik Wittrocks urval, Rilke, R. M.: *Dikter* (1978).

vägkrök – dröjde hans hörsel kvar liksom en lukt". Ibland tror han att den når ända till de två tysta vandrarnas fotsteg som skall följa efter honom hela den långa vägen, upp mot ljuset. Andra gånger hör han bara sina egna fotsteg eka och sin mantel fladdra i vinden.

Nog kommer de båda, men de rör sig mycket tyst. Hade han fått vända sig om utan att förstöra allting, skulle han ha sett dem: "Vandringens gud och fjärran budskaps, med resehuvan över ljusa ögon", som sätter ner den lätta staven framför sig och slår med de små vingarna bakom fotlederna. "*Und seiner linken Hand gegeben: SIE*" ("och given åt hans vänstra hand: HON"). Hon, den så högt älskade att ur en enda lyra kom mera klagan än ur alla gråterskor tillsammans, så att hela världen har omvandlats till en enda klagovärld, med förvriden himmel och ur led fallna stjärnor.

Hela denna dikt – den antika stenreliefen som har förvandlats till en vision i Rilkes själ – genomsyras av Orfeus desperata längtan, ställd mot Eurydikes totala likgiltighet. Hon är inte längre den blonda hustru som Orfeus så ofta besjungit, inte längre den breda sängens doft och tillflykt, inte längre denne mans egendom. Hon är så uppfylld av sin nya död att hon inte tänker på mannen som går före och inte på stigen som leder upp mot ljuset. Hon är försjunken i sig själv, jungfru igen och orörbar. Hennes kön är stängt som den knoppiga blomman som sluter sig om kvällen, hon är som ett utdelat förråd, som regnet som har fallit. Diktens slutrader lyder (i Erik Blombergs svenska tolkning):

> Hon hade redan upplösts som sitt långa hår,
> var utan styrka liksom regn som fallit
> och utdelad liksom förråd i hundrafald.
>
> Redan var hon rot.
>
> Och när guden plötsligt
> hejdade henne och med ett rop av smärta

yttrade orden: Han har vänt sig om –,
förstod hon ingenting och sade lågmält: *Vem*?

Men fjärran, mörk framför den ljusa porten
stod någon vilkens anletsdrag
ej kunde skönjas. Han stod och såg,
hur på en strimma ängsstig
budskapets gud med sorgsen blick
vände sig ordlös om, att följa den gestalt
som redan gick tillbaka samma väg,
med stegen hämmade av långa svepningsband,
osäkert, milt, med sinnets jämnmod.

Rilke överlämnar åt läsaren att känna efter vad som utspelar sig inuti mannen vars anletsdrag ej kan skönjas. Jag har känt det om och om igen, i ett halvsekel. Men när jag nu vänder mig mot den tredje Duinoelegin finner jag ingenting av detta. Är det samma Rilke? Är det samma Hades? Är det samma jag?

Var befinner jag mig?

Eines ist, die Geliebte zu singen. Ein anderes, wehe,
jenen verborgenen schuldigen Fluss-Gott des Bluts.
Den sie von weitem erkennt, ihren Jüngling, was weiss er
selbst von dem Herren der Lust, der aus dem Einsamen oft,
ehe das Mädchen noch linderte, oft auch als wäre sie nicht,
ach, von welchem Unkenntlichen triefend, das Gotthaupt
aufhob, aufrufend die Nacht zu unendlichem Aufruhr.
O des Blutes Neptun, o sein furchtbarer Dreizack.
O der dunkele Wind seiner Brust aus gewundener Muschel.

En sak är att besjunga den älskade. En annan, ack,
blodets förborgade, skuldbelastade flodgud.
Den som hon skönjer på håll, hennes yngling, vad vet han
själv om den herre av lust, som ur hans ensamhet,
innan hon gett honom lindring, ja ofta som fanns hon ej till,

drypande, ack av vilken outgrundlighet, reste
gudahuvudet, manande natten till ändlöst uppror.
O blodets Neptun, o hans skräckinjagande treudd.
O hans brösts fördunklande vind ur vindlande snäcka.*

Jag ser mig omkring. Jag befinner mig fortfarande på andra sidan Orfeusspegeln och är följaktligen i någon sorts Hades, fast nu framstår det som min egen försvunna pubertet. I stället för den stora spegel som jag i början passerade ser jag nu en mängd speglar omkring mig. De reflekterar min nakna kropp som tonåring, lite varstans mellan 12 och 17 år. Pojkarna ser på mig med en viss förebråelse: har du glömt oss? Har du trängt bort bilden av oss? Det är verkligen på tiden att du kommer på besök! Vi lever ju här, vi åldras aldrig, vi skall inte sågas i bröstbenet som du.

Jag protesterar svagt men utan övertygelse. Det är ni som är overkliga. Ni är för länge sedan döda, därför befinner ni er i Hades. Jag är er far, och jag har dessutom hunnit bli både morfar och farfar. Titta på mina sju barnbarn! Har jag inte gjort rätt för mig? Var det inte den enda anledningen till gudahuvudets resning, till era nätters oändliga uppror?

De skrattar ut mig, de gör grimaser och obscena gester. Gamle lögnare! ropar den äldste.

Rilke återvänder och tittar på klockan. En timme och fyrtio minuter kvar. Med fast hand styr han mig tillbaka till texten.

Nu talar han till flickan. Flickan som inte är Eurydike.

Nicht an dir, ihn fühlendes Mädchen, an dir nicht
bog seine Lippe sich zum fruchtbarern Ausdruck.
Meinst du wirklich, ihn hätte dein leichter Auftritt
also erschüttert, du, die wandelt wie Frühwind?
Zwar du erschrakst ihm das Herz; doch ältere Schrecken
stürzten in ihn bei dem berührenden Anstoss.

* Dessa och följande strofer återges här i Erik Lindegrens svenska tolkning i Rilke, R. M: *Duinoelegierna* (1967).

Ej hos dig, hans ömsinta flicka, hos dig ej
böjdes hans läppar till ett mer manbart uttryck.
Tror du att du, vars steg är som morgonfläkten,
så har skakat hans väsen blott med att lätt träda fram?
Nog du förskräckte hans hjärta; dock äldre var skräcken
störtande i honom ned, utlöst av din beröring.

Är detta sant? Är det inte flickan? Ljuger då all konst och all poesi? Har medeltidens trubadurer sjungit om illusioner? Vad menade Vergilius när han berättade för Dante om Beatrices besök med orden *Lucevan gli occhi suoi più che la stella*... ("hennes ögon lyste mera än stjärnorna").*

Jo, men Rilke säger det också:

... Ihr Sterne,
stammt nicht von euch des liebenden Lust zu dem Antlitz
seiner Geliebten? Hat er die innige Einsicht
in ihr reines Gesicht nicht aus dem reinen Gestirn?

... Ni stjärnor,
stammar den inte från er den älskandes lust
till sin älskades anlete? Når han ej själens insikt
i hennes ansiktes renhet genom den rena stjärnan?

Går vägen till flickan genom poesins sublimering?

Ej enbart.

Rilke talar till flickan igen.

"Ruf ihn... du rufst ihn nicht ganz aus dunkelem Umgang.
Freilich, er will, *er entspringt**; erleichtert gewöhnt er*
sich in dein heimliches Herz und nimmt und beginnt sich.
Aber begann er sich je?

* Dante: *Den gudomliga komedin. Helvetet*, Sång II.

** Ett viktigt ord som inte stämmer i Erik Lindegrens i övrigt utomordentliga tolkning (se övers. nästa sida). Originalets *entspringt* hänvisar snarare till en källa som bryter fram.

Ropa... helt ropar du honom ej från dunkel gemenskap.
Visst han *vill*, han flyr; lättad han tillvänjer sig i ditt
lönnliga hjärta, besitter, begynner sig själv.
Dock begynte han nånsin sig själv?

Mor, det var hos dig allt började.

... dir war er neu, du beugtest über die neuen
Augen die freundliche Welt und wehrtest der fremden.
Wo, ach, hin sind die Jahre, da du ihm einfach
mit der schlanken Gestalt wallendes Chaos vertratst?
Vieles verbargst du ihm so; das nächtlich-verdächtige Zimmer
machtest du harmlos, aus deinem Herzen voll Zuflucht
mischtest du menschlichern Raum seinem Nacht-Raum hinzu.
Nicht in die Finsternis, nein, in dein näheres Dasein
hast du das Nachtlicht gestellt, und es schien wie aus Freundschaft.
Nirgends ein Knistern, das du nicht lächelnd erklärtest,
so als wüsstest du längst, wann *sich die Diele benimmt...*
Und er horchte und linderte sich. So vieles vermochte
zärtlich dein Aufstehn; hinter den Schrank trat
hoch im Mantel sein Schicksal, und in die Falten des Vorhangs
passte, die leicht sich verschob, seine unruhige Zukunft.

... dig var han ny, du välvde över hans nya
ögon en vänlig värld, höll den främmande borta.
Var, ack, var är de år, då du för honom självklart
skymde det sjudande kaos med din slanka gestalt?
Mycket fördolde du så; det nattligt-oroande rummet
gjorde du ofarligt, ur ditt hjärta av tillflykt
förde du in i hans natt-rymd ett mera mänskligt rum.
Inte i mörkret, nej, i din närmare närvaro
ställde du nattlampan, och den lyste liksom i vänskap.
Inte ett knarrande som du ej leende tydde,
som du sen länge vetat *när* golvtiljan knarrar...
Och han lyssnade, lugnade sig. Så mycket innebar

det att du ömt steg upp; bakom skåpet försvann
högt i manteln hans öde, och hans oroliga framtid
passade lättföränderligt in i förhängets veck.

Vår skyddade barndomsvärld. Ödet vi möter först senare. Den oroliga, dolda framtiden som var och en av oss måste brottas med.

En timme och 20 minuter kvar. Tredje elegin handlar av allt att döma bara om pojkar. Jag får försöka gå vidare utan att ha dåligt samvete för detta. Finns det för övrigt en vackrare kvinnogestalt än Rilkes Alkestis? En mera orörbar än hans Eurydike?

Vart fördes pojken av sitt öde? Hur långt räckte moderns beskydd?

Und er selbst, wie er lag, der Erleichterte, unter
schläfernden Lidern deiner leichten Gestaltung
Süsse lösend in dem gekosteten Vorschlaf –:
schien *ein Gehüteter... Aber* innen: *wer wehrte,*
hinderte innen in ihm die Fluten der Herkunft?
Ach, da war *keine Vorsicht im Schlafenden; schlafend,*
aber träumend, aber in Fiebern: wie er sich ein-liess.
Er, der Neue, Scheuende, wie er verstrickt war,
mit des innern Geschehns weiterschlagenden Ranken
schon zu Mustern verschlungen, zu würgendem Wachstum,
zu tierhaft
jagenden Formen. Wie er sich hingab –. Liebte.
Liebte sein Inneres, seines Inneren Wildnis,
diesen Urwald in ihm, auf dessen stummem Gestürztsein
lichtgrün sein Herz stand. Liebte. Verliess es, ging die
eigenen Wurzeln hinaus in gewaltigen Ursprung,
wo seine kleine Geburt schon überlebt war. Liebend
stieg er hinab in das ältere Blut, in die Schluchten,
wo das Furchtbare lag, noch satt von den Vätern. Und jedes
Schreckliche kannte ihn, blinzelte, war wie verständigt.
Ja, das Entsetzliche lächelte...

Och han själv där han lättad till sinnes låg under
sömniga ögonlock smältande sötman i din
självklara bild av världen i sömnens försmak –
tycktes så skyddad... men i det *inre*: vem dämde,
hejdade i hans inre hans ursprungs flöde?
Ingen försiktighet *fanns* hos den sovande; sovande
ack, men i dröm, men i feber: hur han blev insnärjd
med sitt inre skeendes snabbt sig spridande rankor
hopsnodda redan till mönster, till kvävande växtkraft,
djurlikt
jagande former. Hur han gav sig hän. Älskade.
Älskade sitt inre, sitt inres vildmark,
denna hans urskog på vars stumma, störtade träd
hjärtat stod lysande grönt. Älskade. Övergav,
följde de egna rötterna ut till mäktigt ursprung,
där hans lilla födelse redan ägt rum. Älskande
steg han så ner i det äldre blodet, i de klyftor,
där det skrämmande låg, än av förfäder mättat. Och allt
fasansfullt kände honom, blinkade, som i samförstånd.
Ja, det ohyggliga log...

Fäderna?

De återkommer längre fram som en ytterligare varning till flickan:

O Mädchen,
dies*: dass wir liebten* in *uns, nicht Eines, ein Künftiges, sondern*
das zahllos Brauende; nicht ein einzelnes Kind,
sondern die Väter, die wie Trümmer Gebirgs
uns im Grunde beruhn; sondern das trockene Flussbett
einstiger Mütter –; sondern die ganze
lautlose Landschaft unter dem wolkigen oder
reinen Verhängnis –: dies *kam dir, Mädchen, zuvor.*

O flicka, detta:
att vi *inom* oss älskade, inte ett, ett kommande utan
brygden den jäsande; inte ett enskilt barn
utan fäderna, vilka som bergrasblock
tynger oss i vår grund, utan de forna mödrarnas
sinade flodbädd, utan hela det
ljudlösa landskapet under den töckniga eller
klara skickelsen: *detta,* flicka, fanns före dig.

Vad är det som tynger oss ned som bergrasblock, som flickan måste varnas för?

Den uråldriga driften? Evolutionens grundsubstans, de själviska generna som vill föröka sig på andra geners bekostnad? Hannen som under årmiljoner selekterats att befrukta så många honor och konkurrera ut eller besegra så många andra hannar som möjligt? Den blinda viljan som driver världen utan mål och till ingen nytta? Har jag inte mött dem förut?* Här ligger "pojkens öde, hans oroliga framtid, hans ursprungs flöde", som modern inte kan hejda.

Siehe, wir lieben nicht, wie die Blumen, aus einem einzigen Jahr;
uns steigt, wo wir lieben,
unvordenklicher Saft in die Arme.

Se, vi älskar inte som blommorna, utur ett enda år;
när vi älskar,
då stiger uråldrig sav i våra armar.

Mörk, mörk är den tredje elegin, men mörkret har lättat något. Först nu när tiden har upphört i väntan på operationen förstår jag att den handlar om fyra olika saker som har

* Klein, G.: "Den blinda viljan och det själviska DNA-t", i *Ateisten och den heliga staden* (1987), s. 171-191.

ett visst samband med varandra. Man kan också säga att de hänger ihop två och två men att det finns ett visst samband mellan alla fyra. Blodets förborgade flodgud som höjer sitt gudahuvud som om det träffats av en oidentifierbar signal – har Rilkes poetiska vision anat sig till testosteronet? Det kallar natten till ett oändligt uppror, långt innan flickan har uppenbarat sig och lindrat plågan något. De fruktansvärda klyftorna, där så många fäder tidigare försvunnit och som kräver ständigt nya offer; blodets, krigets, självhävdelsens, machomentalitetens raviner. Modern som försöker spänna en skyddande himmel över de nya, oskuldsfulla ögonen som ännu inte har sett någonting, hon som så gärna vill lysa upp det farliga, suspekta rummet med vänskapens och kärlekens varma lampa, placerad i hennes direkta närhet så att inga spöken skall märkas, inte ens pojkens oundvikliga öde som trampar där bakom skåpet i sin långa mantel. Det är hon som har en positiv förklaring till allt, medan hon försöker bortse från att flodguden redan fanns i pojken då hon bar honom i sin livmoder. Och till slut den stjärnögda flickan, lätt som en morgonvind. Hon som så gärna vill tro att all hans längtan riktas mot hennes lätta uppenbarelse. Men denna föreställning är bara ytligt förankrad i hans verklighet. Pojkens åtrå riktar sig inte mot en enda utan mot otaliga, den drivs av hannens skoningslösa sexualitet såsom den selekterats under evolutionens gång. Men flickan kan lindra, trots allt, så omöjligt är det inte, han vill ju, han störtar fram till henne som vattnet springer fram ur en källa, och – viktigast av allt – han härleder hennes rena ansikte ur stjärnornas klara ljus med poesins, med sin egen inre poesis hjälp.

Tredje Duinoelegins till synes kompromisslösa vidräkning med den obevekliga biologiska driften slutar med en stilla vädjan till flickan, lätt som ett andetag, innerlig som en bön:

... O leise, leise,
tu ein liebes vor ihm, ein verlässliches Tagwerk, – führ ihn
nah an den Garten heran, gieb ihm der Nächte
Übergewicht......
Verhalt ihn......

O stilla, stilla,
utför för honom i kärlek vardagens värv – led honom
fram till trädgårdens närhet, skänk honom nätternas
starkare makt......
Gör honom måttfull.......

Här måste jag än en gång komma med en liten invändning mot den vackra översättningen. Det gäller de sista tre orden. Rilkes maning till flickan slutar med ”*Verhalt ihn...*”, håll honom tillbaka... Måttfull kan han aldrig bli, det ligger utanför hans makt.

Sköterskan kommer in med morfin-scopolaminsprutan. En timme kvar innan jag skall tas upp till operationsavdelningen. Jag frågar om jag får ta med mig en bok till intensiven. Hon skrattar. Inte kommer du att vilja läsa någon bok på intensiven. Ta med en necessär så att du kan borsta tänderna och friska upp ditt ansikte, något annat behöver du inte. Här är en liten plastpåse för din necessär.

Jag lägger necessären i påsen. Men jag har bestämt mig för att försöka smuggla in en bok. Det blir *Katz und Maus* (Katt och råtta) av Günter Grass, den har rätt format. Jag ringer några snabba samtal till min sekreterare samt till Eva. Sedan domnar jag sakta bort på ett angenämt sätt, medan jag börjar läsa i Günter Grass-boken. Den verkar vara som eftersänd. Är den en logisk fortsättning på den tredje Duinoelegin eller en burlesk version av Rilkes manliga tragik? Ett gäng tonårspojkar ligger långt ute på en förstörd pir. De solar sig, helnakna. De dyker då och då efter ett sjunket slagskepp, med skruvmejslar hängande runt halsen, för att hämta upp delar av radioutrustningen eller annat begärligt som pojkar kan hitta i ett gammalt undervattensvrak från andra världskriget. Sedan torkar de i den brännande solen, medan en spinkig liten flicka, Tulla, bara skinn och ben, springer från den ena till den andra och bönar att de skall frambringa sitt dagliga offer till blodets dolda flodgud, om jag (men inte Tulla) får använda Rilkes terminologi, till hennes omåttliga, hoppande, hojtande, barnsliga förtjusning. Så fort en av dem har uppfyllt hennes önskan går hon till nästa och tjatar tills föreställningen upprepas. För det mesta behövs inte mycket övertalning.

Nu börjar jag domna bort på riktigt. Nej, den boken smugglar vi in till intensiven. Kan det finnas ett bättre motgift mot Rilkes fruktansvärda, skuldbelagda avgrund, finns det en soligare kontrast till hans hotfulla mörker?

Getingen. Jag ligger på intensiven, det är kväll. "Dagen" har försvunnit på ett omärkligt sätt. Klockan 7.20 på morgonen kördes sängen som bar mig i ett angenämt tillstånd av dvala till operationsavdelningen där ett förvånansvärt stort antal grönklädda gestalter uppenbarligen var i färd med att inta sina platser vid sina respektive operationsbord. Som en stor armé som förbereder sig för det avgörande slaget. Genom min farmakologiskt framkallade dimma verkade de som idel änglar som dolde sig bakom munskydd och huvor.

Narkossköterskan, som jag hade träffat dagen före och som kände en av mina döttrar, kollade att jag var färdig. Hennes ungdomligt-moderliga röst kändes betryggande. Jag tittade på klockan: 7.35. Hon gav mig ännu en spruta.

Ett ögonblick senare står någon ovanför mig och talar om att det nu är halv åtta på kvällen. Operationen är alltså över. Jag vet att jag inte kan tala eftersom jag har ett intubationsrör mellan mina stämband. Två kvinnoansikten böjer sig över mig: min hustru Evas, som frågar om jag känner igen henne, och ett moderligt, glasögonprytt sjuksköterskeansikte som talar samma breda finlandssvenska som Mumintrollet. Varför skapar finlandssvenskan en känsla av större trygghet än rikssvenskan, varför upplever man med den lättare att man har en människa framför sig och inte en mask? Har den behållit en närmare kontakt med livets fundament, har den skyddats från stadslivets, borgerlighetens och mediekonditioneringens själlösa artefakter?

Fast min skötare Björn, som talar ren rikssvenska, kan man verkligen inte klaga på. Snabb, lyhörd, uppmärksam och koncentrerad förmedlar han en stark känsla av att allt är väl. Intensivpatienten känner sig som ett stort flygplan som navigeras mot landningsbanan med hjälp av tre dränagerör, andningstub, infusionsdroppar och monitorpaneler. Björn är nattens chefpilot medan de övriga i besättningen undan för undan byts ut. I snabbt förbiilande bilder känner jag upprepade gånger Eva vid min sida. Vid ett tillfälle står min dotter och hennes man där. Min operatör kommer förbi. Jag tackar honom och trycker hans hand. En liten knubbig man i övre medelåldern uppenbarar sig också. Utan att ha sett honom förut känner jag instinktivt igen honom som den sydamerikanske kirurgen som så snabbt ändrade min inställning till operationen. Jag tackar honom för hans oförblommerade språk.

Senare är det natt, besökarna har gått, Björn är hela tiden där. Var är min necessär? Jag måste sätta igång nu. Nej, inte med ansiktstoaletten utan med den gömda Günter Grass-boken. Jag hittar den under rakgrejorna, i sällskap med mina glasögon. Jag fortsätter med de nakna dykande pojkarna vid piren. Texten lyfter mig, precis som jag trodde, jag omvandlas till en av pojkarna, fast jag inte riktigt vet till vilken. Jag är nog en mosaik av flera, har en liten bit av var och en av dem i mig, stämmer inte med någon helt och hållet. Är det detta som menas med att gå ut i världen och återfinna sig själv? Plötsligt minns jag något jag har läst någonstans. Först är det ganska suddigt – det var så länge sedan. Men jag minns orden, de talar hebreiska. Jag hittade dem i en kort roman av Agnon, *I Herr Lublins affär*. Berättelsens "jag" – uppenbarligen en stor pojke – har blivit ombedd av herr Lublin att vakta hans affär, medan herr Lublin själv går ett ärende. Han har inte med sig något att läsa, affären är tom, det finns ingenting intressant där heller, inte ens en tidning. Han börjar gå fram och tillbaka (göra korta och långa, säger man på hebreiska), men väggarna sluter sig omkring honom (de krymper ihop på hebreiska). Han öppnar fönstret. De hebreiska orden är nu kristallklara i mitt minne, de rullar fram som ur datorns skrivare när man har tryckt på Printknappen: "Man kan inte säga att världen där ute är vackrare än världen här inne, men själen vill ha mera rymd. I och med att jag har öppnat fönstret kan den fly från sig själv till sig själv. Öppnar jag inte studsar den från plats till plats och kommer inte fram till någon plats."

Jag konstaterar att minnet finns kvar, till och med de sent inlärda hebreiska orden. Citatet är dessutom högrelevant för min aktuella situation. Så egendomligt. Hur kan allt detta finnas kvar och kallas fram utan minsta ansträngning? Precis som den lagrade information som kan hämtas fram ur datorns minne efter ett strömavbrott. I vilken form bevarades det i det livlösa systemet medan strömmen var borta? Hur kunde min hjärna behålla mina upplagrade erfarenheter, språkkunskaper, telefonnummer, tumörbiologi, framgångar och nederlag, glädje och smärta, himmelsk lycka och bottenlös misär, när den knappt vegeterade, nedkyld till 28°, som hos ett hibernerande djur och inte visste om sin egen existens?

Jag får lite vatten att dricka men det kommer upp igen, med en massa oanat maginnehåll. Det kom så plötsligt att alla sängkläder måste bytas. Nu visar det sig hur svårt det är att röra sig när man är ihopsydd med både stål och vanlig tråd i bröstet och längs hela ena benet varifrån kärlen togs, och när man med tre dränagerör, intravenösa droppslangar och urinkateter är stadigt kopplad till monitorsystemets vakande fasettögon.

När jag rullas tillbaka till ryggläge och allt håller på att ordnas omkring mig, medan jag väntar på ögonblicket då jag kan få fatt i mina glasögon och min bok igen, ser min uppåtvända blick att något rör sig under taket, flyger än hit, än dit, sänker sig mot mig för att lyfta igen. Det kan väl aldrig vara en geting? Jo det är exakt vad det är. Nej, men det är outhärdligt! Operationssåren, dränagerören, droppslangarna och urinkatetern är helt i sin ordning, men skall jag riskera att bli stucken av en geting helt utanför protokollet? En fyraåring kan inte gripas av större panik.

Det är en geting där, säger jag till Björn. Nej, det är ganska omöjligt, säger han. Efter en stund ser han den. Ja visst är det en geting, säger han, fortfarande med en viss skepsis som om han inte ville tro sina ögon. Någon minut senare är getingjakten i full gång. Inom loppet av några minuter får jag det triumferande meddelandet att getingen har jagats ut i ventilationstrumman, som den också måste ha kommit in genom.

Jag slumrar till. Jag drömmer att flygplanet med kapten Björn vid spakarna kör in i en svärm av stora, hotfulla insekter. De ser ut som humlor. Var det en humla eller en geting?

Jag öppnar ögonen, är torr i munnen igen. Får lite vatten, kräks upp. Lakanen måste bytas igen. När jag läggs tillbaka på kudden, är getingen tillbaka ovanför mitt huvud. Jakten börjar igen.

Hur skall jag få tid att läsa ut Günter Grass?

Kork upp till ytan. Konvalescensen blir ointressant, åtminstone för mig, eftersom den blev precis som jag hade väntat mig den. Uppvaknandet dagen efter operationen: jag har ont överallt. Överkörd av – vad? Traktor duger. Nej, tung lastbil bättre. Nej visst inte, det var ett helt tåg med massor av vagnar.

Nu skall vi ge fan i det. Var är mina papper, var är mina böcker? Jag knyter an till dem lika fort som kirurgens flitiga fingrar har förbundit mina gamla och nya hjärtkärl. Blodet flyter fram igen, syresatt, energirikt. Plötsligt känns det roligt att rätta mina studenters dåliga engelska som jag normalt brukar svära över. Ett utlovat förord till en utredning om svenska teologers försök att urskulda antisemitism flyter in i diktafonen, med den rätta nivån av vitglödgad men behärskad vrede. Vaktmästaren kommer med dagens post. Föreläsningsinbjudningar accepteras, gästforskare får komma, artiklar utlovas. Fortfarande hopkopplad med två slangar och en kateter känner jag mig fri som en fågel. Förstår ni inte? Getingen har jagats bort.

Var är depressionerna, var är den i förväg påstådda emotionella labiliteten, var är gråtattackerna?

Jo, de ligger och lurar omkring mig. Är jag inte vaksam, är de färdiga att kasta sig över mig. När jag sitter i rullstol och får vänta på röntgen efter att bokstavligen ha tagits på sängen utan en chans att hinna ta med mig min skyddsutrustning: bok, glasögon och öronproppar. Vid minsta antydan om ovälkomna emotionella förvecklingar. Men för det mesta är jag på min vakt, har mina instrument i full larmberedskap, redo att kasta in dem som en kommandostyrka.

Första besökare: Per.

Fem dagar efter operationen skrivs jag ut från sjukhuset, sju dagar efter operationen är jag på mitt arbete. Vid utskrivningen tackar jag kirurgen för allt han har gjort. Hur är det möjligt att jag mår så fantastiskt bra?

Det beror på dig själv, säger han.

Hur är det möjligt att det inte gör mera ont?

Det gör det nog, säger han, men du förtränger det.

Kan man verkligen förtränga smärta? Gör jag det i så fall för att fly den farligaste demonen i mitt hus, hotet att fastna psykologiskt? Ja, kanske det.

Var detta verkligen ett återbesök hos Peter Noll? Knappast. En flyktig påhälsning, på sin höjd. Jag mår ju bra, medan han, fullt medveten, gick mot sin obevekliga död. Men vi träffas vid nästa korsväg, Peter. Din väg återstår för mig att gå. Men redan nu har jag fått veta att du har förtigit mycket. Du klädde dig i Senecas toga medan du steg ned i dödens enligt din egen utsago helt fridfulla bad. Men det kan inte ha känts så under togan, eller inte bara så. Vad var det du dolde?

Jag hoppas få återkomma till detta längre fram, kanske i en postum bok. Om jag nu hinner. Vi är ju cirkusartister allesammans och kan inte göra oss någon föreställning om vad som kommer att hända. Jag minns ett fall vi fick ta del av under kursen i rättsmedicin. En cirkusakrobat hängdes av en kollega varje kväll. Han var utrustad med enormt starka underkäksmuskler och hade tränat sig att hålla repet kvar under käkbenet. Eftersom risken att repet skulle kunna glida ner mot halsen inte helt kunde uteslutas, kom han överens med kollegan som höll i repet att han skulle signalera till honom med vänster tumme och pekfinger ifall repet glider mot halsen, så att han kunde släppas ner i tid.

Det gick bra, kväll efter kväll. Den gastkramande scenen drog stora åskådarmassor. Men en kväll då akrobaten hade hängts som vanligt var han död när han släpptes ned. Repet hade glidit ned mot halsen. Överenskommelsen byggde på ett felslut.

Om blodtillförseln till hjärnan stryps plötsligt, hinner man inte göra något tecken med tumme och pekfinger.

Får jag bara lite mera tid än så, kommer jag att beskriva mitt sista besök hos Peter Noll. Det kanske dröjer lite till.

II

Modern genetik – en bred motorväg med svaga vägkanter

Cold Spring Harbor. Omedelbart efter den ryska ockupationen av Budapest 1945 och medan striderna ännu pågick lite varstans i Ungern tog jag mina första stapplande steg i ett medicinskt universitetsbibliotek. Det kändes som att träda in i ett heligt tempel. Nazismens sammanbrott hade plötsligt hävt den tidigare spärren mot judiska studenter. Vilka möjligheter, vilken kunskapsrikedom! Den glada spänningen låg nära smärtgränsen.

Jag drogs från början till den inte särskilt välförsedda biologihyllan. Där mötte jag för första gången några av mitt senare livs trogna följeslagare. En lång rad av röda böcker i halvfolioformat bar den gåtfulla men lockande titeln: *Cold Spring Harbor Symposia on Quantitative Biology.* Det lät nästan som en dikt. Jag visste inte om Cold Spring Harbor existerade i verkligheten och var den i så fall låg. Jag fantiserade om kalla, kristallklara källor och en liten hamn i närheten. Visionen var lika förtrollande och lika falsk som min fjortonåriga nyårsnatt då jag för första gången bestämde mig för att trotsa det sociala trycket och stanna ensam hemma. Löftet om en helkväll med klassisk musik i den ena av radions två kanaler kändes lockande. Jag hörde Händels vattenmusik för första gången. Den väckte associationer om en snabbt rinnande skogsbäck och en forsande vattenkvarn. Först flera år senare upptäckte jag att ”vatten” inte hade någonting med den icke-programmatiska musiken att göra. Händel hade fallit i onåd hos kungen och skrev Water Music för att med sina musikanter i en båt objuden lägga sig bredvid det kungliga skeppet på Themsen och fjäska sig till nåders igen.

Även de sista två orden i de röda böckernas serietitel fascinerade mig. Varför skulle biologin, läran om det levandes mångfald, behöva vara kvantitativ?

Det dröjde inte länge förrän jag fick svar. Genetiken är alla biologiska vetenskapers moder. Den är deras exakta – ja, kvantitativa – fundament.

Det förekommer sällan att en hel vetenskap kan återföras till en enda persons pionjärarbete. Den för yttervärlden länge okände munken, Gregor Mendel i Brno, är ärftlighetslärans oomtvistade fader. Darwins evolutionslära, som grundar sig på de bäst anpassade organismernas överlevnad ("survival of the fittest"), bygger visserligen på ärftligt betingade variationer, men det var Mendels år 1866 i en undanskymd tyskspråkig tidskrift tryckta korsningsexperiment på ärter som först visade att ärftliga egenskaper förs vidare av en mängd från varandra väl avskilda enheter eller "gener". Dessa kombineras tillfälligt i varje individ *för att åter separeras i nästa generation, utan att ha förändrats av sitt tillfälliga samboende.* Mendels observationsförmåga, intuition och tankeskärpa ter sig förbluffande. Han formulerade ärftlighetens viktigaste lagar utan några föregångare och utan att veta någonting om kromosomerna. När Mendel gjorde sina försök var det inte ens klarlagt att varje individ härstammar ur en enda spermies sammansmältning med en enda äggcell. Detta antagande, och den ur det härledda slutsatsen att alla individer måste innehålla en dubbel uppsättning av gener var dock en självklar utgångspunkt för Mendels uppläggning och tolkning av sina experiment.

Mendels artiklar förblev i stort sett obeaktade i 34 år. De återupptäcktes av tre av varandra oberoende forskare år 1900. Under mellanperioden hade kromosomerna redan observerats i mikroskop. Deras beteende i samband med befruktningen och den därpå följande celldelningsprocessen överensstämde med vad som kunde förväntas av genbärande element enligt Mendels lagar.

Efter 1900 blev Mendels korsningsförsök, som han hade

utfört på ett litet antal växter, snabbt upprepade. Resultaten bekräftade hans teorier och visade deras allmängiltighet. Detta visste jag redan innan jag började bläddra i de röda volymerna. Men det var med hjälp av Cold Spring Harborböckerna jag först fick kontakt med genetikens häpnadsväckande utveckling under seklets första decennier. Genteorins och kromosomforskningens harmoniska sammansmältning var den uppenbara höjdpunkten.

Det dröjde ytterligare fem år innan jag fick besöka Cold Spring Harbor, i sällskap med min nyblivne lärofader, den amerikanske genetikern Jack Schultz. Jag hittade inga kalla källor men blev allt annat än besviken. Jag var 25 och hade nyligen kommit från Sverige till USA med ett stipendium från Wallenbergstiftelsen för att under några månader arbeta hos Jack vid Institute for Cancer Research i Fox Chase, strax norr om Philadelphia.

Jack var en av de sista eleverna i Thomas Morgans skola där grunden hade lagts till ett av genetikens viktigaste områden. Bananflugan Drosophila var det väsentliga forskningsobjektet. Jack var en livlig liten man i 50-årsåldern. Hans pigga ekorrögon utstrålade gränslös nyfikenhet, livsglädje och stor mänsklig värme. Han tog emot mig som om jag vore hans förlorade, äntligen återfunne son. Ofta skjutsade han mig till laboratoriet på morgonen. Jag fick lära mig mycket under dessa bilturer. Jack förmedlade känslan att biologin var den mest spännande av alla vetenskaper. Han berättade för mig om många fenomen som jag aldrig hade hört talas om, däribland Barbara McClintocks flera decennier senare Nobelprisbelönade upptäckt av hoppande gener hos majsplantan. Jack var en av de få genetiker i världen som förstod vad McClintock talade om. Han visste redan då – minst tio men snarare femton år före de flesta andra – att hennes fynd var helt revolutionerande.

Barbara McClintock arbetade vid Cold Spring Harborlaboratoriet i hela sitt liv. Många andra stora genetiker, och senare molekylärbiologer, har arbetat där. Laboratorierna ligger vid en vik, utspridda i kuperad terräng utanför en pittoresk gammal fiskeby på Long Island. På vintern är forskarna rätt isolerade från yttervärlden, men på sommaren kommer hela den amerikanska och internationella biologvärlden på besök, till kurser och symposier.

De röda volymer jag först kom i kontakt med utgör symposiernas synliga resultat. Men dessa konferenser samt andra liknande symposier, exempelvis i Woods Hole, Massachusetts, eller de många Gordonkonferenserna i New England fyller även en annan och om möjligt ännu viktigare funktion än att publicera och sprida kännedom om nya fakta. Redan vid mitt första besök i Cold Spring Harbor med Jack och under de närmast följande månaderna då jag arbetade hos honom började jag förstå att den moderna biologins makalösa blomstring i USA efter andra världskriget i hög grad stimulerades av dessa och liknande möten. De präglades av informalitet och probleminriktad diskussion. Där fanns inga hierarkiska barriärer. De bästa amerikanska universitetens lärdomstradition förenades med det stora populistiska landets pragmatism. Du är vad du gör. Även den yngste studenten togs på allvar om han sade något vettigt. Även de mest respekterade ledargestalterna hamnade utanför uppmärksamheten om de började prata nonsens. "Leadership means constant achievement", enligt en slogan som hade hämtats direkt från affärslivet. Men här behövdes inga slagord. Attityderna var inpräglade från början. Nyanländna européer inkapslade i sina små universitetshierarkiska höljen när de kom, lärde sig snabbt att krypa fram ur puppan. Några av dem omvandlades till vackra fjärilar som väl kunde mäta sig med de lokala förmågorna och föra budskapet med sig hem. Din position inom vetenskapen skall avgöras av ditt arbete och din framställningsförmåga och inte av din befattning.

Efter återkomsten till Sverige har jag kunnat följa genetikens vidare utveckling från första parkett. Karolinska Institutets "nobelaura" har främjat en stor tillströmning av framstående gästföreläsare som tävlat om "att visa upp sig" i Stockholm och som kanske villigare än annars engagerade sig som vetenskapliga rådgivare och samarbetspartners.* De innebar en positiv stimulans, om man bara aktade sig för att ta deras besök som bevis för den egna förträffligheten.

DNA och molekylärgenetiken. Den moderna genetikens och molekylärbiologins snabba utveckling under seklets andra hälft återspeglas väl av de många Nobelprisen till forskare inom området. Man har belönat de viktigaste upptäckterna beträffande arvsmassans kemi, struktur och funktioner. Generna, Mendels teoretiska postulat, har omvandlats till DNA-sekvenser. Deras språk, den genetiska koden, eller "kodernas kod" som den kallas i en nyligen publicerad boktitel,** kan numera lätt läsas av varje student. Man vet också en hel del om genernas funktion, vägen som leder från kodavläsningen till uppbyggandet av proteiner.

Den molekylärbiologiska utvecklingen har visat att de grundläggande genetiska mekanismerna är identiska i hela den biologiska världen. Celldelningscykeln, DNA-fördubblingens och kromosomspelets mekanik förlöper i princip på samma sätt hos bönplantor, bananflugor och möss. Hela växt- och djurvärlden bygger på samma grundprinciper och använder sig av samma genetiska kod.

Idag verkar allt detta självklart. Men det är viktigt att komma ihåg hur länge det dröjde och vilket stort motstånd man hade att övervinna innan det blev allmänt accepterat att nukleinsyrorna – DNA och RNA – bär på den genetiska informationen och inte proteinerna, som man tidigare trodde. Det kan vara intressant att titta något närmare på detta.

* För en närmare diskussion om detta se Klein, G.: Sverigebilder. Sjutton svenskar ser på Sverige. *SOU* 1987:57. Utrikesdepartementet, s. 63-67.
** Kevles, D.J., and Hood, L.: *The Code of Codes* (1992).

Insikten om DNA-ts centrala roll fördröjdes av begreppsmässiga skäl. Det första experimentella beviset publicerades av tre forskare vid Rockefellerinstitutet i New York, Avery, McLeod och McCarty redan 1944. De fann att en pneumokockbakteriestams ärftliga egenskaper kunde överföras till en annan stam med hjälp av DNA men inte med protein. Rockefellerforskarnas och senare även andras bekräftande resultat bortförklarades dock under en följd av år. Deras fynd tolkades med doktrinära skygglappar. Eftersom man inte kunde föreställa sig att andra molekyler än de mångsidiga proteinerna kunde bära med sig den levande världens otroliga mångfald från generation till generation, spekulerade man över att det aktiva DNA-t i nämnda experiment kunde ha varit förorenat med protein. När denna invändning besvarades med experiment som visade att DNA-nedbrytande men inte proteinnedbrytande enzym förstörde aktiviteten, hävdade kritikerna att de förstnämnda enzymen kunde ha varit förorenade med proteinnedbrytande enzym och att de sistnämnda kunde ha varit inaktiva.

Detta ihärdiga motstånd, som varade i sex sju år, bottnade framför allt i ett enkelt analogitänkande. Man extrapolerade vårt fonetiska alfabet till den genetiska koden utan att tänka på möjligheten att cellen kanske kunde "läsa" sin "instruktionstext" enligt andra principer. Dessa principer är egentligen inte radikalt annorlunda. Den enda skillnaden är att en *biologisk* grundbokstav består av tre "fonetiska" bokstäver.

Proteinerna innehåller 20 olika aminosyror. Det är lätt att bygga ett språk med 20 bokstäver. Om DNA visste man endast att det hade fyra byggnadselement, två purinbaser vars namn brukar förkortas till A och G och två pyrimidinbaser, C och T. Om man antar att dessa fyra beståndsdelar motsvarar fyra bokstäver, kan man inte bygga ett alfabet, ännu mindre biologins ofantligt rika språk.

Motståndet började ge vika i början av 50-talet, när man fann att nukleinsyran i bakterievirus samt växtvirus var infektiösa, dvs. kunde föra över virussmittan till nya mottagarceller, medan virusproteinet inte kunde göra det. Efter att Watson och Crick publicerat sin DNA-struktur år 1953, varvid det visade sig att den sedermera så berömda DNA-dubbelspiralen perfekt uppfyllde kraven på genernas två viktigaste egenskaper, replikation och funktion, bröts motståndet, men inte omedelbart. De klassiska biokemisterna i Cambridge talade först hånfullt om "WC-strukturen". Men strömmen av bevis som visade att strukturen var korrekt växte snabbt till oemotståndliga proportioner. Den fortsatta utvecklingen blev explosionsartad.

Men hur läses då den genetiska koden? Det är kombinationen av tre DNA-bokstäver som bildar en riktig "hieroglyf", en symbol som kan översättas till en aminosyra, proteinernas byggnadssten. Fyra grundbokstäver medger 64 olika kombinationer av tre, över tre gånger mer än vad som behövs för 20 aminosyror. Enligt informationsteoretiskt språkbruk är koden således "degenererad", det vill säga att flera olika trekombinationer kan koda för samma aminosyra. Jag har skrivit om detta tidigare:*

> "Det är detta alfabet som rymmer ormens gift och silkesmaskens silke. Det bär inom sig planritningen för hjärnor som kan tänka Platons tankar, skriva Mozarts musik och spränga kassaskåp. (...) Det är DNA-ts instruktioner som driver fladdermössen på deras nattliga jakt och bestämmer deras ultraljudskod, och det är samma DNA som förgyller de tropiska insekternas vingar. (...)
>
> Men DNA-t är inte enbart en kod. Den sammanlagda texten som finns skriven på dess språk är visserligen rikare än allt som har skrivits med våra mänskliga skrivtecken, vare sig det rör sig om primitiva runristningar, komplicerade hieroglyfer eller de i och för sig mest verklig-

* Klein, G.: Den blinda viljan och det själviska DNA-t, i *Ateisten och den heliga staden* (1987), s. 178-182.

> hetsnära kinesiska skrivtecknen. Men till skillnad från skrivtecknen, som måste läsas av någon för att instruktionen skall ha en chans att bli verklighet, bär DNA-molekylen inom sig två helt unika egenskaper: att kopiera sig själv och att styra tillverkningen av den apparatur som krävs för att utföra dess instruktioner. Den har med andra ord den dubbla förmågan till självreproduktion och funktion."

DNA-ts självreplikerande förmåga grundar sig alltså på DNA-molekylens struktur, Watson & Cricks berömda "dubbelspiral", som redan nämnts. Den består av två ihopflätade strängar, av vilka den ena innehåller den korrekta kodtexten så som den skall läsas, medan den andra är dess spegelbild. De två strängarna har ungefär samma relation till varandra som en fotografisk bild och dess negativ. Den negativa strängen används på motsvarande sätt för att tillverka en ny positiv sträng och vice versa.

Den fotografiska kopieringen kräver en serie yttre anordningar. De är mycket blygsamma jämfört med den stora apparatur som krävs för att ta fram en ny "spegelsträng" av DNA. Men till skillnad från det fotografiska exemplet innehåller den ursprungliga DNA-strängen all den information som krävs för tillverkningen av denna apparatur. Den nöjer sig dock inte med detta. Texten styr även sin egen korrekturläsning. Cellen innehåller en hel skog av för ändamålet specialtillverkade proteiner. En del av dem kallas för reparationsenzym och är redo att omedelbart gripa in om något skulle gå galet. Några av dem kontrollerar den kopierade strängen och korrigerar felaktiga bokstäver eller ord. Somliga kan klippa ut långa stycken och sy in en ny och korrigerad kopia. Andra har snarare en bokbindarliknande funktion: de klistrar ihop DNA-bitar som av tekniska skäl tillverkas som separata stycken.

Var och en av dessa proteiner bildas enligt sin egen planritning som finns inom DNA-texten. DNA bär således med sig all den information som krävs för dess egen felfria fördubbling, tillsammans med negativbilden, som skall kopieras. Men detta är ändå bara en del av DNA-ts många sidor.

Varenda cellkärna inom varje organism innehåller all den information som organismens samtliga celler kommer att behöva under hela sitt liv. Men endast ögats hornhinna är genomskinlig, endast näthinnans celler har en fotocellsliknande apparat som kan reagera på ljusimpulser, endast njurcellen kan filtrera ut urin ur blodet, endast muskelcellen kan dra ihop sig för att böja en arm eller pumpa blod från hjärtat, endast blodets röda blodkroppar kan transportera syre. Ändå har alla celler samma DNA, en trogen reproduktion av den enda spermiekärnans förening med den enda äggkärnan i konceptionsögonblicket. Många biljoner celler har bildats ur den enda befruktade äggcellen innan vi lämnar jordelivet, men även vår sista cell kommer att avbilda far och mor på samma sätt som den första.

Olikheten i cellernas funktion beror på att endast en liten del, två procent eller mindre, av DNA-t arbetar i varje cell. Olika "specialister" använder olika delar av den totala repertoaren. Men hur vet varje cell vilken sida den skall slå upp i instruktionsboken?

Om instruktionsboken är en DNA-värld, så är dess produkt, cellen, en värld av specialiserade proteiner som utför instruktionen. Proteinspråket står i samma relation till DNA-språket som en lampa till bokstäverna i ordet l-a-m-p-a eller snarare till alla bokstäver i en mycket detaljerad text som specificerar alla lampans beståndsdelar. Varje äggvitekomponent har sin motsvarande DNA-instruktion. Varje instruktionstext har en början och ett slut. Ett för ändamålet särskilt anpassat protein – ett enzym – läser instruktionen. Men det har endast tillgång till en mycket begränsad del av DNA-t. Enzymerna är som små öppna fönster på en väldig byggnadsfasad. Olika typer av celler håller olika fönster öppna. Plats och tid för alla fönstrets öppnande och stängning styrs redan under fosterlivet av ett minutiöst reglerat program.

Enzymet, som läser den instruktion som det får tillträde till, skriver självt medan det läser. Det tillverkar en liten remsa, en sorts telexmeddelande eller citat. Det är författat på RNA-språket som endast i några små detaljer skiljer sig från DNA-originalet, det är ett slags dialekt om man så vill. Remsorna kallas för budbärar-RNA, ett vackert namn med starka mytologiska associationer. Men i motsats till Hermes med sin budbärarstav och de små vingarna på hälarna, är budbärar-RNAt långtifrån färdigt. Det måste förflytta sig från cellkärnans stora läsesal till cellplasmans värld och dess äggvitefabriker. På vägen dit passerar det flera spärrar där det trimmas hårt. Dess meddelande innehåller stora och till synes helt onödiga bitar som måste skäras bort. Varför finns de överhuvudtaget? Är de levande fossil från någon urgammal tid eller fyller de någon funktion som vi ännu inte har förstått?

Den trimmade budbäraren förses också med diverse små etiketter som krävs för att den skall hitta rätt i cellplasmans stora anläggningar. Målet är proteinfabriken, ribosomerna. Här sker översättningen från instruktionskoden till produktens verklighet. För var tredje bokstavshieroglyf finns en spegelliknande antikod, som bärs av en klöverbladsliknande molekyl. Den har den rätta aminosyran i andra änden.

Hela anordningen liknar en av dessa förunderliga kinesiska skrivmaskiner där man plockar ut skrivtecknen för hand, ett för ett, men i stället för att stämpla samma bokstav igen har proteinöversättaren den verkliga produkten med sig: om dess kodhuvud har skrivtecknet för lampa, lyser den lilla lampan redan färdig på dess svans. Var och en av de tjugo livsviktiga aminosyrorna har sin egen översättarmolekyl, en sorts ”minirosettstenar” som knäcker koden. Kodorden översätts, ett efter ett, och äggvitekedjan växer fram, snabbt och smidigt, till synes mirakulöst.

Idag är sekvensbestämningen, dvs. läsningen av människans hela arvsmassa, redan i full gång. Det världsomfattande projektet, som engagerar många laboratorier och även stora delar av den biomedicinska industrin, kallas för HUGO (*human genome project*). Det grundar sig emellertid inte enbart på sekvensbestämningen. Det föregicks av en annan viktig utveckling: genmanipulation och genkloning. Teknologin kan föras tillbaka till 1973, då man upptäckte helt nya metoder att isolera bestämda gener från cellernas kromosomer genom att odla upp dem till stora mängder med hjälp av bakterier och deras virus samt att förflytta dem från en cell till en annan. Det är denna s.k. rekombinant-DNA-teknologi som har gjort det möjligt att studera cellernas gener på den molekulära nivån.

Det kommer inte att dröja många år innan människans fullständiga gentext kan läsas av alla genspråkkunniga. Innan vi diskuterar hur denna information kan komma att användas måste vi dock ta några steg tillbaka och ta en titt på de komplicerade relationerna mellan genetikens utveckling och ansträngningarna att dra praktisk nytta av den vetenskapliga informationen. Vi måste då återgå till genetikens tidigaste år i seklets början.

Eugenik och den spikraka vägen till helvetet

Återupptäckten av Mendels lagar år 1900 skapade en känsla av eufori bland biologerna. Man hade av allt att döma fått helt nya möjligheter att på ett rationellt sätt styra växtodlingen och husdjursaveln. Varför skulle man då lämna människans egen ärftlighet åt slumpen? Varför skulle man inte ingripa för att ersätta och förhoppningsvis förbättra den naturliga selektion som har skapat oss men som har satts ur spel genom vår kultur?

Dylika tankar gav upphov till den världsomfattande eugeniska rörelsen. Under seklets första decennier var den lika starkt företrädd i USA som i Europa, och hade framträdande förespråkare inte minst i Sverige. Rörelsen kom i Sverige till uttryck bl. a. i steriliseringslagarna.

Hur såg den svenska scenen ut på 1930-talet och under decennierna därefter? Bo Lindquist ger en skrämmande bild i sin bok *Förädlade svenskar* (1991).* Mellan 1934 och 1976 steriliserades sextiotusen svenskar efter beslut av medicinalstyrelsen. Sverige är det andra landet efter Hitlertyskland som har utfört flest steriliseringar. Antalet steriliseringar i Sverige ökade efter andra världskriget.

Det är framför allt två saker som slår mig när jag läser Lindquists bok. Den första är den omisskännliga "samhällsförbättrariver" varmed politiskt inflytelserika personer, däribland några av den moderna socialdemokratins stora ideologer, förordade sterilisering. De nöjde sig inte med att uttala sig positivt om steriliseringslagen utan ville ha strängast möjliga tillämpning, långt utöver lagen. Den andra är samtalen med de personer bland "arvshygienens" offer som Bosse Lindquist lyckats intervjua. Här möter vi människor som har levt helt normala, välanpassade liv efter att mer eller mindre ha tvingats till en sterilisering. Lindquist har spårat upp dem med hjälp av medicinalstyrelsens register. Själva har de som regel skämts för och tigit om sina erfarenheter. Endast några få av dem var villiga att ställa upp för samtal och publicering.

De intervjuade kom som regel från svåra barndomsmiljöer. En flicka, vars far var alkoholist och vars mor dog när hon var tre år, hamnade hos fosterföräldrar som inte heller kunde erbjuda en bra hemmiljö. Gripen för snatteri tillsammans med sina kamrater skickades hon vid tio års ålder till "ett barnhem för vanartiga flickor". Lindquist fann att diagnosen sinnesslö lätt stämplades på 30- och 40-talens problembarn. Många var föräldralösa. Somliga var psykiskt utvecklingsstörda. "Efterbliven" var en annan ofta återkommande diagnos. Den ställdes av många olika anledningar.

* Se även: Broberg, G., och Tydén, M.: *Oönskade i folkhemmet. Rashygien och sterilisering i Sverige* (1991).

Det var ofta fråga om pojkar som snattat eller skolkat. Många kom från trasiga och fattiga miljöer. Värst behandlades kategorin "samhällsbarn", vilkas uppehälle bekostades ur allmänna medel.

Efter en tid vid internatskola eller på ungdomshem uppmanades ungdomarna att skriva på en steriliseringsansökan. De skulle bli tvungna att stanna kvar på skolan eller hemmet på obestämd tid om de vägrade. Det var, sades det, fråga om en lätt och nästan smärtfri liten operation. De skulle visserligen inte få några barn, men vad spelade det för roll när de knappast var i stånd att klara sig själva? Man fick även inhämta föräldrarnas tillstånd om sådana fanns att tillgå. De flesta skrev på utan vidare.

Man förklarade aldrig för ungdomarna varför de skulle steriliseras. Några exempel på uttalanden bland Lindquists intervjusvar: "Det var en sak som måste göras för att vi skulle bli friskskrivna för att komma ut från skolan." "Vi fick välja att gå kvar på skolan eller också göra detta." "De sade inte sterilisering utan att vi skulle opereras."

Lindquist har även intervjuat personer som företrädde steriliseringsideologin eller svarade för ingreppen vid den aktuella tidpunkten. De framhöll att de handlade i linje med den rådande tidsandan och ansåg att allt skedde i de steriliserade personernas bästa intresse. Ingreppet skulle skydda dem själva, spara utgifter och förebygga att "belastade" efterkommande fick möta ett svårt liv. Steriliseringen var en självklarhet, den ifrågasattes aldrig.

Tidsandan återspeglas också av många skrifter och uttalanden som härstammar från politiskt och ideologiskt tongivande personer. Deras iver ter sig skrämmande idag.

Makarna Alva och Gunnar Myrdal exemplifierar detta i ett häpnadsväckande kapitel om sterilisering i boken *Kris i befolkningsfrågan* (1935). De förordar där frivillig och under vissa omständigheter även tvångsmässig sterilisering. De skiljer mellan "rashygieniska" och "socialpedagogiska" målsättningar. Det rashygieniska syftet är att ”utrota all slags fysisk och psykisk mindervärdighet inom befolkningen, både sinnesslöhet och sinnessjukdom, kroppsliga sjukdomar och dåliga karaktärsanlag”. Förespråkarna medger att ärftlighetsforskningen ännu inte har några metoder att identifiera ”bärarna av de oönskliga anlagen” samt att även miljöfaktorer kan spela en viktig roll. Makarna Myrdal kritiserar dock inställningen att en ”rashygieniskt motiverad åtgärd” endast skall komma i fråga ”om sannolikheten för allvarlig sjukdom eller defekt gränsar nästan till säkerhet”. I så fall blir ”området för steriliseringsingrepp... mycket trångt”. De hoppas att utvecklingen tvärtom skall gå i riktning ”mot ett utvidgande av området för steriliseringsingrepp”. De tror att ”den allmänna rättsuppfattningen skall förändras att godtaga ingrepp även där sjukdomsrisken inte är fullt så allvarlig”.

I sin ambition att skapa en präktig befolkning, och/eller i sin omsorg om statens finanser, går makarna Myrdal ännu längre. De skriver att ”... socialpedagogiska skäl för sterilisering tala i och för sig för en utvidgning av ingreppsområdet och för att även en mindre ärftlighetsrisk skall godtagas såsom steriliseringsförutsättning. De individer, mot vilka ett tvångsmässigt steriliseringsförfarande skulle behöva vidtagas... erbjuda vanligen sina barn en uppenbart olämplig uppfostringsmiljö och kunna därför mindre räkna med att samhället skall ha försyn för deras 'rätt' av dessa barn.”

Myrdals diskuterar den 1934 antagna lagtexten och särskilt följande passus: ”Kan med skäl antagas att någon, som lider av sinnessjukdom, sinnesslöhet eller annan rubbning av själsverksamheten, är på den grund för framtiden ur stånd att handhava vårdnaden av sina barn eller kommer att genom arvsanlag på avkomlingar överföra sinnessjukdom eller sinnesslöhet, må utan hans samtycke steriliseringen enligt denna lag å honom företagas, där han på grund av sin rubbade själsverksamhet varaktigt saknar förmåga att lämna giltigt samtycke till åtgärden.” Makarna

Myrdal kommenterar att effekten av denna lag "... beror först och främst på hur strängt den tillämpas, dvs. hur ofta steriliseringsmöjligheten tillvaratas. Ett önskemål både från socialpedagogisk och arvsbiologisk synpunkt är därför till en början en så sträng lagtillämpning som möjligt. I de fall där rättskapacitet icke kan förnekas, trots att eljest förutsättningarna för sterilisering äro för handen, böra läkare och sociala myndigheter vara verksamma för att förmå vederbörande att frivilligt underkasta sig sterilisering. Visar sig denna påtryckning i alltför många fall ineffektiv, så bör en skärpning av steriliseringslagen övervägas, innebärande rätt för samhällets organ att också mot deras vilja sterilisera även rättskapabla."

Efter att ha läst samtalen med de olyckligt lottade människor, som utan all verklig anledning berövats sin reproduktionsförmåga och därmed åsamkats en livslång fysisk och psykisk skada men trots detta levt normala och ofta produktiva liv, kan man med en viss bitterhet konstatera att makarna Myrdals intentioner har verkställts med häpnadsväckande flit. Även om man skriver en del av denna flit på tidsandans räkning, häpnar man över överhetsfasonerna, självgodheten, mobbningsivern, hyckleriet eller, med andra ord, den otroliga arrogans som döljer sig bakom den samhällstillvända försynthetens mask.

Eugenikens tillämpningar i Sverige verkar vidriga sedda från dagens horisont, men i jämförelse med Hitlertyskland ter de sig som barnlekar. I Tyskland smälte eugeniken ihop med den politiskt styrda, av staten sanktionerade antisemitismen och fördes strax efter krigsutbrottet till sin yttersta logiska konsekvens: det industriellt upplagda folkmordet.

Auschwitz och de övriga förintelselägren som en del nazister kallade för "världens ändtarm"* kan ses som slutstationen för den oheliga alliansen mellan tanken att männi-

* Se, "Helvetesresenärens återstående fasa", i Klein, G.: *Pietà* (1992), s. 133-169.

skan kan kontrollera sin egen genetiska framtid och förvirrade, av nationalistiska, religiösa eller politiska fördomar präglade pseudovetenskapliga idéer om överlägsna och underlägsna "människoraser".

Den bayerske minister som strax efter det nazistiska maktövertagandet fastslog att "nationalsocialism är tillämpad biologi"*, har sammanfattat den perversa ideologin i klartext. Kombinationen med den paranoiska form av antisemitism som Hitler representerade kan visserligen ses som en olyckshändelse, men det med tysk noggrannhet genomdrivna praktiska resultatet är inte ologiskt. Förintelsen är den yttersta slutsatsen av den kurs man hade valt, dess genomförande var kronan på verket.

Utrotningen av "genetiskt" respektive "rasbiologiskt" "mindervärdiga" började på mentalsjukhusen och vid de psykiatriska klinikerna. Läkare i vita rockar mördade själva sina patienter. Man ansåg att de dödsdömda skulle ha levt "ett icke livsvärdigt liv" (*ein lebensunwertes Leben*). De "beviljades" därför en "nådedöd" (*Gnadentod*). Efter krigets utbrott svällde mördandet till gigantiska proportioner och utvidgades snabbt till judar och zigenare. Den vid Wannseekonferensen i Berlin 1942 fastslagna "slutgiltiga lösningen" bestod i inget mindre än att förinta alla judar i hela Europa.

Lysenkoismen

"Den sovjetiska genetikens historia under perioden 1937-1964 är kanske det mest bisarra kapitlet i den moderna vetenskapens historia. I ett samhälle som har bestämt sig för att förbättra arbetarnas och böndernas lott har en obildad och fanatisk charlatan tillåtits utöva absolut diktatorisk kontroll över såväl biologisk forskning som praktiskt lantbruk.

* Müller-Hill, B.: *Tödliche Wissenschaft* (1984).

Detta har inte bara stoppat vetenskapens utveckling utan hade en destruktiv inverkan på Sovjetunionens samhällsekonomi. För yttervärlden var det fullständigt obegripligt hur ett land som hade utvecklat en kärnvapenkapacitet som tävlade med Förenta Staternas och som hade kunnat placera sig i frontlinjen för rymdens utforskning kunde anförtro sina grundläggande jordbruksresurser åt en uppenbar charlatan."*

Nazisternas kriminella förvrängning av genetik och biologi var ingen engångsföreteelse. Genetiken for mycket illa även i Stalins Sovjet, fast på ett helt annat sätt. Den form av pseudovetenskap som kan identifieras med namnet Lysenko drabbade ett mindre antal människor, men den kostade några av landets bästa genetiker livet och den präglades av samma grymma och verklighetsfientliga obönhörlighet som den nazistiska pseudobiologin. Den sinnessvaga premieringen av en förvirrad doktrinär ideologi framför naturens verklighet har även fått förödande konsekvenser för det sovjetiska jordbruket.

Den makabra "utvecklingen" kulminerade vid ett möte inom det sovjetiska kommunistpartiets centralkommitté 1948, då Lysenkos felaktiga teorier fick officiell status och de sovjetiska vetenskapsmännen beordrades att arbeta endast inom deras ram. Därmed gjorde man Lysenko till envåldshärskare inom den sovjetiska biologin och gav honom fria händer att bokstavligen likvidera sina kritiker, vilket han också gjorde. Händelsen hade dock en ganska lång förhistoria som kort rekapituleras här.**

Lysenko började som växtfysiolog. Någon genetisk utbildning hade han aldrig fått. Under det tidiga 1930-talet stöddes hans fysiologiska arbete av N.I. Vavilov, som var

* Ur förord av Michael Lerner till Zhore A. Medvedev: *The Rise and Fall of T.D. Lysenko* (1969). Övers. av G. Klein.

** För fler detaljer se Roll-Hansen, N.: *Annals of Science* 42:261-278, 1985; samt Z.A. Medvedev, a. a.

Sovjetunionens störste genetiker. Redan i början av 1920-talet ansågs Vavilov som den viktigaste ledaren och nyskaparen inom den sovjetiska jordbruksvetenskapen.

Lysenkos okritiska och overifierbara experiment som blev grunden för hans felaktiga tes att förvärvade egenskaper kan bli ärftliga presenterades 1929 och togs emot med stor folklig entusiasm. Denna omedelbara framgång kan sättas i samband med vissa historiska omständigheter. Man befann sig i början av Stalins första femårsplan. Tvångskollektiviseringen hade inletts. Det rådde stor brist på spannmål. Lysenko erbjöd en snabb mirakellösning. Dessutom var han en bondson som framträdde vid en tidpunkt då man såg med stor misstänksamhet på de borgerliga vetenskapsmännen. Partiorganet Pravda uttryckte stor uppskattning och kallade Lysenko för barfotaprofessor.

Lysenko hade sitt starkaste stöd inom jordbrukets byråkratier. Hans löften stämde väl överens med deras illusioner. De hyllade "den nya vetenskapen" som skulle överbrygga den för traditionell "borgerlig vetenskap" karakteristiska klyftan mellan teori och praktik. Detta måste ses i belysning av marxismens vetenskapsfilosofi, och särskilt dess kulturrelativism, som förutsätter en skillnad mellan borgerlig och socialistisk vetenskap och därigenom blandar från början ihop politiska och vetenskapliga argument. Den naturvetenskapligt okunniga allmänheten, inklusive de politiska ledarna, insåg inte den avgörande skillnaden mellan hypoteser och experimentellt etablerade fakta. Man utgick från att teorin redan var bevisad. Den traditionella vetenskapen misstänkliggjordes.

År 1935 har Lysenko lyckats fånga Stalins intresse. Snart därefter blev han medlem av den sovjetiska jordbruksvetenskapsakademien, den dominerande institutionen på området. Samtidigt växte oppositionen från vetenskapsmännens sida. Lysenko accepterade inte kromosom- och genteorin och hans uppenbara brist på kunskaper gjorde honom löjlig bland genetikerna, som inte insåg hur allvarlig deras egen situation höll på att bli. Ju mindre roll Lysenko spelade i den vetenskapliga diskussionen, desto mer entusiastiskt hyllades han av de många hundra ”jordbruksexperter”, bönder och andra lekmän som brukade infinna sig när han föreläste.

Under 1936 blev konfrontationen mellan vetenskap och populism allt tydligare. Akademiens presidium ställde sig mycket kritiskt till Lysenkos s.k. genetik. Trots hans popularitet hos politikerna och lekmännen anade vetenskapsmännen ännu inte någon direkt fara. Deras situation ändrades dock tvärt 1937 då Lysenkos kritiker började arresteras. Akademipresidenten Muralov var den förste. Hans efterträdare, Meister, gick samma öde till mötes några månader senare.

I februari 1938 utnämndes Lysenko själv till president för jordbruksvetenskapsakademien. Därmed ökade hans propagandaplattform högst avsevärt. Politikens dominans över den biologiska vetenskapen var nu ett faktum. Partiets representanter förklarade att den traditionella distinktionen mellan hypoteser och fakta, ideologiska värderingar och experimentella resultat samt kraven på kontrollerade experiment var värdelösa borgerliga dogmer. Man tillade hotfullt att de lätt kunde urarta till sovjetfientliga och kontrarevolutionära aktiviteter som leddes av västerländska ideologiers lakejer.

Samma år, 1938, blev beskyllningarna mot genetikerna med Vavilov i spetsen fullständigt hejdlösa. De kallades reaktionärer, idealister, folkets fiender som gick i Gœbbels och andra fascisters ledband. Det var en medveten, organiserad kampanj vars målsättning var att svartmåla Lysenkos kritiker. Man ville att de skulle framstå som kriminella personer, vilka var mogna för polisiära åtgärder och förtjänade hård bestraffning.

Vavilov stod emot anklagelserna med stor värdighet. I ett tal 1939 förklarade han att man var i färd med att bränna honom på bål men att han inte ämnade överge vetenskapens principer. Vetenskap måste grundas på experiment och inte på ideologiska trossatser. Någon månad senare anklagades han för "trotskism" och "mensjevikisk idealism". Han svarade med en beskrivning av den ökande klyftan mellan Lysenkos pseudogenetik och ärftlighetslärans snabba utveckling i väst.

Vavilovs motståndare med Lysenko i spetsen var vid denna tid redan ytterst irriterade över det ökande erkännande han fick i väst. Kulmen nåddes då Vavilov valdes till president för den internationella genetikkongressen i Edinburgh. Han fick inget utresetillstånd. På hemmaplan blev hans situation allt omöjligare. Hans institution tillhörde jordbruksakademien och dess president, Lysenko, var hans chef.

I augusti 1940 arresterades Vavilov. Han greps under experimentellt fältarbete i Ukraina, framför ögonen på sina kolleger och expeditionsmedlemmar. Strax därefter arresterades även hans närmaste medarbetare och vänner. Vavilov dömdes i juli 1941 till döden av en militärdomstol för att han "spionerat för England, tillhört en högerinriktad konspiration, saboterat jordbruket och upprätthållit kontakter med vitryska emigranter". Han förnekade sin skuld på samtliga anklagelsepunkter. Hans anhållan om ny prövning av domen avslogs men hans dödsdom förvandlades några månader senare till tre års fängelse. Han överlevde dock inte mer än ett år i fängelse och dog i januari 1943. I september 1955 rehabiliterades han av Sovjetunionens högsta domstol, som konstaterade att "varje bevis saknades" för att han skulle ha begått de brott han dömts för.

Det gick lika illa för kommittén som skulle ha organiserat den internationella genetikerkongressen i Moskva 1937, vilken senare inställdes. Ordföranden Muralov arresterades, som nämnts. Kongressens generalsekreterare, Levit, avrättades. Bland kommittémedlemmarna arresterades Gorbunov, Meister och Karpetjenko. Kolzov förlorade sin ställning och dog snart därefter.

Idag avfärdar man lysenkoismen som en bisarr episod under det absurda Sovjetsystemet som höll på att gräva sin egen grav. Man bör dock inte förbise de viktiga lärdomar som kan dras ur den. Vetenskapsmännens beteende under ett starkt politiskt tryck är särskilt intressant, liksom förhållandet mellan politisk styrning och vetenskap överhuvudtaget. Västerländska kommunistiska vetenskapsmäns reaktioner, respektive uteblivna reaktioner, på förföljelsen av ryska genetiker och på förvrängningen av deras vetenskap är en annan viktig aspekt. Men innan vi går in på dessa frågor kan vi ställa nazismens och stalinismens missbruk av genetiken i kontrast mot varandra.

Två versioner av Inferno: pseudogenetiken i Hitlers skugga och i Stalins

Hitler och hans anhang utnyttjade och förvrängde genetiken för att lägga en ”vetenskaplig” dimridå över sin extrema antisemitism och rasism, som enligt Hitlers öppet förklarade intentioner redan från början syftade till massmord. De stödde sig på två starka pelare i det existerande samhällsklimatet: vetenskapens och medicinens högt respekterade status i det tyska samhället och eugenikens världsomfattande legitimitet.

Vid sidan av den vedertagna biologin, som arbetade vidare enligt sina egna inomvetenskapliga kriterier, och till synes inom dem, byggde de med alltför villiga humangenetikers, antropologers och psykiatrikers bistånd upp en omfattande pseudovetenskap, som i allt större utsträckning förlorade kontakten med verkligheten.* En del av denna pseudovetenskaps företrädare började sin bana som goda eller åtminstone godtagbara vetenskapsmän, men de lät sig korrumperas av makten och dit hörande förmåner. Ju mer de

* Müller-Hill, B.: *Tödliche Wissenschaft* (1984).

satsade på rasbiologin, desto villigare blev de att kasta vetenskapliga principer överbord. Frånsett avskedandet av alla judiska vetenskapsmän gjordes inga försök från regeringens sida att av ideologiska skäl blanda sig i biologins och övriga naturvetenskapers inriktning eller innehåll, utom på det direkt berörda "rasbiologiområdet". Man kan kanske se Hitlers personliga antipati mot "den judiska fysiken", dvs. relativitetsteorin och kärnfysiken, som ett möjligt undantag. Den närdes av Einsteins och några andra stora teoretiska fysikers judiskhet och underblåstes skickligt av medelmåttiga "ariska fysiker", som själva ville ta de judiska fysikernas plats. Det var en av anledningarna till att kärnfysikens utveckling hindrades i Tyskland.

Lysenkoismen krävde och fick en absolut dominans över hela den sovjetiska biologin. Dess ideologi var inte bara felaktig från vetenskaplig synpunkt. Den hade en rad absurda aspekter även inom sina egna referensramar. Om det hade varit sant att människans arvsmassa kunde "förädlas" genom träning, skulle det ha inneburit att personer som växte upp under goda omständigheter rimligen blev genetiskt överlägsna de lägre klasserna, som kommunismen påstod sig vilja befria från deras ok. Den logiskt självklara slutsatsen, att de lägre klasserna i så fall var genetiskt underlägsna, drogs dock aldrig av partiideologerna.

Ett annat logiskt problem klarade de dock med en bravur som skulle ha hedrat medeltidens mest raffinerade skolastiker. De kunde inte förneka betydelsen av selektion inom växtförädlingen och husdjursaveln. De kunde inte heller komma ifrån att de förhistoriska människorna hade utfört gigantiska biologiska experiment när de förädlade kulturväxterna och tämjde husdjuren. Skulle olika lagar gälla för människor och djur? Partiideologerna besvarade denna fråga med ett *tveklöst JA*. Skillnaden skulle bero på människans centrala nervsystem, som enligt deras uppfattning kunde påverka och förändra alla kroppens celler, inklusive könscellerna. De flesta sjukdomar, även cancer och tuberkulos, skulle bero på rubbningar i det centrala nervsystemet. Man förnekade följaktligen att cancer var en cellsjukdom och att tuberkelbacillen hade något med tuberkulosens uppkomst att göra.

I motsats till genteorin och kromosomforskningen, som helt förkastades av Lysenko, var cellmorfologin enligt honom en viktig vetenskap. Ärftligheten skulle på något mystiskt sätt påverkas av mötet mellan cellen och dess miljö. Cellens egenskaper skulle genom omgivningens förändringar kunna påverkas på ett stabilt, ärftligt sätt.

Lysenko hånade genetikernas mutationsteori. Hur kunde en mutation, som drabbar en gen en gång vart tiotusende eller hundratusende år, utgöra underlaget för den variation som evolutionen kan ha använt som sitt verktyg, frågade han spydigt. Så långsamma förändringar var inte heller förenliga med den ”dialektiska materialismen”, som biologerna skulle rätta sig efter enligt partiets direktiv.

I sitt dundrande propagandatal vid det av honom själv organiserade mötet den 7 augusti 1948, då Lysenko inför 700 av sina anhängare och ett dussintal ännu kvarvarande genetiker förklarade att partiets centralkommitté hade ”prövat” hans teori och accepterat den officiellt, gick han till ett långt och giftigt anfall mot ”mendelismen–morganismen”, dvs. den vetenskapliga genetiken. Han yttrade bl. a.:

> ”Mendelismen–morganismen bygger uteslutande på slumpen. Därmed strider denna ’vetenskap’ mot den levande naturens nödvändiga sammanhang och dömer det praktiska arbetet till ett passivt väntande. En sådan vetenskap är ineffektiv. Den omöjliggör varje form av planerat arbete, har ingen målmedveten praxis och inget vetenskapligt förutseende. Den... förtjänar inte att kallas vetenskap (applåder). Fysiken och kemin... befriade sig från tillfälligheter och blev därmed exakta vetenskaper. Den levande naturen har utvecklats och fortsätter att utvecklas på grundval av den strängaste lagbundenhet...

När vi eliminerar mendelismen–morganismen–weissmanismen ur vår vetenskap, avlägsnar vi tillfälligheterna ur biologin (applåder). Vi måste vara starkt medvetna om att tillfälligheterna är fiender till all vetenskap (stormande applåder)."

I det fortsatta, mycket långa talet övergick Lysenko sedan till en hyllning av Michurin, Lenin och Stalin. Avslutningsvis tackade han Stalin som vetenskapens vän och alla vetenskapsmäns ledare och lärare.

Efter mötets avslutning beordrade ministern för högskolorna, Kaftanov, att alla bananflugestammar skulle förstöras, tillsammans med läroböckerna i genetik, och att alla "kromosomteorins anhängare" skulle avskedas. Så skedde också, med undantag för några som offentligen hade "förnekat" sin tro på kromosomteorin.

Märkligt nog verkade Lysenkos absurda argumentering att tilltala många lekmän. På grund av verklig eller opportunistisk partilojalitet ville de se Lysenko och hans "michurinbiologi" i positivt ljus. Ur idéhistorisk synvinkel är det intressant att notera hur lätt det är att råka ut för allvarliga tankefel när man som lekman försöker ta ställning till stora tal – t. ex. effekten av mutationer som förekommer i stora populationer och över långa tidsperioder – genom att använda sitt "sunda förnuft" i stället för att förlita sig på exakta beräkningar. Vill man rättfärdiga en ideologiskt eller politiskt betingad förutfattad mening kan man hamna var som helst.

Lysenkos uppgift att en gen enligt genteorin muterar en gång vart tiotusende eller hundratusende år är fullkomligt irrelevant, om någon överhuvudtaget har gjort en sådan beräkning. Man måste framför allt klargöra vad man talar om och bl. a. definiera mängden av celler, antalet relevanta gener och antalet celldelningar som ingår i modellen. Det är mycket lätt att selektivt anrika organismer eller celler med en viss mutation, även om endast en muterad cell förekommer bland många miljoner eller miljarder, under förutsättning att mutationen har ett "selektivt värde", dvs. att mutanten överlever eller förökar sig bättre under de givna miljöbetingelserna. Även mycket sällsynta mutationers frekvens kan öka drastiskt efter bestrålning eller behandling med mutationsframkallande kemiska ämnen. Mutationerna ger därför ett fullgott underlag för omfattande biologiska förändringar, inklusive uppkomsten av nya arter. Vore celler så lättföränderliga som Lysenkos "dialektiska materialism" krävde, skulle det överhuvudtaget inte finnas några stabila arter. Alla varelser skulle vara lika formbara som modellera.

Liknande tankefel och därav följande ytliga men emotionellt laddade argument är ett favoritvapen även hos våra dagars förnekare av vetenskapliga fakta. Framförs de med tillräcklig övertygelse och i en form som tilltalar den breda allmänheten, kan även rena absurditeter vinna gehör hos personer som saknar kunskaper i ämnet. Det gäller särskilt om irrlärans företrädare gör ett gott intryck vid sina framträdanden och kombinerar sitt välkomna budskap med beskyllningar mot "etablissemanget", som påstås vilja undertrycka det för att bevara den egna maktpositionen.

Den högljudda kampanj som förs av den en gång framstående virologen Peter Duesberg mot den vetenskapligt solitt etablerade slutsatsen att HIV orsakar aids, är ett aktuellt exempel på detta.* Duesberg skjuter bl.a. in sig på det faktum att HIV kan påvisas endast i en mycket liten proportion av den klass av immunsystemets lymfocyter som till slut förstörs av sjukdomen – kanske en på miljonen. Med hänvisning till sina egna, ej klart definierade "vetenskapsteoretiska" skäl, som har lika liten kontakt med den biologiska verkligheten som Lysenkos dialektiska materialism, "kräver" Duesberg att ett sjukdomsframkallande virus skall infektera de flesta om inte alla celler inom den drabbade väv-

* Se ledarartikel i *Nature* 366:493-494, 1993.

naden. Han bortser då helt från de många immunologiska och icke-immunologiska (t.ex. signalerande) funktioner varmed immunsystemets celler kan påverka varandra.

Precis som Lysenko underkände den stora mängd av solid information som gen- och kromosomteorin redan vid den aktuella tidpunkten kunde stödja sig på, ignorerar Duesberg de omfattande epidemiologiska, kliniska och experimentella studier som bortom allt tvivel har etablerat sambandet mellan HIV och aids. Lekmannen som inte kan bilda sig någon uppfattning om faktaunderlaget vilseleds lätt.

Kreationisterna, som av religiösa eller emotionella skäl, håller fast vid den bibliska skapelseberättelsen, är ett annat exempel. De försöker ofta misskreditera evolutionsläran genom att använda sig av ytliga men för den biologiskt oskolade betraktaren plausibla metaforer: Du promenerar på en badstrand och hittar en klocka i sanden. Skulle du någonsin komma på tanken att klockans beståndsdelar hade hittat varandra av en slump, att de blåsts ihop av vinden? Självfallet utgår du från att det har funnits en urmakare. Eftersom komplexiteten hos allt levande är motsatsen till det tillfälliga och slumpartade, har man ganska lätt att "motbevisa" en för resonemanget anpassad "evolutionslära" som påstås bygga helt på slumpen, när man talar till biologiskt naiva åhörare. Men argumentet bygger på en förvrängning.

Darwins evolutionslära bygger inte på "slumpen". Den bygger på mutation och *selektiv* överlevnad. Mutationer som medför en aldrig så liten förbättring av organismens överlevnads- och reproduktionschanser har ett selektivt värde och tenderar att anrikas i artens genpool. Räknar man med evolutionärt betydelsefulla tidslängder på miljoner år och med det stora antalet individer som deltar i den reproduktiva processen i varje art, finns ingenting oförklarligt eller svårbegripligt i arternas darwinistiska utveckling. Våra svårigheter att förstå detta kan ses mot bakgrund av vår hjärnas tidsbegrepp.* Våra subjektiva sannolikhetsbedömningar har *evolverat* så att de fyller våra behov under vår begränsade livstid. De kan lätt råka ut för optiska villor när vi betraktar arternas utveckling med vårt ”sunda förnuft”.

Hur reagerade de ryska genetikerna när det solida, på observation och experiment grundade fundamentet för deras vetenskap annullerades av kommunistpartiets centralkommitté under stalinismens glansdagar, då varje opposition mot officiella teorier försatte fritänkaren och hans familj i omedelbar livsfara?

Man kan i stort urskilja tre slag av reaktioner. En del följde ordern och förrådde sin vetenskap. Somliga av dem sade ja och amen till allt men utförde endast låtsasförsök, medan andra blev nonsensdoktrinens entusiastiska banerförare och kastade alla krav på objektiva observationer och logiska resonemang överbord. Den andra kategorin övergick till mindre farliga områden, exempelvis patologi eller strålbiologi. Några av dem återvände till genetiken efter Stalins död. Den tredje och minsta kategorin är de mest intressanta. De förblev lojala mot sin vetenskap och gick i likhet med Vavilov sitt fördärv till mötes. Deras värdiga och ibland rentav passionerade motstånd påminner om de stora ryska poeternas, om en Mandelstam, Achmatova eller Tsvetajeva som envisades med att skriva sin i ord eller andemening dissidenta poesi trots konsekvenserna. Mandelstam har själv kallat poeternas besatthet för ”näktergalsfeber”. Han syftade på legenden om näktergalen som pressar sitt bröst mot törnet medan han sjunger, ända tills han dör.

Hur reagerade de marxistiska vetenskapsmännen i väst? Naturligt nog genomskådade genetikerna bedrägeriet från början. Många andra intellektuella, inklusive den stora engelske fysikern Bernal, gjorde inte det, i varje fall inte till en början. I själva Sovjet föregick dock matematikerna och fysikerna med gott exempel under den poststalinistiska perio-

* Se bl. a. Dawkins, R.: *The Blind Watchmaker* (1986).

den, då kritik mot Lysenko blev möjlig om än farlig. Själv minns jag följande episod från min första Moskvaresa 1965:

En av mina ryska kolleger från det sovjetiska cancerinstitutet tog mig till en konsert. I pausen presenterades jag för en kortväxt herre i övre medelåldern. Det var Isidor Gelfand, en av Sovjets största matematiker. Han hade aldrig sett mig tidigare. Vi hade en artig, intetsägande konversation. När klockan ringde och kungjorde att pausen var slut, grep han plötsligt min arm och pressade mig bokstavligen in i ett hörn. Säg mig – sade han med låg röst – hur kommer det sig att matematik, fysik och kemi är så starka i vårt land, men biologin är så svag?

Förbipasserande började vinka till oss att vi borde gå in i salongen.

Jag trodde att orsakerna till detta nu hade blivit uppenbara även i Sovjetunionen, svarade jag lågmält, men med eftertryck.

Är det huvudorsaken? frågade han lika lågmält. Han förstod tydligen omedelbart vad jag menade. Det krävdes inga namn, inga förklaringar.

Det är en av de viktigaste orsakerna, om inte den viktigaste, svarade jag.

Tack, svarade han. Jag trodde att det var så, men jag ville få det bekräftat.

Vi sågs aldrig mera.

Senare blev Sacharov och andra framstående fysiker Lysenkos starkaste och mest orädda kritiker. Man kan förmoda att deras vana att tänka vetenskapligt samt deras kontakter med utländska kolleger och med ryska biologer som förblev öppet eller hemligt trogna sin vetenskap hjälpte till att öppna deras ögon.

Mera förvånansvärt är hur länge några av de mest framstående kommunistiska intellektuella i väster kunde hålla sig kvar i träsket.

Den franske författaren och filosofen Louis Aragon gick kanske längst i sitt reservationslösa stöd av Lysenko. Hans uttalanden visar hur en humanistiskt högt bildad person kan missförstå naturvetenskap och hur fullständigt hans ideologiska hemvist förvanskar och förvränger hans resonemang. I linje med den officiella sovjetiska propagandan pekade han på Mendels livslånga bana som munk och på Morgans rika föräldrar när han avfärdade deras arbeten som "borgerlig vetenskap". Den kapitalistiska ideologin hade hindrat skapandet av en "ren, vetenskaplig biologi". Vetenskapsmän med en dylik bakgrund kunde, enligt Aragon, inte göra "viktiga upptäckter vars grundlagar de av sociologiska orsaker inte kan erkänna". Enligt Aragons spegelvändning av verkligheten var det inte kommunisten Lysenko som politiserade genetiken, utan "de borgerliga vetenskapsmännen". Men han gick ännu längre då han hyllade Lysenkos och det sovjetiska partiets beslut att avvisa "de politiserade kromosomerna". De var bara ett verktyg. Kapitalisterna försökte skapa en falsk och ogrundad teori vars syfte var att befästa klassamhället.

Aragon och andra kommunistiska författare i väst har således projicerat sin egen absurda strävan att bygga naturvetenskapen på en politisk ideologi på dem som försökte förstå verkligheten med hjälp av observation och experiment. Har man accepterat tesen att all vetenskap endast är ett instrument i klasskampen, kan man lätt frikoppla sig från både naturens och den experimentella metodens verklighet.

I östblockets satellitländer med en relativt god vetenskaplig tradition har genetikens och genetikernas öde varierat, beroende på enskilda personligheter inom vetenskapen och politiken. Officiellt var Lysenkoteorin lika obligatorisk där som i Sovjetunionen och den rena genetiken förtrycktes, fast inte nödvändigtvis med samma drastiska metoder. I två länder var dock situationen en annan. I Östtyskland fortsatte man med den vetenskapliga genetiken och ignorerade i stort sett Lysenko. Det lär ha berott på en eller två professorers skickliga motståndstaktik i kombination med deras stora auktoritet. I Tjeckoslovakien skrev Milan Hašek, biolog och övertygad kommunist, en bok om "Michurinbiologi", som helt följde den officiella linjen. Hašek var dock en skicklig experimentator. För att bevisa att förvärvade egenskaper kunde bli ärftliga kopplade han ihop blodcirkulationen mellan höns- och kalkonfoster medan de befann sig i ägget. Han väntade sig att fåglarnas genetiska egenskaper skulle ändras genom att de fick gemensam cirkulation. Så blev det inte men kycklingarna blev "kimeriska": deras benmärg och blod kom att bestå av en blandning av båda arternas celler. Detta hade viktiga konsekvenser, men inte för ärftligheten utan för den immunologiska reaktiviteten. Det är svårt att veta om Hašek skulle ha insett detta utan hjälp utifrån. Men han fick oväntad hjälp. Eftersom han var en god kommunist, tillhörde han de få gynnade som fick delta i internationella konferenser. Vid ett embryologiskt symposium 1954 träffade han den senare Nobelpristagaren Peter Medawar och hans unge elev, Leslie Brent. Tillsammans med en annan medarbetare, Rupert Billingham, redovisade Medawar och Brent sina experiment rörande "immunologisk tolerans". De hade ympat musfoster med celler ur en främmande stam, medan fostren var i livmodern, och fann att dessa möss senare i livet förlorade förmågan att reagera mot vävnadstransplantat ur givarstammen. Hašek hade lyssnat på deras föredrag och undersökte efter hemkomsten sina höns/kalkonkimärer på motsvarande sätt. Han fann att de accepterade transplantat från båda arterna. Från denna tidpunkt slutade Hašek att tala om Lysenko. Med utgångspunkt från sina toleransarbeten byggde han upp den bästa immunologisk-genetiska institutionen i hela östblocket. Han förblev dock kommunist fram till 1968, då den ryska ockupationen av hans land och behandlingen av Dubček öppnade hans ögon. Efter den ryska inmarschen hamnade han i fängelse för sitt stöd till reformkommunisterna under Pragvåren.

Följande ord av Benno Müller-Hill, tagna ur ett föredrag,* kan bäst avsluta avsnittet om den svartaste perioden i genetikens och den ryska vetenskapens historia (min översättning):

"Jag har berättat om Lysenkoaffären, eftersom det var en process som förtjänar att analyseras i detalj. En bonde uppträder i ett socialistiskt land och säger att teori och praktik måste förenas inom jordbruksvetenskapen. Endast detta kan skydda oss mot 'idealismen'. Professorerna och akademikerna sägs endast hålla på med sina käpphästar, på långt avstånd från folket. Bonden betraktas som en kulturrevolutionär. Han använder den historiska materialismens ord utan att förstå dem. Han har inte läst den genetiska litteraturen. Han lever i en begreppsvärld som liknar Aristoteles': han vet ingenting om sannolikhet, bara om sträng kausalitet. Han erkänner inga gener, anser allting som ärftligt material. Han vet att det finns materia, men vet ingenting om molekyler. Han säger att växter är så klyftiga att de kan ställa in sig enligt omvärldens krav och föra lärdomarna vidare till sin avkomma. Växterna kan lära sig, säger han. Men han lär sig inte. Han lovar enorma framsteg, medan andra lovar lite. Hans löften tas på allvar. De utlovade 'praktiska resultaten' tas emot med önsketänkande i stället för kritisk granskning. Varje nederlag bemöts med snabba och falska bortförklaringar. Han kallar sina kritiker för sabotörer. Och till slut når han sitt mål. Han och hans anhang bestämmer allt inom jordbruksvetenskapen, de delar ut priser, ordnar, pengar och sommarhus till varandra, utan att påverkas eller besväras av verkligheten. I 37 år, från 1927 till 1964, bestämmer han allt som får göras inom jordbruksvetenskapen och har en nästan fullkomlig bestämmanderätt över vad som får skrivas.

* Müller-Hill, B.: Vom historischen Materialismus Engels' zum Lamarckismus Lysenkos, i: *Die Philosophen und das Lebendige* (1981), s. 107.

Det var förhållandena i Sovjetunionen som skapade honom. Man led svår materiell nöd. Man hade inget förtroende för sina vetenskapsmän och inte heller för medborgarna i allmänhet. Det fanns ingen yttrandefrihet och man saknade produktkontroll inom alla områden. Framför allt saknade man demokrati. I stället fattade man centraliserade, godtyckliga beslut rörande allting. Under vissa perioder rådde fullständig rättslöshet, och man drog sig inte för att återinföra slaveriet som en ekonomisk faktor."

Mullers bannstråle

Den första viktiga internationella manifestationen mot Lysenko och hans hänsynslösa kampanj mot de sovjetiska genetikerna kom vid den internationella genetikerkongressen i Stockholm sommaren 1948. Det var mitt livs första vetenskapliga kongress.

Jag visste ingenting om genetik, Lysenko eller Muller. Jag satt i Medborgarhusets tätt packade, augustivarma sal och hörde på kongressens öppningsanförande. Jag var inte medveten om att jag bevittnade ett historiskt ögonblick och att jag lyssnade på ett högst okonventionellt anförande, vars like jag aldrig skulle komma att få uppleva på någon senare kongress. En kortväxt man i övre medelåldern läste innantill i nästan två timmar. Trots detta brott mot den oskrivna lagen att en levande föreläsning skall hållas fritt var hans röst oemotståndligt suggestiv och omskakande. Ibland höjde han armarna i sidled medan hans ögon hela tiden fixerade texten – det kändes som om han bokstavligen skulle lyfta från podiet.

Det var kongressens president, Nobelpristagaren Herman J. Muller, en av Morganskolans mest lysande elever och en av den moderna genetikens grundare. Radikal ut i fingerspetsarna sökte han alltid nya vägar, inte bara inom vetenskapen. Under ungdomsåren var han kommunist. Med den benhårda följdriktighet som kännetecknade honom flyttade han till Sovjetunionen 1933 och bodde där till 1937. Han tog det första paret bananflugor till Moskva och utbildade där flera lysande ryska genetiker. Han arbetade bl a hos den redan omtalade Vavilov. Vid tiden för Stockholmskongressen hade ett dussintal framstående genetiker, inklusive Vavilov, redan avrättats, dött i fängelse eller för alltid försvunnit i Gulag.

1936 insåg Muller klart vad som höll på att ske inom den sovjetiska biologin och återvände till USA. De flesta dörrar var nu stängda för honom. Så småningom fick han anställning vid ett universitet, men professor blev han senare. Han blev allmänt erkänd först efter att han år 1946 fått Nobelpriset för upptäckten att strålning kan framkalla mutationer. Detta är en självklarhet i våra dagar men var helt okänt fram till Mullers experiment med bananflugor.

Vid Stockholmskongressens tidpunkt och under resten av sin bana var Muller professor vid den berömda genetiska institutionen vid universitetet i Indiana. Det var dock endast en del av hans verksamhet. Han behöll även i fortsättningen ett starkt socialt och politiskt engagemang. Detta "dubbelliv" återspeglades även i ett dubbelt språkbruk. Hans vetenskapliga texter var kända för sin klara, analytiska logik, och för sina kritiska tolkningar. I sina ofta passionerade kampanjer för att rikta uppmärksamheten på olika samhällsproblem använde han dock ett helt annat språk. Ibland lät han som en vresig profet ur Gamla Testamentet eller en partisanledare på en barrikad. Argumenten var överförenklade, utan nämnvärd nyansering, försiktighet eller självkritik. Några av hans kampanjer ledde till beundransvärda resultat medan andra slutade i fiasko. Hans kamp mot kärnvapen hör till hans bestående insatser. Den påbörjades strax efter Hiroshimabomben. Det var Muller framför andra som väckte den allmänna medvetenheten om vilka stora risker den radioaktiva strålningen medför för människans arvsbestånd.

När Muller höll sitt öppningsanförande vid Stockholmskongressen var han fortfarande medlem av Sovjetunionens vetenskapsakademi. Han hade ännu inte offentligt tagit avstånd från lysenkoismen. Hans tal blev en svidande vidräkning med totalitära regimers förvrängning av genetiken. Om Hitlerregimens framfart hade han bl. a. följande att säga (min översättning):

> ”Den nazistiska politiken har kränkt och missbrukat genetiken för att stödja ett arkaiskt och paranoiskt barbari, vars trångsynthet och grymhet saknar motstycke sedan Djingis Khan. Det visar vilka förskräckliga risker en aktiv, statlig tankekontroll för med sig och hur den kan utövas av tjänstemän med ett extremt självförtroende, som tar på sig ett yttre sken av vetenskaplighet och låtsas stödja och leda vetenskapen.”

Efter Hitler kom Stalin:

> ”När nu Hitlers raslagar och pseudogenetik väl hade gått i graven bestämde sig Sovjetunionens enorma maktapparat för att avskaffa den vetenskapliga genetiken av ideologiska skäl. Och eftersom man inte kunde förmå någon riktig vetenskapsman att angripa ärftlighetsforskningen, gav man detta uppdrag åt en halvbildad paranoiker, en ung demagog vid namn Lysenko, som hade odlat växter men var okunnig om vetenskapliga principer och oförmögen att förstå dem... De fördömda och försvagade genetikerna utsattes för en ständig krypskytteeld. Fram till 1948 hade alla kända ryska ärftlighetsforskares namn försvunnit, den store Vavilov dog i ett arbetsläger i Sibirien och många andra vilkas minne jag håller kärt hade förlorat sina liv under oklara omständigheter.”

Muller beskrev Sovjetunionens nya ”officiella” genetik, godkänd av kommunistpartiets centralkommitté, som en ren rotvälska bestående av suddiga teorier som byggde på oupprepbara experiment, ett 1900-talshopkok av 1800-talets redan skrinlagda och motbevisade lamarckism utan all kontakt med verkligheten.

Mullers tal avslutades med att han avsade sig ledamotskapet i Sovjets vetenskapsakademi. Svaret från Moskva kom redan nästa dag. Akademien vägrade att ta emot hans avsägelse och stötte i stället ut honom.

Reformeugenik

Var Mullers dom över diktatorernas missbruk av genetiken signalen till en ny era? Risken för politisk inblandning i vetenskapens innehåll minskade successivt efter Stalins död. Men eugenikens fula skugga hängde kvar. Redan ett och ett halvt decennium efter Stockholmskongressen visade det sig att inte ens Muller själv var immun mot den utopistiska ambitionen att förbättra människans genetiska arv.

I början av 1963 fick jag ett brådskande meddelande från Tracy Sonneborn, en av Mullers framstående kolleger vid genetiska institutionen i Bloomington, Indiana. Sonneborn kallade till ett "mycket brådskande och angeläget" möte.* Muller hade fått en ny idé. Sonneborn och andra bland Mullers vänner och kolleger ansåg att idén borde dödas och begravas så fort som möjligt. Man fick dock ge den en "förstklassig begravning" värdig dess store upphovsman. Sonneborn inbjöd biologer, läkare, sociologer, filosofer och teologer till ett symposium för att diskutera Mullers förslag.

Vi samlades i ett stort auditorium på ett litet college i Ohio, en panel på ett tjugotal personer och flera hundra åhörare. Muller presenterade sin tes. Han var djupt oroad

* T. M. Sonneborn (red.): *The Control of Human Heredity and Evolution* (1965), s. 127.

av tanken att människans arvsmassa var på väg att försämras. De minst intelligenta, de mest hänsynslösa, de minst omtänksamma individerna får flest barn. Människor som bryr sig om sina barn och deras framtid får färre barn, eftersom de planerar omsorgsfullt innan de sätter dem till världen. Denna "negativa selektion" kommer att leda till en gradvis försämring av arvsmassan. Muller ville börja med att motverka denna trend genom en procedur som han kallade för "germinal choice", befruktningsval. Rent konkret föreslog han följande:

I USA undergick ungefär 30.000 kvinnor konstgjord befruktning varje år, framhöll Muller. Spermiegivaren måste vara anonym. Till att börja med skulle detta ändras. Ur en katalog skulle de blivande mödrarna välja nedfrysta spermier av redan döda personer. Spermabanken skulle innehålla könsceller från framstående människor. Muller satte intelligens högst bland de egenskaper han ville prioritera.

Spermieurvalet vid konstgjord befruktning var endast det första steget i Mullers schema. Han var övertygad om att exemplet skulle "smitta av sig". Ett ständigt ökande antal unga par som delade hans oro för människans genetiska framtid skulle frivilligt anmäla sig för att få sitt första barn ur katalogen. Universitetsstudenterna skulle föregå med gott exempel.

I kaffepausen cirkulerade obekräftade rykten om att en sådan rörelse redan hade startats bland studenterna vid Mullers eget universitet. Unga par påstods ha övervägt att välja Mullers spermier för sitt första barn.

Mina kolleger inom panelen var mycket generade. Det fanns ingen som ville "köpa" Mullers plan, men man hade mycket svårt att bortse från hans stora insatser och hans överväldigande "fadersauktoritet" bland genetikerna. Man låtsades intressera sig för planen men försökte samtidigt att finna argument mot den utan att helt öppet behöva säga sin mening. Invändningarna blev därför ganska absurda.

En av den moderna molekylärbiologins fäder, Salvatore Luria, sade till exempel att planen var farlig eftersom en diktator eller terrorist skulle kunna förgifta en hel nations värdefullaste spermabank. Detta viftades bort av Muller som ovidkommande. Diktatorer och terrorister kunde använda mera drastiska metoder. En annan panelmedlem framhöll att unga par, som i princip hade kommit överens om att välja nedfrusen sperma, kunde bli osams om valet av katalogdonator och råka i svåra äktenskapliga konflikter. Muller svarade att om de inte kunde komma överens i en så viktig fråga, passade de inte ihop och borde skiljas.

Ingen vågade beröra kärnfrågan.

En av våra mest beundrade lärofäder, en man som tidigare hade levererat mördande kritik mot diktaturers missbruk av genetiken och som med stort allvar och ibland politiskt effektivt engagemang tagit strid i viktiga frågor som berörde hela mänskligheten och dess framtid, försökte övertyga oss om att människans genförråd i snabb takt höll på att försämras. Men han presenterade inte några fakta för att styrka sitt påstående om att de ofördelaktiga egenskaper som enligt hans mening höll på att anrikas hos de reproduktivt mest aktiva människogrupperna, var ärftligt snarare än socialt och ekonomiskt betingade. Han försökte inte ens diskutera detta problem. De flesta konferensdeltagarna, inklusive jag själv, undvek att direkt angripa Mullers förslag genom att tala om något annat, t. ex. om våra egna arbeten som kunde tänkas öppna vägen till direkta genmanipulationer.

Mot slutet begärde Muller återigen ordet. Han avfärdade all genmanipulation som utopi och upprepade sitt förslag om den gamla beprövade metoden, selektion. Han beskrev sin vision av de unga män som frivilligt skulle avstå från att bli far till det första barnet i sitt äktenskap som de mest varmhjärtade varelserna bland oss, de som skulle sätta människosläktets intressen före sitt lilla han-ego. De hade klart för sig att individens biologiska överlevnad i barnen var en illusion, eftersom generna snabbt späds ut och varje spår av personlig identitet försvinner efter några få generationer. De var de verkliga altruisterna som hade en vidsynt framtidsvision, de var vårt enda hopp...

Jag stod inte ut längre. Om mina äldre och mycket framstående kolleger inte gjorde det, så fick jag väl ta till orda själv, trots min gröna ungdom.

Jag begärde ordet. Jag framhöll att de egenskaper, som Muller tillskrev männen som frivilligt avstod från att alstra sina barn verkligen var beundransvärda, som Muller själv sade. Det var just dessa egenskaper som vi måste prioritera. Lösningen var därför uppenbar. Vi måste välja deras spermier i första hand, framför alla andras!

En bilresa från Ohio till Indiana

Efter symposiet frågade Sonneborn om jag ville följa med honom och Muller till Bloomington, Indiana, för att besöka deras genetiska institution. Det var en resa på några få timmar. Vi åkte i Mullers bil. I början satt jag i baksätet. Muller körde, med Sonneborn bredvid sig. Muller verkade mycket nervös. Efter en stund sade Sonneborn att han inte mådde riktigt bra och ville lägga sig i baksätet. Vi bytte plats. Först nästa dag, då vi var ensamma, berättade Sonneborn att han inte alls hade mått illa men blivit så störd av Mullers ovanliga nervositet och ryckiga körning, att han ville gömma sig i baksätet.

Under resan genom det platta landskapet, mitt bland de stora kornfälten, stannade Muller i så gott som varje liten provinsstad. Han köpte alla lokala tidningar och bläddrade igenom dem, innan vi kunde fortsätta. Han ville se hur man refererade Ohiosymposiet och om man hade kommenterat hans förslag. Endast på Harpsund såg jag något liknande ett decennium senare, då de svenska statsråden med illa dold otålighet kastade sig över kvällstidningarna som anlände strax före middagen. Men de svenska politikerna var åtminstone i sin naturliga miljö.

Här var i stället en av vår tids största vetenskapliga auktoriteter, denne kortväxte man som jag några år tidigare hade sett lyfta världens genetiker i Medborgarhusets stora sal till en högre nivå av ansvarskänsla och eftertanke. Det var han som hade upptäckt att strålning framkallar mutationer och som efter Hiroshima slagit så stort larm om saken att statschefer och regeringar tävlade i sin iver att arbeta fram ett provstoppsavtal. Han var den skarpsynte analytikern, som med bananflugans hjälp definierade gener och mutationer samt spekulerade om kromosomernas struktur, långt innan någon hade drömt om molekylärbiologi. Han var den orädde socialisten, som inte drog sig för att ta konsekvenserna av sina övertygelser. Han var lika resolut när han förde in sin vetenskap i det gigantiska men eftersatta Sovjet som när han några år senare hoppade av efter att ha genomskådat socialismens parodi, förvrängd av stalinismens orientaliska tyranni. Han var laboratorievetenskapsmannen som frivilligt riskerade livet mot fascismen i spanska inbördeskriget. Det var både smärtsamt och patetiskt att se hur denna min beundrade idol ängslades som en tonårsflicka inför sin första bal av iver att få läsa vad, om något, små provinsiella städers tidningar hade skrivit om hans bedrövliga kampanj för att ”förbättra människans arvsmassa”.

På kvällen tog Sonneborn med mig till en föreställning av Parsifal på universitetet i Bloomington. Den uppfördes av en egendomlig blandning av artister, mest avdankade stjärnor från olika amerikanska operahus, inklusive Metropolitan, samt unga elever från universitetets berömda musikskola. ”Parsifal” bodde granne med Sonneborn, varför vi gick till hans artistloge för att hälsa på honom i pausen. Sonneborn talade länge med honom om kommunens avloppsproblem och ett kommande sammanträde som skulle behandla detta. Svetten rann i strida strömmar nerför Parsifals kinder och ritade breda spår i hans smink. Ett stycke från oss stod Kundry. Befriad från Klingsors trollmakt under pausen, talade hon med två rätt fylliga väninnor om weekendens barnkalas. Sedan fortsatte föreställningen med legenden om "den rena dåren", den blivande Gralkungen, Wagners sena Canossafärd.

Efter föreställningen behövde jag lite frisk luft. Jag promenerade runt universitetsområdet. Från en sidogata skymtade jag de många små, olikfärgade ljusglimtar som kilar runt varje äkta amerikansk biografskylt och som utgör ett av landets mest karakteristiska kännemärken, i sällskap med Coca-Cola-automater och färgade småflaggor vid försäljningsställen för begagnade bilar. Inte mycket att fästa blicken på. Men denna gång ramade de små lamporna in en filmtitel som väckte alla mina sinnen. Den slog till som en stor gonggong: *The Loneliness of the Long Distance Runner.*

Jag hade inte sett filmen och kände inte till boken den grundade sig på, inte ännu. Men jag tänkte på Mullers långa löparbana och hans bottenlösa ensamhet vid symposiet i Ohio, där han fortsatte att kämpa med hela sitt gamla pionjärengagemang och all sin profetmotivation, men nu, för första gången, utan ett värdigt mål och utan sympatier, endast i besittning av en sista avskedsgåva från tillgivna vänner: det taktfulla medlidandet.

Det gjorde ont.

Cibasymposiet om människans framtid

Hör Mullers förslag om "germinal choice" och liknande idéer nu definitivt till historien? Det verkar så, men skenet kan vara bedrägligt. Varje ny generation av vetenskapsmän vill gärna tro att de vetenskapliga framstegen har gått parallellt med en motsvarande utveckling på det etiskt-humanistiska planet. Vissa framsteg kan onekligen noteras. Man har blivit mera medveten om de etiska problemen, inte minst på grund av de vedervärdigheter som har förekommit i totalitära stater. Frågan är om detta räcker. Kan samma blinda fläck som hindrade en så stor genetiker som Muller att märka sin egen fördomsfullhet dyka upp i andra former? Kan den påverka tidsandan?

Själv var jag länge övertygad om att vi hade passerat den värsta farozonen och numera rörde oss på säkrare mark.

Vid en bioetikdiskussion i Rosenbad i början av 1990-talet hävdade jag att de existerande etiska kommittéerna utgjorde en betryggande garanti mot missbruk av genetik och bioteknologi, åtminstone när det gäller människan. Jag var också optimistisk nog att tro att vår tids tongivande molekylärbiologer hade lärt av föregående generationers misstag och insett det eugeniska tänkandets illusioner och risker. En vetenskapsjournalist, Peter Sylwan, ifrågasatte dock detta och citerade några uttalanden som Francis Crick skulle ha gjort på 1960-talet.*

Min första reaktion var att Crick måste ha felciterats eller förvrängts av en intervjuare. Inte kunde Francis, allas vår beundrade förebild och inspirationskälla, ha fört fram sådana tanklösa absurditeter som Sylwan gjorde gällande. Peter Sylwan svarade med att skicka mig den tryckta originaldiskussionen. Orden fälldes vid ett symposium i London som ingick i CIBA Foundations välkända konferensserie.** Inom sessionen ”Eugenics and Genetics” yttrade Crick i egenskap av ordförande bl. a. följande (min översättning):

> ”Jag är överens om praktiskt taget allt Muller har sagt, med några små reservationer. Låt oss ta frågan om eugenik. Jag tror att alla skulle instämma i att vi måste göra något på längre sikt. (...) Och eftersom den allmänna opinionen släpar så långt efter (*is so far behind*)... bor-

* Nobelpristagaren Francis Crick upptäckte tillsammans med James Watson DNA-strukturen 1953. Det blev startskottet till den molekylära revolutionen. Han är en av vår tids mest betydelsefulla biologiska vetenskapsmän.

** *The Future of Man*, utg. G.H. Wolstenholme (1963).

de vi göra något åt detta nu. Vi borde koncentrera oss på en konkret fråga: Är det en allmän mänsklig rättighet att få barn? Det skulle inte vara särskilt svårt... för en regering att lägga någonting i vår mat så att ingen kunde få barn. Den kunde sedan... tillhandahålla ett annat kemiskt ämne som slog ut effekten av det första. Endast människor med licens att alstra barn skulle få tillgång till det andra ämnet. Detta är inte en så vild tanke att vi inte kan diskutera den. Är det den allmänna meningen att alla människor har rätt att få barn? Man tar detta för givet, eftersom det är en del av den kristna etiken, men inom ramen för en humanistisk etik kan jag inte inse varför alla skulle ha rättighet att få barn. Det skulle vara ett stort framsteg om vi kunde förmedla tanken till folk att deras barn inte är enbart deras privata angelägenhet. (...) Lederberg* och jag har oberoende av varandra kommit fram till tanken att man kunde uppmuntra socialt önskvärda människor att skaffa flera barn. Man kan göra detta genom ett beskattningssystem. Detta kan verka förskräckligt för en god liberal, eftersom det är motsatsen till allt han har vuxit upp med, men det är åtminstone logiskt. (...) Det kommer att finnas människor som skaffar sig många barn, oavsett hur mycket skatt de måste betala. Det är inte rimligt att ta pengar som en exakt måttstock för social önskvärdhet, men de båda begreppen är åtminstone ganska positivt korrelerade."

Senare i samma diskussion tog Crick även upp Mullers spermabank. Han var positiv till den men ifrågasatte om varje individ skulle tillåtas att konservera sina spermier. Det borde knytas till en särskild licens. Man borde också reglera hur många barn en viss man eller kvinna skulle få avla på detta sätt.

Crick avslutade sitt inlägg med följande absurditet:

* Nobelpristagare i medicin 1958.

> ”Går man in för denna typ av praxis (dvs. Mullers förslag om spermabanker), kan man tänka sig att ett visst land startar ett program i större skala än alla andra. Resultaten kan bli ganska häpnadsväckande (*rather startling*) redan efter några decennier. Tänk om alla Nobelpris skulle gå, låt oss säga till Finland, sedan landet hade gått in för att förbättra sin population (dvs. använda spermierna ur Mullers bank) på bred front.”

Så enkelt skulle det bli att erövra Nobelpriset! Hade Crick inte hört talas om statistiken som säger att den som vill bli Nobelpristagare helst skall vara förstfödd och studera hos en Nobelpristagare, eller åtminstone arbeta vid en institution där det redan finns ett antal Nobelpristagare!? Endast några få pristagare är barn till Nobelpristagare. Var har Crick, en av molekylärbiologins största grundare, studerat sin genetik, är man också frestad att fråga.

Hur reagerade CIBA-symposiets övriga deltagare på det klart eugeniska resonemang som fördes fram av så högt respekterade kolleger som Muller, Crick och Julian Huxley? Ur den publicerade diskussionstexten framgår att somliga var beredda att hålla med i princip, medan andra var skeptiska eller direkt negativa. Den engelske biokemisten N.W. Pirie instämde med Crick i att alla människor inte hade automatisk rättighet att få barn i ett samhälle där allmänna medel används för hälsovård, arbetslöshetsunderstöd och andra sociala förmåner. Pirie betvivlade också att alla människor hade en inneboende önskan att få barn. Sexualdriften, som Pirie eufemistiskt betecknade som en längtan ”to have fun”, var enligt hans mening inte kopplad till någon inneboende önskan att få barn. Den amerikanske antropologen C.S. Coon invände dessbättre att många kvinnor känner en överväldigande längtan efter att få barn.

Här kan man tillägga att Piries argument är ett traditionellt mansresonemang, men det gäller inte heller för män i allmänhet. Det finns många män som önskar få barn, vare sig detta är genetiskt, hormonellt eller socialt betingat. Piries resonemang visar samma tendens som så många andra diskussioner om människans genetiska framtid. Många som yttrar sig definierar det allmänt önskvärda och det icke önskvärda med utgångspunkt från sina egna kulturellt och socialt betingade referensramar och förutfattade meningar.

Förnuftets röster saknades inte vid konferensen. Ett intressant uttalande kom från en annan av århundradets stora genetiker, J. B. S. Haldane. Han framhöll att valet av framstående personer inte var någon garanti för positiva effekter, eftersom sådana personer ofta hade lika påfallande dåliga som goda egenskaper. Dessutom har erfarenheterna från djuraveln visat hur svårt det kan vara att selektera fram önskade egenskaper – t.ex. god äggkvalitet hos hönsen. Hos människan vet man inte ens vilka egenskaper man skall selektera för, än mindre hur dessa kan påverkas av ärftliga faktorer.

Haldanes inlägg ökade kanske modet hos andra symposiedeltagare att gå emot så stora auktoriteter som Crick, Muller och Huxley. Den engelske fysiologen A. Comfort framhöll att ingen hade rätt att hindra en annan människa från att skaffa sig barn. Detta var viktigare än de eugeniska synpunkterna, ansåg han. Andra betonade hur suddigt det genetiska underlaget egentligen var. Filosofen J. Bronowski kunde överhuvudtaget inte förstå vilka problem Muller och Crick försökte lösa. Ingen kunde förutse effekten av den planerade selektionen på frekvensen av recessiva gener. Men den största svårigheten var att man inte visste vilka gener som kunde betraktas som "gynnsamma". Ingen som hade stiftat närmare bekantskap med ett antal barn till allmänt erkända genier var särskilt imponerad av den kategorin som helhet, menade Bronowski, som inte heller såg något bevis för påståendet att vår arts arvsbestånd höll på att försämras. Cricks förslag påminde honom om Jonathan Swifts rekommendation att man skulle lösa de svältande och handikappade fattigbarnens problem på Irland genom att uppmuntra föräldrarna att göda dem och sedan sälja dem till överklassen som delikatesser.

Den engelske fysikern D. M. MacKay började sitt inlägg med G. B. Shaws cyniska kommentar: ”*What has posterity done for me that I should do anything for posterity?*” Eftersom, allvarligt talat, förhållandet mellan individens och samhällets ansvar är oklart, är det en mycket tvivelaktig tanke att det skulle vara ”vårt ansvar” att fingra på vårt genetiska arv av omsorg för efterkommande generationer, menade han. Vi skulle lätt kunna glida in i en argumentering som förordade rent nonsens. Det faktum att sådant nonsens kunde bli officiell politik i ett av världens mest framskridna kulturländer under 1930-talet måste ses som en allvarlig varning för risken att varje ny teknisk landvinning självklart gjordes till föremål för praktiska tillämpningar. Man måste också komma ihåg att de eugeniska målsättningarna skiftade med tiden. Varje ny generation av politiker skulle ha olika idéer om vilka gener som borde anrikas. Man kunde inte räkna med någon kontinuitet. Det vore som att navigera efter en lampa i båtens för, ansåg MacKay.

Den sydafrikanske medicinprofessorn J.F. Brock ifrågasatte om Mullers projekt var förenligt med vår ”psykoemotionella” utrustning. Skulle fullt fertila män vara tillfredsställda med att bli pappor till barn som bar en annan mans DNA? På sin höjd kunde man tänka sig att en liten grupp av särskilt ”progressiva” eller ”på annat sätt avvikande” människor kunde uppleva en viss tillfredsställelse över sin egen offervilja, men inte flertalet. Man skulle inte få ett friskt samhälle på detta sätt.

När jag läser denna diskussion trettio år senare plågas jag även av en annan fråga. Anta att en liten minoritet skulle känna en viss tillfredsställelse över sin offervilja, eller för att använda Mullers formulering, sin förmåga att ge en högre prioritet åt artens framtid än åt sin egen lilla manliga fåfänga. Hur skulle dessa personer reagera på upptäckten att deras altruistiska beslut inte vilade på en så solid vetenskaplig grund som Muller påstod i sin iver att få stöd för sitt projekt? Förr eller senare måste det avslöjas som ett gungfly av föga underbyggda antaganden och lösa spekulationer. Hur skulle de självuppoffrande känna sig när de upptäckte att andra män kan tåla stora motgångar i livet, tack vare den styrka de får av att iaktta sina barn? Skulle de inte längta efter den stora upplevelsen att få återse sina egna föräldrars mirakulöst återuppståndna gener, som leker livets lek i nya kombinationer?

Hur okritiskt verklighetsfrämmande kan i övrigt kritiska vetenskapsmän bli när de glider ut i sina, enligt vad de själva tror, samhällstillvända resonemang?

Den av Crick ovan citerade J. Lederberg var uppenbarligen något på defensiven, då han hävdade att Mullers projekt hade fötts ur rädslan för att människan inte var tillräckligt intelligent för att förebygga ett atomkrig. Man grep därför efter alla tänkbara medel för att hämma de destruktiva tendenserna och fokusera på de positiva aspekterna av en eventuell ”genetisk kontroll”.

Läsaren höjer sina ögonbryn inför Lederbergs historieskrivning. Mullers ”germinal choice” föddes inte ur något atombombshot. Det härstammar i rakt nedstigande led från det eugeniska resonemang som blommade långt före atombombens tid. Mullers resonemang påminner om tidigare decenniers proeugeniska propagandister, inklusive Alva Myrdal,* med den skillnaden att negativ selektion – av ”icke önskvärda föräldrar” – har försvunnit. Tvångssteriliseringen i Nazityskland och dess skrupelfria övergång till mord har uppenbarligen misskrediterat steriliseringsprincipen, men grundargumentet är detsamma. Muller talar inte heller om ”pauperism”, dvs. kronisk fattigdom, som 1910- och 20-talets eugeniker räknade med som en av de ”ärftliga

* Myrdal, A.: *Nation and Family. Means for a population policy* (1941), s. 114-117.

faktorer" som skulle motverkas genom selektion,* men samma högelitistiska resonemang utan åtskillnad mellan arv och miljö är en organisk beståndsdel i f.d. kommunisten Mullers resonemang och i Alva Myrdals "socialistiska" ideologi.

När man läser Lederbergs apologetiska inlägg kan man också fråga sig varifrån han kan ha fått tanken att en selektiv anrikning av intelligenta personer inom befolkningen, om det nu vore möjligt, skulle hindra atomkrig? Aldrig har världen varit närmare ett atomkrig än under J.F. Kennedys som högintelligent ansedda regim. Var det intelligens som hindrade ett tredje världskrig då eller tidigare? Muller och andra vetenskapsmän gjorde visserligen politikerna och världens befolkning medvetna om strålningens genetiska effekter, men atomkriget förebyggdes framför allt av politiska faktorer och tursamma omständigheter, inklusive Nikita Chrusjtjovs sunda bondförnuft. Skulle Chrusjtjovs föräldrar ha ansetts lika lämpliga för barnalstring inom ett "intelligensbefrämjande" eugeniskt program som Kennedys?

Vetenskapshistorikern P. J. Price gjorde vid det refererade symposiet ett nyktrare inlägg om betydelsen av ickegenetiska faktorer för utvecklingen av intelligens och kreativitet. Sannolikheten för att bli kreativ som vetenskapsman var, enligt Price, statistiskt större hos personer som har förlorat en förälder före tio års ålder än hos andra. Den var också högre hos förstfödda barn än hos senare födda i en syskonskara. Man kunde därför förvänta sig att frekvensen av intelligenta och kreativa personer skulle öka om en större proportion familjer fick endast ett barn. Om man lyckades med att uppmuntra personer inom den intelligentaste kategorin att ha fler barn, kunde man snarare vänta sig att få motsatt effekt.

Efter detta inlägg uttalade den engelske jordbruksekonomen och politikern C. G. Clark en välbehövlig varning mot

* Se översikt i Kevles, D.J.: *In the Name of Eugenics* (1985), s. 426.

att man återupplivade eugeniska doktriner, som inte blev mer tilltalande för att de framfördes eller stöddes av briljanta men vilseledda (*misguided*) vetenskapsmän. Dessutom skulle snart opportunister och charlataner ansluta sig till dem, liksom tidigare.

Förnuftets röst hördes i sin kanske klaraste form när Peter Medawar, Nobelpristagare i immunologi, även känd som mångkunnig och välbevandrad essäist, tog till orda. Med sin sedvanliga artiga men desto mer bitande ironi påpekade han att de församlade vetenskapsmännen undantagslöst torde ha en hög uppfattning om sitt eget intellekt och att många av dem säkerligen skulle anse sig vara önskvärda som spermiedonatorer. Det verkade emellertid vara den enda punkten som de kundes enas om. Deras uppfattning om vad som i övrigt var eller inte var önskvärt gick starkt isär. Kunde man därav dra någon annan slutsats än att ”mänskliga varelser helt enkelt inte kan anförtros att formulera eugeniska mål på lång sikt”?

Medawar skrämdes särskilt av Huxleys och Mullers ”extrema självförtroende”. Hur kunde de vara så säkra på målsättningen och på metoderna att uppnå den? Det hade varit mera förtroendeingivande om Muller hade utgått från att vi inte visste särskilt mycket om ärftliga faktorers roll i samband med mänskligt beteende och hade formulerat några konkreta hypoteser, som eventuellt kunde testas på frivilliga grupper i liten skala.

På Huxleys replik att varken Muller eller han ville formulera något eugeniskt idealmål utan snarare ville arbeta för en långsam, successiv förbättring, svarade Medawar att de inte visste hur detta skulle åstadkommas. Han påminde om Hutchisons paradox rörande homosexualitet. Om den genetiska komponenten, alltså arvets betydelse, vore mycket stark, skulle man förvänta sig att de homosexuellas andel av befolkningen gradvis minskade, eftersom de fick färre barn än de heterosexuella. Så var dock inte fallet. Detta betydde antingen att den genetiska komponenten var svag, jämfört med miljöfaktorer, eller att vi inte förstod hur den ärftliga komponenten verkade.

Informationsteoretikern D. M. Mc Kay påpekade att en eventuell selektion för högre intelligens, om den överhuvudtaget skulle bli effektiv, inte kunde förväntas få enbart positiva effekter. Många som valde ett kriminellt liv idag hade låg intelligens, menade Mc Kay. De relativt få intelligenta brottslingarna gjorde mycket större skada än de ointelligenta, särskilt inom den organiserade brottsligheten. Hur skulle världen se ut om IQ-fördelningen flyttades till höger bland "vanliga" brottslingar?

Comforts avslutning av diskussionen satte pricken över i. I min översättning: "Jag känner mig nästan förtvivlad när jag hör hur denna församling blandar ihop intelligens med vad jag skulle vilja kalla för personlighetsanpassning. Vi skulle inte må bra av att ha en befolkning som mest bestod av personer med hög IQ, om många av dem vore missanpassade eller t. o. m. psykotiska."

I likhet med Comfort kände jag en stor besvikelse, men kanske mest förvåning, när jag tog del av denna diskussion. Kunde Crick verkligen mena att selektiv avel av högintellektuella personer i ett litet land – han nämnde Finland – skulle leda till en ökning av antalet Nobelpristagare? Jag tog mig för pannan. Det sägs och frågas mycket om Nobelpris och pristagare, men jag skulle inte ha väntat mig en sådan naivitet hos en av århundradets mest betydande pristagare. Däremot väntar jag mig – och får – en fråga varje gång jag blir intervjuad av en journalist i Israel. Jag anar frågan långt innan den ställs: Hur kan man förklara att judarna är överrepresenterade bland vetenskapliga Nobelpristagare, jämfört med katoliker och protestanter,* men att Israel inte har någon Nobelpristagare inom vetenskaperna? Jag har ett kort standardsvar på hebreiska: *Atem babait.* (Ni befinner er

* Zuckerman, H.: *Scientific Elite* (1977).

hemma hos er själva.) En judisk professor vid Harvard eller andra jämförbara amerikanska universitet "springer" som regel mycket fortare än en icke-judisk professor, för att känna sig konkurrenskraftig. Denna motivation försvinner i Israel. Men det är givetvis inte hela förklaringen. De ekonomiska och organisatoriska begränsningarna är större i Israel, yttervärldens störningar är intensivare. Ändå instämmer de flesta av mina israeliska kolleger i att de två hebreiska orden beskriver den viktigaste skillnaden.

Hur var det möjligt att Muller och Crick var så helt fokuserade på genetik och selektion?

När jag lägger ifrån mig volymen från CIBA-symposiet märker jag hur svårt jag har haft att upprätthålla min inre balans under läsningen. Jag vill att det skall finnas en knivskarp gräns mellan Tredje Rikets rasbiologiska pseudovetenskapsmän och den moderna genetikens och molekylärbiologins stora skapargestalter. Alla mina instinkter, hela mitt värderingssystem vill se en lika klar separation som den mellan olja och vatten. CIBA-volymen gjorde den förut så tydliga skiljelinjen något oskarp. Det var förfärande. Som om en livsviktig hinna hade börjat frätas sönder, en blindtarm hade perforerats, den sterila bukhålan hade öppnats för yttervärldens inbuktande kloak.

Det oväntade, endast motvilligt mottagna men ovedersägliga budskapet att även våra största och mest respekterade förebilder kunde uppträda som talesmän för individfientligt generaliserande, överklassmedvetet självgoda och ovetenskapligt eugeniska tankegångar, låt vara i en mycket begränsad utsträckning, berörde mig illa på ett sätt som jag inte var beredd på. Det var som att bita i ett vackert äpple och plötsligt sätta tänderna i en ful mask.

Det kändes välgörande att några av symposiedeltagarna hade vågat rikta projektilen mot de stora tongivandes huvuden: *What values are you going to breed?* (Vilka värdefulla egenskaper kommer ni att försöka selektera fram i er människoavel?) Frågan förblev obesvarad, varför förslagets absurditet stod klar för var och en som var tillräckligt obunden att tänka efter.

Francis Crick på födelsedagsfest

Våren 1993 firades 40-årsjubiléet av DNA-dubbelspiralens epokgörande beskrivning i tidskriften *Nature* med bl. a. ett UNESCO-symposium i Paris. Inledningsanförandet hölls av Francis Crick, slutanförandet av Jim Watson. Crick blickade tillbaka, Watson framåt.* Den moderna molekylärbiologins viktigaste kapitel presenterades i en serie föredrag inom denna inramning.

De två en gång så underliga, till synes excentriska och utanför MRC-laboratoriet i Cambridge till en början föga uppmärksammade f.d. arbetskamraterna, som ändrade biologins och därmed i viss mån hela världens historia, var på strålande humör när de firade sitt slingrande barns 40-årsdag. Barnet är för länge sedan fullvuxet och utfluget ur boet, det har blivit hela livsvetenskapens ryggrad och medelpunkt. Föräldrarnas namn har för länge sedan omvandlats till småbokstaviga tekniska termer. Varenda biologistudent vet vad som menas med watsonsträngen respektive cricksträngen. Crick och Watson har skrivit var sin bok om de hektiska dagarna i Cambridge, det andlösa jäktet för att hinna först, det hårda, ensamma arbetet, de viktiga framsteg som gjordes under långa promenader och vid andra tillfällen, då de till synes inte arbetade utan kopplade av, och de många tillfälligheter som ledde fram till kronan på verket, den korta men definitiva artikeln i *Nature* 1953.

Watsons 1966 publicerade bok, *The Double Helix*, blev en

* Föredragen har publicerats i en specialvolym av tidskriften *Gene* med titeln "From the Double Helix to the Human Genome: 40 years of molecular genetics". *Gene* 135:1-318, 1993.

bestseller. För första gången hade en vetenskapsman utan förskönande omskrivning skildrat hur en stor upptäckt kom till. Författarens subjektiva upplevelser av skeendet presenterades parallellt med den objektiva informationen om upptäckten. Han hade uppenbarligen bestämt sig för att kasta masken och beskriva även de mindre smickrande aspekterna av det vetenskapliga arbetet, konkurrensen, intrigerna, ambitionen att komma först. De flätas in i varandra, de bildar tusentals små fragment som till slut ändå svetsas samman till en tavla, de är som livet självt.

I sin två decennier senare publicerade bok* beskriver Crick sin första reaktion efter att Watson hade läst ett kapitel för honom ur sin kommande bok när de åt middag tillsammans 1966. Vem kan vara intresserad av sådan smörja? undrade Crick.

Nu kommenterar han i sin bok:

> ”Så naiv jag var! Under de år då jag koncentrerade mig på molekylärbiologin levde jag i viss mån i ett elfenbenstorn. Eftersom alla människor jag träffade huvudsakligen ägnade sig åt problemets intellektuellt intressanta sidor, antog jag att alla gjorde så. Nu vet jag bättre. En vuxen genomsnittsmänniska kan endast uppskatta det som kan knytas till vad hon redan vet. Hennes vetenskapliga bakgrund är oftast blygsam. Men alla vet en del om det personliga beteendet och dess variationer. Det är mycket lättare för läsarna att förstå berättelser om konkurrens, frustration och animositet eller att läsa om fester, främmande flickor och de för Cambridge typiska ’punting’-båtarna än att sätta sig in i vetenskapens detaljer. Först nu kan jag uppskatta Jims skicklighet. Han hade skrivit en bok lika spännande som en detektivroman, en bok som många läsare hade svårt att lägga ifrån sig, samtidigt som han

* Crick, F.: *What Mad Pursuit* (1988).

> hade lyckats få med en förvånansvärt stor mängd vetenskaplig information.”

Samarbetet mellan Watson och Crick återupptogs aldrig efter Cambridgedagarna. Båda hittade lämpliga nischer där deras unika intellekt kunde verka vidare. Det skedde på mycket olika sätt. Watsons personlighet rymmer både en vetenskaplig och en politisk dimension, medan Crick fokuserar hela sin uppmärksamhet på sitt nya ämne, neurobiologi. I en nyligen publicerad recension av hans nya bok om hjärnan* står bl. a. följande i tidskriften Nature** (min översättning):

> ”Det är säkert ingen tillfällighet att institutionen dit Crick flyttade, Salkinstitutet i La Jolla, har blivit en viktig magnet för hjärnforskare under de senaste åren. Den drar till sig såväl etablerade som uppåtsträvande vetenskapsmän av alla sorter – och hjärnforskning behöver alla sorter – samt även filosofer, som är beredda att lära sig anatomi och fysiologi och som är villiga att begrunda experimentella resultat, psykologiska fenomen inbegripna. – Här befinner sig Crick mitt i ett vibrerande nätverk. När han drar i en tråd, är folk villiga att resa hur långt som helst för att lyssna till och bli hörda av honom, trots att de ibland inte får något annat besked än att tänka lite mera. Dessa soldyrkare är beredda att ställa svåra frågor och att söka svar varhelst de kan finnas, vare sig de kommer från den molekylära kemins detaljer eller från den sluga hjärnbarkens struktur och funktion (...). Man är fortfarande inte överens om hur man bäst skall undersöka synförnimmelsernas och medvetandets processer. Denna bok är en berättelse om detta dramatiska företag, skriven av en av de största nu levande biologerna, med klarhet och charm.”

* Crick, F.: *The Astonishing Hypothesis: The Scientific Search for the Soul* (1994), s. 317.

** Gregory, R.L.: DNA in the mind’s eye. *Nature* 368:359-360, 1994.

Den sista meningen i denna recension återspeglar det intryck vi fick av Crick vid Parissymposiet, som inte handlade om hjärnforskning utan om DNA. Men hur ser Crick själv på sina eugeniska synpunkter på 1960-talet?

Under kaffepausen vid Parismötet frågade jag Crick om han mindes sina uttalanden vid CIBA-symposiet 1963. Det gjorde han visst. Han var fortfarande av den åsikten att barnalstring inte kunde anses som en grundläggande mänsklig rättighet men skyndade sig att tillägga att han var emot alla tvångsåtgärder. Man borde använda "demokratiska" metoder, positiva och negativa incitament, hur det nu skall gå till.

Jag frågade Crick även om Mullers enligt vad jag trodde redan för länge sedan misskrediterade och bortglömda idéer. Även här fick jag en undvikande reaktion, eller snarare ett försök att låta den uppenbarligen något obehagliga diskussionen mynna ut i ett skämt. Det finns en spermabank i Kalifornien, sade Crick, där man endast bevarar Nobelpristagares spermier. Ett par hundra kvinnor har redan befruktats ur banken. Jag har också blivit ombedd att donera sperma, tillade Crick, men jag vägrade.

Den korta kaffepausen gav mig ingen möjlighet att ställa den uppenbara frågan: Varför det? Det skulle ju ha varit i linje med den ideologi Crick försvarade i övrigt.

Förresten – spann Crick vidare på tråden – är urvalet av spermagivare för konstgjord befruktning inte så dåligt. Oftast väljer man medicine studerande och därmed selekterar man för relativt hög intelligens.

Jaha, så var vi där igen, tänkte jag. Inte har jag märkt att medicinare har speciellt hög intelligens. De har snarare selekterats med avseende på förmågan att förvärva goda skolbetyg i så många ämnen som möjligt. Många högintelligenta personer har haft dåliga skolbetyg, åtminstone i en del ämnen. Men kaffepausen var nu definitivt slut, och vi kom inte längre.

Är det så lätt även för de största bland oss vars inomvetenskapliga tänkande har inspirerat flera generationer av biologer, att resonera så ytligt om "människans framtid"? Vad kan man då vänta sig av mindre förmågor, och särskilt av vetenskapens storentreprenörer, de som försöker "sälja" kunskap som har arbetats fram av andra?

Spöklandskapet

Gränsen är ofta oskarp mellan å ena sidan en legitim oro för de lidanden och uppoffringar som svåra medfödda utvecklingsstörningar kan åsamka familjen och samhället och å den andra sidan mer eller mindre fantasibetonade eugeniska resonemang. Så gott som varje argument kan upplevas som samhällstillvänt eller samhällsfientligt, beroende på betraktarens värderingssystem. Som Muller har gett prov på kan även mycket kritiska vetenskapsmän, med starkt engagemang för vår arts genetiska arv, förfalla till ovetenskaplig demagogik. När Muller år 1959 talade om behovet av en "utvidgning av det sociala medvetandet till mänsklig fortplantning" (min översättning) och vidare specificerade detta som "ökad insikt om individens ansvar för efterkommande generationers genetiska utveckling", vandrade han in i en farlig gränszon. Det är förvånansvärt att nazismens av honom så skarpt fördömda excesser inte var en varningsskylt för honom. Hur kunde han förirra sig in på samma spår som eugenikens fader, Francis Galton, hade trampat upp på 1860-talet? Muller bemödade sig visserligen, i likhet med Crick, att ge de eugeniska åtgärderna frivillighetens sken, men han präglades av samma aningslöshet som sedan återkom hos Crick. År 1959 sade Muller att "personer som bär på en genetisk belastning frivilligt bör avstå från att fortplanta sig i samma utsträckning som andra". Och tillade helt följdriktigt: "De (från genetisk synpunkt) mera lyckligt lottade kommer att anses utöva en samhällelig tjänst om de fortplantar sig mer än genomsnittet."

Mera lyckligt lottade? Vem skulle bedöma det? Här möter vi återigen den redan nämnda tendensen att betrakta sina egna och sin familjs respektive samhällsklass genkombinationer som gynnsamma, om inte rentav optimala. Francis Galton ansåg 1865, i likhet med Francis Crick 1963, att den brittiska intelligentsian, som han själv tillhörde, representerade den människotyp vars gener i första hand borde utbredas. Om helvetesskriket från Hitlers "tusenåriga rike" ännu inte ringde i våra öron, skulle vi kanske kunna göra oss lustiga över att Crick, som uppenbarligen förmår njuta av de rikedomar hans Nobelpris och mångfaldiga bioteknologiska rådgivningsuppdrag med all rätt försett honom med, ser ett samband mellan intelligens och materiell framgång i det kapitalistiska samhället. Det gjorde inte Galton. Från sin puritanska 1800-talshorisont ville han i första hand befrämja reproduktionen av personer med sådana, huvudsakligen akademiska, meriter som stod högt i kurs inom den brittiska akademiska världen. Han tillmätte inte finansiell framgång något positivt värde.

Svårigheten att värdera de egenskaper man skulle vilja anrika i en human population har diskuterats av många genom åren. År 1934, samma år som den svenska steriliseringslagen antogs, skrev Jacob Landman* (min översättning):

> "Det är inte sant att pannskötare, lokeldare, gruvarbetare, städare och sophämtare med stora familjer nödvändigtvis är idioter och imbecilla. Det är inte heller sant att studenter som har fått universitetsutbildning, personer som förekommer i 'Vem är det' och vissa 'framgångsrika' människor, som maffiachefer och storsmugglare, nödvändigtvis blir fysiskt, intellektuellt och moraliskt överlägsna som föräldrar... Det är inte sant att berömda individer nödvändigtvis ger upphov till berömda barn... el-

* Landman, J., i *Scientific American*, 150:293, 1934.

ler att idioter avlar idiotiska barn... Marsvinets hårfärg går i arv enligt enkla mendelska lagar, men härav följer inte att människans mentala egenskaper också gör det... Det är inte sant, enligt några som helst vetenskapliga test, att det finns en nordisk ras eller att den s.k. nordiska rasen skulle vara överlägsen andra raser..."

I sin 1985 publicerade bok *In the Name of Eugenics* skriver vetenskapshistorikern Daniel Kevles att det inte heller är sant, som många ville påstå under 1930-talet, att de arbetslösa skulle vara genetiskt mindre välutrustade än de som har jobb. Det finns ingen som helst vetenskaplig grund för antagandet att sterilisering i eugeniskt syfte skulle kunna befria samhället från genetiskt icke önskvärda personer. Sterilisering av bestämda anlagsbärare skulle endast kunna minska frekvensen av de mycket sällsynta, *dominant* ärftliga sjukdomarna, exempelvis Huntingtons chorea eller ögontumören retinoblastom. Den skulle ha betydligt mindre effekt på de vanligare *recessiva* sjukdomsanlagen. För att minska frekvensen av ett visst recessivt anlag från en procent till en promille skulle det krävas 22 generationer av konsekvent sterilisering av alla anlagsbärare. För att komma ner till en på tiotusen skulle man behöva fortsätta under 90 generationer!

Medan jag vandrar genom den vildvuxna och ömsom patetiska, ömsom tragikomiska skogen av eugeniska strävanden eller fantasier, snubblar jag över en bokrecension* av Muller 1933, samma år som Hitler tog makten. Boken, som blev mycket berömd på sin tid, var inte vilken bok som helst. Den var skriven av Erwin Baur, A.G. Fischer & Fritz Lenz.** Två av författarna, Fischer och Lenz, blev senare naziregimens högst uppsatta rasbiologer, med Fischer som ledargestalt. Som Benno Müller-Hill närmare dokumente-

* Muller H.I., i: *Birth Control Review*, 17:19-21, 1933.

** *Human Heredity* (1931).

rat* blev Fischer i själva verket en av Förintelsens viktigaste ideologer. Strax före Nazitysklands sammanbrott hann han ännu med att deklarera att judarna var en lågt stående underart av människan.

I sin recension berömde Muller den vetenskapliga delen av Baur-Fischer-Lenz-boken som mönstergill, men resten av den kritiserade han hårt. Han framhöll att texten kom allt längre bort från det vetenskapliga resonemanget och hamnade i en rörig blandning av psykologi, antropologi och sociologi. Mot slutet blev den ett rent språkrör *"for the crassest kind of popular prejudice"* (den grövsta formen av folkliga fördomar). Författarna hade kastat överbord den princip som de själva inledningsvis bekänt sig till, nämligen att mänskliga egenskapers utveckling påverkas av såväl ärftliga som miljöbetingade faktorer, fortsätter Muller, och därefter kritiklöst antagit att ytliga skillnader mellan människogrupper tyder på omfattande genetiskt betingade skillnader. IQ-värden betraktades ungefär som utslag av högsta domstolen, trots att författarna måste ha varit medvetna om att dessa mätvärden i hög grad påverkas av utbildning och träning. Avslutningsvis skrev Muller (min översättning): "Dessutom förvanskar de historiska och antropologiska fakta så att de befrämjar deras egna förutfattade meningar, vilka grundar sig på deras egoism."

Språket är klart, budskapet är entydigt. Två och ett halvt decennium senare, och efter att Fischer och Lenz helhjärtat hade ställt sig i det rasistiska massmordets tjänst, strövade dock Muller själv bort från vetenskapen för att på lika lösa grunder påstå att den relativa befolkningsökningen bland mindre privilegierade samhällsgrupper måste leda till en försämring av människans totala arv.

Farliga stigar nära ravinens kant. Väl dolda fällor var man än träder. Egendomliga blindfläckar och skygglappar även

* Müller-Hill, B.: *Tödliche Wissenschaft* (1984).

hos de skarpaste. Är det att undra på att så få genetiker och molekylärbiologer vågar vandra omkring i detta spöklandskap? Ändå har några av dem funnit det nödvändigt att trotsa sina kollegers åsikt att dessa frågor inte förtjänar någon insats av tid och energi. Somliga har fört fram ett mycket impopulärt budskap om framtiden utan att bry sig om att de därmed gör sig suspekta i kollegernas ögon. En av dem är den redan nämnde tyske molekylärbiologen Benno Müller-Hill.

Till vardags sysslar Müller-Hill med regleringen av genaktivitet. Hans vetenskapliga insatser, särskilt isoleringen av den första cellulära genrepressorsubstansen, har gjort honom förtjänt av den professur i genetik vid universitetet i Köln som han innehar. Under en sabbatsperiod i början av 1980-talet ägnade han sig emellertid åt historisk forskning. Han granskade de tyska genetikernas, antropologernas och psykiatrikernas ideologiska och praktiska bidrag till "den slutliga lösningen".* Hans resultat, som bygger på tidigare hemliga dokument, korrespondens och intervjuer, visade hur dessa stora kvalificerade yrkesgrupper förlorade kontakten med den bredare mänskliga verkligheten. I motsats till vad man så ofta förmodar var de inte bara regimens passiva verktyg. Tvärtom. De försökte överträffa varandra i sin iver att ställa sig i den rasistiska ideologins tjänst.

Müller-Hill har nyligen återvänt till problematiken rörande missbruk av genetiken, men nu riktar han sin blick mot framtiden.

Det humana genomprojektet

Vilka slutsatser om genetikens framtid drar Müller-Hill av sin dubbla erfarenhet som modern molekylärbiolog och

* Müller-Hill, B.: *Tödliche Wissenschaft* (1984). Se även Klein, G.: Ultima Thule i *Ateisten och den heliga staden* (1987), s. 192-218.

”nazistgenetikens” historiker? I en 1993 i Nature publicerad artikel med titeln ”The shadow of genetic injustice”* skriver han att kartläggningen av det humana genomet blir en viktig ny kunskapskälla som kommer att gynna många. För en del mindre lyckligt lottade kan den emellertid få katastrofala följder, om de inte förebyggs i tid. I värsta fall kan man skapa ”ett nytt genetiskt proletariat” som missgynnas i arbetslivet, vid teckning av sjukförsäkringar och i andra sammanhang. Idag saknar 37 miljoner människor av rent sociala skäl varje form av sjukförsäkring i USA. Men det kan bli ännu värre.

Alla målar inte upp framtiden i lika mörka färger. Den tysk-amerikanske filosofi- och bioetikprofessorn Hans Martin Sass talar med stor entusiasm om den individuella genkarta som varje person enligt hans förutsägelser kommer att få tillgång till i mitten av nästa sekel. Den kommer att identifiera en rad sjukdomspredisponerande gener. Var och en kan då välja den för hans speciella konstitution lämpligaste livsstilen och vidta förebyggande åtgärder för att minska sannolikheten att en viss sjukdomsbenägenhet slår över i sjukdom. Detta kan i somliga fall göras redan idag. Personer med vissa former av ärftlig diabetes kan förebygga sjukdomen genom att hålla diet. En sällsynt enzymdefekt som drabbar lungorna är helt symptomfri hos ickerökare, medan rökning förstör lungorna snabbt och fullständigt. Avstår man från att röka, orsakar den genetiska defekten således inga besvär.

Sass förutser många preventiva åtgärder av liknande slag i framtiden. Men den skeptiske frågar sig om den individuella genkartan och den därmed sammanhörande rådgivningen kan bli tillgänglig för andra än de mest privilegierade. Blir tillgången exklusiv som den högklassiga specialistvården i USA idag? Detta är visserligen en sociologisk snarare än en medicinsk eller biologisk fråga och kommer inte

* *Nature*, 362:491-492, 1993.

att hejda den tekniska utvecklingen. Det står dock helt klart att gapet mellan rika och fattiga, överutvecklade och underutvecklade, kommer att öka ytterligare. Misären kommer att följa utvecklingen som skuggan följer kroppen, avunden ökar med framgången, svartsjukan med kärleken. Det kan ignoreras av de lyckligt lottade till en viss grad, men den vedertagna, på "sunda marknadsprinciper" baserade strutspolitiken kan hämna sig. Tuberkulos, den "en gång för alla" avväpnade stora folksjukdomen, har kommit tillbaka, i en mycket farlig antibiotikaresistent form, långt efter antibiotikaterapins triumfer. Den härjar bland de hemlösa i Amerikas storstäder och kan lätt ta språnget över klassgränserna, som HIV redan har gjort.

Men låt oss gå tillbaka till Müller-Hill och det humana genomprojektet. Hans säregna position som molekylärbiologins härförare och Cassandra i en och samma person gör hans perspektiv bredare än de flesta kollegers. I likhet med molekylärbiologer i allmänhet är han övertygad om att genomprojektet kommer att hjälpa oss att förstå våra cellers organisation och funktion, även om han inte delar överoptimisternas utopiska förhoppningar om grundläggande förändringar i människans förståelse av sig själv. Enligt hans mening kan man vänta sig de flesta praktiska förbättringarna inom den medicinska diagnostiken, medan de terapeutiska tillämpningarna kommer att dröja betydligt längre.

Inom den framtida molekylärmedicinska diagnostiken vill Müller-Hill skilja mellan möjligheten att kunna påvisa sådana handikapp som kan påverka en individs speciella lämplighet för vissa yrken och den allmänna bedömningen av framtida sjukdomsrisker. Endast det förstnämnda finner han etiskt invändningsfritt. Det finns goda exempel på detta redan i dagens praxis: man avråder blödarsjuka från att bli slaktare och underkänner färgblinda som buss- eller lastbilsförare. Man kan vänta sig att nya yrkesförknippade risker kommer att identifieras och att detta inte vållar nämnvärda problem.

Det vore en helt annan sak om försäkringsbolagen och/eller arbetsgivarna skulle börja kräva bevis för att man har låg risk för vårdkrävande sjukdomar. Även om man lyckas undvika detta kan det bli svårt att hindra privatpersoner från att frivilligt visa upp sina genetiska testresultat för att öka chansen till anställning eller låga försäkringspremier, menar Müller-Hill. Man kan dock fråga sig om detta skulle bli en principiell förändring, jämfört med betyg och rekommendationer som åberopas idag. Jag har ofta förvånat mig över en del rekommendationsbrev som kinesiska och japanska professorer skriver till stöd för sina studenter. De påpekar ofta att den platssökande forskaren är "robust and healthy".

Müller-Hill hoppas att den eventuella exploateringen av genetisk information i samband med anställningar och försäkringar kommer att saboteras, i linje med högsta domstolens beslut i Tyskland, som har fastslagit att gravida kvinnor har rätt att ljuga om sin graviditet för en arbetsgivare. Döljandet av andra privata angelägenheter, inklusive genkartan, kan tänkas få samma rättsskydd. Om det blev legitimt att ljuga om genkartan, skulle försäkringsbolag och arbetsgivare snart tappa intresset.

Mot detta kan invändas att hemlighetsprincipen skulle kräva en viss solidaritet från de bättre gynnades sida. Det är orealistiskt att vänta sig något sådant. Det kan dessutom bli ganska svårt eller rentav omöjligt att ljuga om något så komplicerat som en genkarta.

I motsats till Sass, som tror att kännedomen om genkartan skulle stimulera människor till en rationell, riskförebyggande livsföring, befarar Müller-Hill att medvetenheten om en ärftligt betingad sjukdomsrisk kan leda till fatalistisk resignation och inaktivitet. Man kan också råka ut för förhastade och direkt felaktiga slutsatser. En rad påståenden om att man har identifierat gener som orsakar komplexa tillstånd, som manodepressivitet, schizofreni, aggressivitet, Alzheimers sjukdom m.m., har visat sig felaktiga vid närmare granskning.

Informationsmottagarnas attityder kan förväntas variera individuellt. Både Sass och Müller-Hill kan ha rätt i förhållande till olika personer. Man kan dock förmoda att endast en minoritet av alla människor skulle intressera sig för sin genkarta. Sedan de första sensationerna hade lagt sig, skulle flertalet ignorera den information som finns att få. Vi behöver bara tänka på hur det är med den socialt accepterade rökningen, som bara fortsätter, i det stora flertalet bland världens länder, som om den alltmer alarmerande informationen om lungcancer och andra hälsorisker inte hade nått fram. Vi behöver inte gå till det forna östblocket eller till u-länderna, där man möjligtvis kan skylla på en viss informationsklyfta. Särskilt i Italien, Grekland och på andra håll i södra Europa ser man många människor som inte kan sätta sig på en restaurang, vänta på en flygplats, eller ens dricka kaffe under pausen på ett cancermöte utan att hålla en cigarett mellan fingrarna, om den inte rentav hänger i mungipan. En av mina tidigare italienska gästforskare förevisade sina senaste resultat för mig vid en internationell cancerkongress, medan han livligt gestikulerade med en tänd cigarett i handen för att ge bättre eftertryck åt sina ord. Han hade tydligen inte en tanke på möjligheten att det störde mig och kunde försämra det föredrag som jag på hans och hans kollegers inbjudan skulle hålla endast några minuter senare. Inte heller misstänkte han något samband mellan den präktiga hostattack varmed jag började mitt föredrag och hans posterdemonstration. Själv ville jag inte störa vårt i övrigt intressanta samtal, det första på flera år, genom att protestera mot hans socialt accepterade ovana.

Det är tänkbart att man inom en inte alltför avlägsen framtid kommer att ha fått upplysning om åtminstone några av de gener som påverkar de två viktigaste komponenterna i vår mentala utrustning: intelligens och emotionell stabilitet. Kommer man att använda sig av denna information för att förutsäga ett fosters eller nyfött barns framtida mentala utveckling?

En ungersk författare, Dezsö Kosztolányi, har skrivit en novell om en prins vars horoskop visade att han skulle bli vacker, stark och klok. Han skulle leda landets armé till stora segrar, ha många passionerade kärleksaffärer och stupa i strid innan han fyllde 30 år. Allt blev som det hade förutsagts av horoskopet. Efter hjältedöden låg han på lit de parade. Det mycket gamla, förkrossade kungaparet stod bredvid med sina ministrar och hovets visa män. Alla gratulerade astrologen till hans fenomenala horoskop. Endast hovfilosofen viskade i hans öra: ”Mördare!”

Genetiska prognoser som grundar sig på solida fakta kan komma att blandas med övertolkningar och spekulationer. Befarar man på lösa grunder ett visst öde, kan man råka ut för det lika lätt som – kanske lättare än – i fall av klarlagd ärftlig predisposition, då några av de drabbade kan bli angelägna att förebygga konsekvenserna så gott det går. En psykosomatiskt betingad symptomatologi kan bli lika svår som en genuin kroppssjukdom. I vissa afrikanska och australiska ursprungskulturer, liksom inom voodookulten på Haiti, kan människor bevisligen dö en rent psykosomatisk död efter en dom av en häxdoktor som de tror på.

Kommer den individuella genkartan att överta häxdoktorns roll hos de lätt påverkbara? Kommer den ökande betoningen av genetisk belastning att leda till en sorts fatalism: skall vi resignera och acceptera genernas oföränderliga dom? Hur kommer det att påverka viljan till utbildning, uppfostran, sociala reformer?

I hur stor utsträckning kommer den kommersialiserade farmakologiska och den växande bioteknologiska industrin att utnyttja människors oro? Kommer nya bolag att växa fram som övertar sierskornas funktion? Kommer man att göra genetiska jämförelser mellan olika folkgrupper, som Müller-Hill befarar? Kommer man i så fall att utnyttja dessa studier i rasistiska syften? Kan skuggan av ”genetisk orättvisa” återigen grumla vår framtidshorisont? Det kan inte uteslutas, men jag är ändå benägen att tro att Müller-Hills farhågor är något överdrivna.

Uppkomsten och spridningen av rasistiska attityder beror knappast på den medicinska vetenskapens eller den molekylära genetikens utveckling. Det var under det tusenåriga Hitlerrikets tolvåriga existens som vår art "kom längst", hittills, i rasistisk mentalitet och det hade knappast med vetenskapens utveckling att göra, snarare dess perversion. Det urgamla revirtänkandet och diskrimineringsinstinkten, som kan rikta sig mot vilka främmande grupper som helst, men som i detta fall liksom många gånger tidigare valt den förhärskande kristendomens moderreligion som sitt främsta mål, fick löpa linan ut, till sin yttersta konsekvens.

Förintelsen skiljer sig i två avseenden från tidigare former av folkmord. Under en förfalskad täckmantel konstruerade nazisterna en "ärftlig ras" ur vad som egentligen var en samling av traditioner och en viss andlig hållning. Sedan gick de till angrepp mot alla som ansågs tillhöra denna "ras" med benhård konsekvens och för att i industriell skala genomföra världshistoriens största planerade massmord. Den som råkade tillhöra diskrimineringens byråkratiskt definierade målgrupp var automatiskt dömd till döden.

Hitlertysklands rasistiska klassifikation påstods bygga på vetenskapliga metoder, men det var bara en förevändning och ett kamouflage. Man utnyttjade och förvrängde det eugeniska resonemanget. Mordincitamentet grundades dock inte på några vetenskapliga fakta utan på den paranoiska antisemitismens irrationella och oförsonliga hat. De enligt det nationalsocialistiska partiets instruktioner arbetande antropologerna och humangenetikerna gjorde visserligen en rad mätningar av t. ex. skalldimensioner, undersökte fingeravtryck och bestämde blodgrupper, men verksamheten var helt ovetenskaplig. Med hjälp av dessa och andra informationer drog de sedan sina slutsatser om den relativa andelen "goda" respektive "dåliga" gener hos en viss individ. Resultaten rapporterades till nationalsocialistiska partiet och andra myndigheter. Vad säger att inte tolkningen av genkartläggningens mera exakta data kan bli föremål för politisk-ideologiskt färgade ovetenskapligheter, som kan döljas bakom en metodologiskt korrekt fasad? I vilken utsträckning kan man motarbeta tendensen att "känguruhoppa", dvs. att det extrapoleras ur ofullständig, preliminär eller lösryckt information? Kommer den optimism som de nya metodernas oanade precision och snabbhet så lätt skapar att än en gång förleda vetenskapsmän och politiker att överskatta människans förmåga att påverka sitt eget arvsbestånd? Kommer man att minnas de minst sagt pinsamma tillfällen då även mycket framstående vetenskapsmän halkade över från objektiva fakta till lösa spekulationer och emotionellt färgade kampanjer?

Principer kontra pragmatism: två samtal med den nya bioteknologins potentiella "avnämare"

Det förekommer sällan att man kan föra ett samtal med människor som har en högst personlig anledning att fundera över den moderna bioteknologin. Jag har talat med två personer som aldrig skulle ha kommit till världen om dagens fosterdiagnostik hade funnits när de befann sig i moderlivet.

Med anledning av debatten om fosterdiagnostik och genteknologi ordnade Pockettidningen R en dialog mellan mig och Rolf Carlsson. Samtalet återges i ett nummer av tidskriften* som i sin helhet handlar om Rolf Carlsson. Han kommer från Malmberget, började som socialarbetare och gick sedan över till Statens handikappråd. De senaste två decennierna har han varit byrådirektör på socialstyrelsen.

Rolf lever ett mycket fullt liv. Som han själv säger:

* *Pockettidningen R*, 21: 1, 1991.

"Mina önskningar och min längtan har livet haft godheten att tillfredsställa – utbildning, arbete, goda vänner, kärlek, resor, ett trivsamt hem. Allt det som jag menar med livskvalitet har förunnats mig... men om fosterdiagnostiken hade funnits när jag var ett foster, hade jag förmodligen aldrig funnits... och om du hade träffat mig, hade du förmodligen aldrig känt igen mig på den beskrivning jag givit av mig själv... 'Stackars djävel' är nog ett utrop som skulle fara igenom din hjärna."

Tio personer arbetar med Rolf varje dygn för att han skall vara i stånd att utföra sina vanliga aktiviteter, att vända sig i sängen, tvätta sig, borsta tänderna, raka sig, gå på toaletten, åka omkring i rullstol hemma eller på arbetet och att köra sin handikappbil. En nattpatrull vänder på honom klockan två varje natt. Rolf lider av en progressiv muskeldegeneration och kommer att bli helt förlamad om några år.

Redan i början av vårt samtal var det uppenbart att Rolf är helt negativt inställd till fosterdiagnostiken. Detta bottnar dels i hans strängt puritanska moraluppfattning och dels i vetskapen om att han överhuvudtaget inte skulle existera om fosterdiagnostik hade funnits vid den tidpunkten då hans mamma väntade honom. Som den laglydiga tjänsteman han är, accepterar han den legala aborten som ett nödvändigt ont, men är emot alla former av fosterdiagnostik. Människor får aldrig selektera bort andra människor. Inte heller får de samla och tillhandahålla sådan information som kan leda till en selektion.

Rolf kan endast tänka sig att tillåta en enda sorts ingrepp på foster. Kan man med genmanipulation bota en nedärvd sjukdom hos ett foster och därmed rädda det från abort, får man göra det, men inte i selektionssyfte. Rolfs inställning är den exakta spegelbilden av de flesta forskares, som vill ha prenataldiagnostik, möjlighet att göra abort när hög risk för en svår sjukdom bevisligen föreligger, men ingen genmanipulation på fostret.

Jag nämner några av de klassiska exemplen för allmänt vedertagen prenataldiagnos: Downs syndrom eller mongolism, ögontumören retinoblastom, cystisk fibros, blödarsjuka, Gauchers samt Tay-Sachs sjukdom. Tänk på allt lidande, alla familjeproblem, alla stora kostnader som man kan undvika. Hur skulle man kunna förhindra tillämpningen av den kunskap inom detta område som har vuxit fram under vårt århundrade? Man måste också komma ihåg att endast hälften av barnen till ett par som bär på ett sjukdomsanlag för några av de nämnda sjukdomarna ärver genen i fråga. Genom DNA-teknologin kan man med hundraprocentig säkerhet avgöra om ett visst foster har eller inte har fått den sjukdomsalstrande eller sjukdomsbefrämjande genen. Är det fråga om ett ungt fertilt par har man femtio procents chans vid varje graviditet att barnet blir helt fritt från sjukdomsanlaget. Denna diagnostiska säkerhet kan förebygga mycket lidande. Ta retinoblastomet. Innan DNA-teknologin blev tillgänglig för fosterdiagnostiken fick varje barn som föddes inom en "retinoblastomfamilj" där en av föräldrarna bär på sjukdomsanlaget undersökas varannan månad i full narkos, ett icke helt riskfritt ingrepp, för att man skulle se om någon tumör hade börjat växa på näthinnan. Även om svaret var negativt, väntade man ångestfullt på nästa undersökning, fortfarande i osäkerhet om barnet hörde till de olyckliga eller lyckliga femtio procenten. Först när barnet fyllde fem år och inte utvecklat någon tumör kunde man andas ut. Med hjälp av fosterdiagnostiken kan man nu få ett säkert besked redan under graviditeten. Är det negativt, slipper man alla plågsamma undersökningar, all ångest. Är det positivt kan man ta reda på vad det innebär. Sedan får modern ta ställning till om hon vill behålla barnet.

Men Rolf rörs inte av mina argument. Ingen människa får "selektera bort" en annan människa, även om hon endast är ett tidigt foster med oönskade anlag.

Jag bestämmer mig för att dra vad jag själv ser som en

skandinavisk solskenshistoria, där man med fosterdiagnostikens hjälp räddat ett foster och även ett äktenskap från en säker abort respektive skilsmässa. Fallet som hade publicerats i tidskriften Nature klarades upp med hjälp av tidigare, redan under 1970-talet tillgänglig teknologi.* Undersökningen hade utförts av en svensk kromosomforskargrupp i samarbete med en dansk vävnadstypningsgrupp, långt före den betydligt enklare DNA-tekniken. En vit kvinna var gift med en svart man och hade även en vit älskare. Hon blev med barn. Alla tre kände till situationen, men man visste inte vem som var barnets far.

Den svarte mannen ville inte av rent sociala skäl ta risken att hans fru födde ett vitt barn. Då skulle alla veta att det inte var hans. Han krävde abort eller skilsmässa. Men om läkarvetenskapen kunde tala om i förväg att det var hans barn, var allt i sin ordning. I så fall ville han ha barnet samt bevara äktenskapet.

Kromosomundersökningen och vävnadstypningen visade att den svarte maken var barnets far. Slutsatsen verifierades när barnet föddes och var svart.

Ur min konversation med Rolf som ägde rum efter denna berättelse kan följande citeras:

> ”*Georg*: Både barnet och äktenskapet räddades. Hur ställer du dig till detta? Det är det levande livet.
>
> *Rolf*: Jag tycker att det är fullständigt ointressant. Vuxna människor får väl ta ansvar för sitt handlande.
>
> *Georg*: Var det rätt eller fel att göra diagnosen?
>
> *Rolf*: Jag tycker att det var fullständigt fel. Vem räddade man – den färgade mannen, kvinnan? Barnet var uppenbarligen ointressant för dem.
>
> *Georg*: Borde kvinnan enligt din mening ha bett sin man dra åt helsike?
>
> *Rolf*: Hon måste naturligtvis ta ansvar för sitt handlande.

* Jonasson m. fl.: *Nature* 236:312-313, 1972.

> Endera fick hon ta ut skilsmässa eller också göra abort. För mig handlar det inte om moral utan om vördnad för livet. Var kommer det att sluta om vi skall hålla på med att manipulera med livet?”

Jag såg mig omkring. Allt i Rolf Carlssons vackra villa var anpassat till hans liv i rullstol och till hans alltmer svikande muskelkrafter. Allt fungerade: han körde bil, han rullade till toaletten, han skrev, han höll tal och andra anföranden och han var i full tjänst vid socialstyrelsen. Enligt vad han meddelade under intervjun hade han även ett underbart kärleksförhållande med en kvinna.

Det var helt sant att Rolf Carlsson troligen inte skulle ha funnits om hans havande mamma hade genomgått modern fosterdiagnostik. Inte ens de mest liberalt inställda ”fosterskyddare” hade låtit honom komma till världen, sade han själv, inte utan en viss bitterhet.

Rolf har inga illusioner om sitt öde. Hans muskler degenererar och förlamas successivt. Inom en nära framtid kommer han att definitivt förflyttas till respirator, där han måste tillbringa sista fasen av sitt liv. Ändå, eller kanske just därför, är han inte på minsta sätt benägen att tillåta förebyggande åtgärder. Det är bättre att lida, hur svårt det än är, än att inte finnas till – så formulerar jag för mig själv en av de inte utsagda slutsatserna av hans resonemang.

Rolfs synsätt lämnar inget utrymme för individuell bedömning. Hans kategoriska ställningstagande domineras av den smärtsamma ”jag skulle inte finnas till, om…”-satsen. Men vilken verklighetsgrund har ett sådant resonemang? Kan ett vuxet medvetande extrapoleras till ett ofött foster? Man kan lätt inse resonemangets bräcklighet om man tänker på alla tillfälligheter som gjorde att våra föräldrar överhuvudtaget mötte varandra, att vi koncipierades, att just den spermiecellen befruktade just den äggcell som givit upphov till var och en av oss och inte till ett annat ”jag” som inte liknar oss mera än en bror eller syster.

Rolf Carlsson accepterar givetvis tillfälligheternas spel som en naturlig förutsättning för vår fortplantning, men säger ett absolut nej till alla former av människoinblandning som innebär att man selekterar bort vissa individer, hur önskvärd en sådan selektion än kan te sig från moderns, familjens eller samhällets synpunkt. Han vänder sig med all sin kraft mot vad han ser som diskriminering mot de svaga och de handikappade. Men kan man verkligen tala om diskriminering när det gäller ett befruktat ägg eller ett tidigt foster? Förutsätter inte själva begreppet att den diskriminerade upplever eller på något sätt blir medveten om att hon eller han blir utsatt för diskriminering?

Frågan varför mitt medvetande, min upplevelse av mitt jag, är bundet till min egen kropp och inte till någon annan är ett svåråtkomligt problem som sysselsatt många tänkare.* Men Rolf Carlssons resonemang har snarare en politisk än en filosofisk prägel. Han vill helst tala om de starkas attityder mot de svaga. Det ofödda fostret ingår bland alla de svaga han vill skydda. Tanken att man skyddar sårbara människor och undviker svåra nya handikapp, när man försöker förebygga liv som inte kan bli annat än en lång serie av lidanden, vill han inte höra talas om av principiella skäl.

Hur ställer sig en ortodox rabbin, vars religiösa lagar ålägger honom att försöka förhindra alla aborter, till fosterdiagnostik? Och för att skärpa frågeställningen, hur gör en sådan rabbin om han själv, i likhet med Rolf Carlsson, lider av en så svår ärftlig sjukdom att han med största sannolikhet inte skulle ha existerat om modern fosterdiagnostik hade funnits då han själv befann sig på fosterstadiet?

Adin Steinsaltz har kallats för "ett levande universitet". Efter att ha studerat matematik och kemi blev han ortodox

* För en närmare behandling av denna fråga ur filosofens synvinkel, se Thomas Nagel: *A View from Nowhere* (1986).

rabbin i Jerusalem, där han har grundat sitt eget Institute for Talmudic Studies och ett antal andra skolor och undervisningsanstalter. Efter att ha lyckats med den nästan övermänskliga uppgiften att till hebreiska översätta, och i detalj kommentera, 25 volymer av den babyloniska Talmud, samlingen av judiska religiösa lagar som skrevs på arameiska under en följd av århundraden, har Steinsaltz nyligen besegrat ytterligare en tidigare ej bestigen bergstopp genom att även översätta den ännu svårare och mindre kända Jerusalem-Talmud. I likhet med Carlsson, lider Steinsaltz av en ärftlig åkomma. Han har Gauchers sjukdom, en medfödd ämnesomsättningsrubbning som endast förekommer hos ashkenazijudar. Gaucherpatienten saknar ett enzym som krävs för den normala nedbrytningen av vissa fettämnen. Han lagrar dem i stället i levern och mjälten. Mjälten kan nå en monstruös storlek. När jag först träffade Adin Steinsaltz hade han ett bukomfång som en kvinna i nionde månaden som väntar tvillingar. Han var fullt aktiv, men det var uppenbart att han inte skulle kunna klara sig länge till om man inte tog ut hans mjälte. Operationen var dock ytterst riskabel. Kirurgerna visste inte hur en bukhåla, vars kärl har vant sig vid det enorma trycket under lång tid, skulle reagera på den plötsliga tryckförändringen. Man hade dock till sist beslutat sig för att ta risken.

Jag besöker Steinsaltz i hans arbetsrum vid Institute for Talmudic Studies som ligger i en liten gränd i det centrala Jerusalem. Tiden verkar ha stått stilla i den gamla, svala stenbyggnaden. Den intensiva stadstrafiken hundra meter längre bort och hettan som råder utanför känns avlägsna och overkliga. Steinsaltz hälsar mig som om jag vore en nära vän, fast vi har träffats endast en gång tidigare. Men jag möter en fysiskt helt förändrad person. Jag känner igen den milda, inåtvända, intensivt koncentrerade blicken och det långa, rödblonda skägget, men den enorma magen är helt borta. På min fråga om hans hälsa svarar Steinsaltz med de religiösa judarnas talesätt att han mår bra, tack vare

Namnet – dvs. Gud, vars namn aldrig får uttalas. Operationen har lyckats mot alla odds och han har sedan dess även välsignats med en ny son. Helgat vare Namnet.

Rabbinen sitter framför sin dator, som gör ett osannolikt intryck bakom de gamla tjocka stenväggarna med sina små järngallerförsedda fönster. Det är märkligt att se de hebreiska bokstäverna, som höggs i sten från höger till vänster under antiken – den enda naturliga riktningen om man skall hugga dem i sten – snyggt och prydligt rada upp sig i samma ordning på datorns skärm.

Minnet i Steinsaltz dator måste skilja sig från det mesta. Utom hela Talmud i dess båda versioner, uppkallade efter Babylon respektive Jerusalem, och två årtusendens kommentarer till dem, innehåller det hela Bibeln och många andra klassiska judiska skrifter. Men det innehåller även en hel del praktisk information. Rabbinen konsulteras ständigt av sina lärjungar och församlingsmedlemmar om alla livets problem. Han är en religiös domare vars ställningstaganden i tvister blir utslagsgivande för de trogna. Man rådfrågar honom också om valet av läkare, inklusive kirurg som skall utföra en viss operation. Dataminnet innehåller mer omfattande och nyanserad information än en vanlig läkarkatalog, inklusive konfidentiella uppgifter om varje läkares speciella färdigheter och svagheter. Rabbinen måste kunna ge ett tillförlitligt råd!

Jag berättar om min konversation med Rolf Carlsson och frågar Steinsaltz hur han ställer sig till fosterdiagnostik? Eller, för att skärpa frågan, vilket råd ger han ett par vars foster bär en extra kromosom 21, dvs. kommer att födas med mongolism eller Downs syndrom? Hans religiösa lagar tillåter ju inte att han råder dem till abort.

Adin Steinsaltz smeker sitt långa ljusa skägg. Hans blick vänder sig inåt, precis som under hans föreläsningar. Samtidigt är den kvar hos mig.

Det beror alldeles på omständigheterna, svarar han. Är det ett relativt ungt, fertilt par, som redan har barn och kan få flera barn, ställer jag mig inte oförstående om de vill ha abort, även om jag själv aldrig tillråder det. Är det ett medelålders par utan barn som har satt sig in i alla problem som Downs syndrom för med sig, och kvinnan dessutom befinner sig nära övre gränsen för sin fertilitet, har jag däremot stor förståelse för om de vill behålla barnet. Viktigast är att låta det egna beslutet växa fram. Det följer naturligt ur personkonstellationen och omständigheterna. Det individuellt-mänskliga måste få företräde, även om det måste ske på den formella lagens bekostnad.

Steinsaltz är känd för att vara liberal och att tänka nyanserat, i motsats till sina mera konservativa kolleger. Rolf Carlsson, å andra sidan, är en ovanligt rigorös representant för den stränga puritanismen. ”Jag skulle inte finnas, om...”-tanken tycks dominera hans ställningstaganden så till den grad att han kräver förbud mot all fosterdiagnostik, medan Steinsaltz som är medveten om att samma sak gäller för honom, inte förefaller ha påverkats av den. Rabbinens pragmatiska ”här och nu”-inställning står i skarp kontrast till den puritanska strävan att skapa ”korrekta”, allmängiltiga lagar som kan förebygga ”principiella orättvisor”, även när dessa drabbar omedvetna foster. Men hur kan man bortse från alla de lidanden som den berörda familjen skulle drabbas av under många år?

Även om Steinsaltz och Carlsson endast representerar sig själva i denna konfrontation som äger rum i mitt huvud, har attitydskillnaderna mellan dem ett bredare intresse. Ambitionen att formulera allmänt giltiga, ”riktiga och rättvisa” lösningar på varje problem bottnar i tron att sådana lösningar kan formuleras och att den rätta formeln kan lägga grunden till ett idealsamhälle. Men puritanernas attityder grundar sig till syvende og sidst på de judiska lagarna. För en humanist kan det vara glädjande att rabbinernas rabbin som har översatt och detaljkommenterat Talmuds enorma lagtext intar en så liberal attityd även om man vet att ortodoxa judiska fundamentalister skulle uttrycka sig i helt andra ordalag. Deras ståndpunkt ligger närmare Rolf Carlssons.

Förekommer fundamentalismen endast på religionens område? Har den moderna vetenskapen, logikens, objektivitetens och rationalitetens hemvist, helt befriat sig från dess ok?

Molekylärbiologisk fundamentalism?

Varje gång dubbelkronans ormprydde herre, övre och nedre Egyptens evigt levande gudakonung, ansåg tidpunkten lämplig att förena sig med sin himmelske fader, Solen, och efterträddes av sin lika gudomlige, i all evighet levande son, firade man en stor fest i båda länderna. Den nya tidsåldern hade kommit. Alla bekymmer var borta för alltid. Välstånd, rikedom, evig fred skulle nu råda. Först efter den veckolånga festen vaknade man till den bistra verkligheten som inte var ett enda dugg bättre än den föregående.

Eugeniken får förhoppningsvis stanna kvar i skamvrån under överskådlig tid. Molekylärbiologin, genetikens och biokemins segerrika dotter, har nått en aldrig tidigare anad precision och spelar nu en central roll inom hela biologin och medicinen. Den i DNA t lagrade genetiska informationen kan manipuleras som vilken organisk molekyl som helst, utan att precisionen i dess replikations- och instruktionsförmåga äventyras. Man kan också ändra dess text, om man så vill, på ett exakt förutbestämt sätt. Såväl kroppens celler som könscellerna kan manipuleras och modifieras. Nya gener kan föras in, gamla kan slås ut. Vetenskapsmännen och allmänheten tycks vara medvetna om de etiska frågorna som genmanipulationen väcker. Befarade risker diskuteras på många olika nivåer, allt från seriös realism till den djupa skuggan av uppblåsta och verklighetsfrämmande ”mediemonster”. Denna debatt och de talrika etiska kommittéer som granskar forskningsprojekten kan kännas som trygga försvarsmurar. Väljer man att se positivt på detta, kan man vänta sig en gynnsam utveckling inom fosterdiagnostiken, växtförädlingen, pestbekämpningen och den somatiska cellgenetik, som syftar till att korrigera svåra nedärvda defekter i enskilda patienters kroppsceller.

Bortser vi från några dolda risker i vår eufori över de snabba framstegen? Kan vi slå dövörat till kassandravarningar som påminner om vad som hände under seklets första hälft, då det vetenskapligt mest avancerade landets genetiker förlorade kontakten med verkligheten och ställde sina kunskaper till förfogande för en perverterad ideologi? "Låt det gamla tjatet vara" – säger då flertalet av våra kolleger. "Det är dags att glömma allt det där och vända blicken mot dagens och framtidens fantastiska möjligheter."

Benno Müller-Hill, som ständigt framhåller det starka sambandet mellan det förgångna och det kommande, har ofta hört denna replik, parad med en mer eller mindre klart uttalad misstro. Vem, vilka, står bakom honom? frågar sig många kolleger. Har han tappat sugen, har han tröttnat på den mödosamma forskningen, har han dåliga medarbetare, får han inga anslag? Men ingen av dessa insinuationer håller. Müller-Hill håller sin produktiva laboratorieverksamhet igång trots den uppenbara animositet som hans vägran att rätta in sig i ledet väcker.

Müller-Hills historiska forskning om naziperiodens tyska genetiker och antropologer har lett till en allmängiltig slutsats. Vetenskapen måste arbeta reduktionistiskt, dvs. bryta upp problemen i deras elementära beståndsdelar och analysera dessa, annars är det ingen vetenskap. Detta gör dock att vetenskapsmännen lätt kan förlora kontakten med den mänskliga verkligheten, särskilt i totalitära stater där allt måste tolkas inom ramen för en dominerande politisk ideologi. Det är allmänt omvittnat att flertalet vetenskapsmän har en tendens att följa den "politiskt korrekta" linjen.

Den fria debatt som förekommer i alla demokratiska länder är den viktigaste garantin för att forskaren inte kommer alltför långt från den mänskliga verkligheten. Med tanke på att det faktiskt var möjligt att ett av världens kulturellt och vetenskapligt viktigaste länder så fullständigt, så länge, så helhjärtat och till ett så fruktansvärt pris följde en brutal och primitiv politisk linje, undrar jag vad som skulle hända om ett totalitärt system åter skulle komma att behärska en stor del av världen. Riskerar vi då att än en gång få se en regression till stenåldersnivå, om än med modern teknologi?

Med sin lågmälda, nästan sordinerade men icke desto mindre eller kanske just därför mäktiga stämma besvarade Förintelsens store skildrare och prosapoet, Primo Levi, strax före sin död en intervjuares fråga ”om det kunde hända igen”. Liknande företeelser ser vi hela tiden – svarade Primo Levi. Nya diktatorer av mindre eller större format, etniskt våld, förföljelser av minoriteter hör till våra vardagsnyheter. Men Förintelsen byggde, enligt Primo Levi, på tre förutsättningar som var rätt osannolika var för sig men som ändå råkade stråla samman i ett historiskt ögonblick. De var:

a) att en övertygad, paranoisk antisemit av Hitlers typ, som alltid funnits och alltid kommer att finnas, fick den högsta makten;
b) att denna person ägde en sällsynt förmåga att få massorna med sig, så att de stödde honom passionerat och kritiklöst;
c) och att allt detta hände i ett land där människorna var vana vid att blint lyda Staten, snarare än Lagen.

Kan vi sova lugnt med Primo Levis tre olyckor under kudden?

När det gäller risken för en ny totalitär diktatur, som vill förinta vissa människokategorier, kan vi kanske svara ja med en viss tveksamhet, särskilt om vi tillägger vissa kvalifikationer: ja, i varje fall just nu och här, under förutsättning att, och så vidare – beroende på bakgrund, attityd, sinnesstämning, riskbedömning och allmän människosyn. Helt säker kan ingen vara. I relation till det aktuella ämnet får vi dessutom inte glömma att det ofattbara, i industriell skala genomförda massmordet hämtade näring ur två stora floder som flöt ihop, ur många källor. Den ena var Hitlers paranoiska antisemitism som vi inte behöver behandla närmare här. Den andra var den redan diskuterade eugeniska rörelsen och dess optimistiska gåpåaranda, som väckte förhoppningar om att människan kunde förbättra artens biologiska egenskaper genom positiv och negativ selektion.

Aldrig förut har utvecklingsoptimismen med anledning av genetikens nya rön varit större och mera berättigad än idag.

Vilka faror kan denna optimism föra med sig?

Jag levde länge i tron att den nya biologins precision och objektivitet var en garanti mot att vetenskapsmännen än en gång skulle förlora kontakten med den verklighet de flesta av deras medmänniskor lever i. Samtidigt och på en annan nivå var jag dock smärtsamt medveten om hur svårt det är för oss att se våra egna referensramars relativitet. Fisken vet inte att den bor i vattnet, skolbarnet som plågas av främmande språks svårfattbara grammatik tror att hans självklara modersmål saknar grammatiska regler. Vi tar för givet att våra viktigaste etiska värderingar delas av människor i andra kulturer. Har den nya biologins snabba framsteg försett sina utövare med nya skygglappar?

Jag fick en allvarlig tankeställare när en av mina kolleger, en gammal vän och molekylärbiolog av hög internationell klass, kommenterade en av mina böcker på följande sätt (min översättning):

> ”Jag förstår att du är fascinerad av poesi, litteratur, psykologi. Allt detta tillhör en förgången värld. När vi får veta hur nervcellerna fungerar, i exakta molekylära detaljer – en utveckling som kommer att ske inom den närmaste framtiden – blir allt detta överflödigt, i likhet med den histopatologiska cancerdiagnostiken som är en subjektiv konst, jämförbar med impressionistiskt måleri, och inte

någon vetenskap. Den håller på att bli otidsenlig i och med att den molekylära cancerdiagnostiken utvecklas. Förståelsen av nervcellernas kemi och kommunikation, kartläggningen av deras genfunktioner och hela nervsystemets organisation kommer att erbjuda en pragmatisk generallösning för människan och hennes problem. Den mjuka, osäkra, subjektivt godtyckliga, spekulativa beskrivning av dessa processer så som de kommer till uttryck i den av dig så högt hällna poesin och annan skönlitteratur kommer att ersättas och upphävas av någonting precist, säkert och mätbart."

Jag trodde knappt mina ögon. Menade han allvar?

Uppenbarligen. I ett senare brev där han svarade på mina motargument utvecklade han sin syn vidare:

"För mig kan allt i människokroppen, precis som i alla andra livets former, reduceras till rättfram (*straightforward*) kemi som vi kommer att kunna beskriva i enkla termer. Varje gång vi försöker förklara vårt beteende och dess bevekelsegrunder, saknar vi i själva verket kunskap om den sanna mekanismen. Dina diskussioner förefaller mig rent deskriptiva. Det är ett grovt sätt (*a crude way*) att uppfatta vårt beteende, eftersom vi vet att beteendet styrs av finstämda kemiska reaktioner om vilka vi ännu inte har den blekaste aning (...). Molekylärbiologin har gjort biologin till en ansedd och respekterad vetenskap för första gången. Till slut kommer vi att kunna beskriva nervsystemet och även våra mera sofistikerade tankeprocesser (*more refined trains of thoughts*) i exakta kemiska och fysiska termer. Till dess undrar jag om det är särskilt konstruktivt att formulera förklaringar till vårt beteende och dess bevekelsegrunder (...). Enligt min mening är försöken att med psykologins hjälp förklara vårt beteende förhastade. De ger ingen definitiv redogörelse (*conclusive account*) för processerna bakom våra handlingar och reaktioner. Psykologin är ingenting annat än ett teoretiskt språk, liksom matematiken, men betydligt mindre exakt. Den är rent beskrivande och kan inte lämna någon information om hjärnans viktigaste processer (*major pathways*). Fram till helt nyligen kunde man säga samma sak om genetiken, men där är läget nu tillfredsställande. – Mitt synsätt uppmuntrar mig att fortsätta med den reduktionistiska analysen och planera försök som kan leda till djupare insikter om naturen i allmänhet och biologin i synnerhet. Min reduktionistiska ambition omfattar givetvis även nervsystemet. Det gäller att förstå inte bara de sympatiska och motoriska banornas struktur och funktion utan även de högre nivåer av kemin som står bakom idébildning och målformulering (*the higher orders of chemistry involved in formulating ideas or goals*). Jag vill därför avstå från att uttrycka någon uppfattning om okända esoteriska mysterier till dess att jag har en mer detaljerad kunskap om de kemiska reaktionerna. (...) Jag är en handlingsmänniska som håller på... att bygga upp en forskningsmiljö där vetenskapsmän kan penetrera livets enskildheter på ett reduktionistiskt sätt och jag drar mig för att använda psykologens eller teologens vokabulär. De två sistnämnda kategorierna är exakt lika oinformerade (sic! "*equally uninformed*") och har inga kunskaper på vilka de skulle kunna grunda sina förklaringar."

Längre fram i samma brev tillade min kollega att varken Freud eller Jung förtjänar att kallas vetenskapsmän. Och, för ytterligare eftertryck:

"Jag känner mig fullständigt blind (*blindfolded*) när någon börjar tala ett rent intellektuellt språk utan att förstå intellektets mekanismer (...) Livet har uppstått genom ett samspel av tillfälligheter för tre-fyra miljarder år sedan och har därefter utvecklats beroende på tillfälligheter. De regler och kontrollmekanismer som har utvecklats måste utredas experimentellt och inte genom intellektuella resonemang. Först när vi har utrett alla detaljer kan vi börja en meningsfull diskussion om våra emotionella motivationer."

Jag fann denna, förmodligen ganska avsiktligt repetitiva text minst lika häpnadsväckande som de betydligt vanligare kommentarer jag brukar få från den motsatta opinionspolen, kreationisterna. Jag frågade mig hur en intelligent person som tillhör topparna inom molekylärbiologin kunde ha fallit för den naiva, sedan länge grundligt komprometterade illusionen att helheten är en enkel summa av sina delar eller att komplexa sammanhang fullt ut kan förstås genom en reduktionistisk analys av sina komponenter. Även om nervcellernas biokemiska processer skulle komma att klarläggas i minsta detalj, vilket i och för sig är en så gigantisk uppgift att det finns anledning att betvivla dess utförbarhet, skulle vi inte kunna härleda medvetandets innehåll ur den molekylära analysen. Samspelet mellan olika hjärnor blir ännu omöjligare att projicera. Tanken är lika bisarr som om man antog att ljudvågors grafiska framställning på en skärm kunde väcka samma känslor som lyssnandet till en Mozartsymfoni.

Jag skrev detta till min kollega, men han svarade att motsvarande känslor visst kunde alstras med ljudoscillogrammets hjälp. En musiker kan ju höra musiken när han läser ett partitur, varför skulle han inte kunna lära sig att höra den när han tittar på ett audiogram? Svaret visade att han inte ville eller kunde förstå vad jag menade. Min metafor gällde inte en erfaren musiker som hade hört musiken förut och kunde återskapa den ur notbilden, utan någon som aldrig hört den och försökte förstå Mozarts budskap ur en intellektuell analys av ljudvågsdiagrammet.

Under den fortsatta, i vänlig ton hållna men alltmer absurda brevväxlingen förblev min kollega lika otillgänglig för mina argument som tidigare. Det blev en konversation mellan döva. Han beskyllde mig för ”vitalism” och påstod, helt felaktigt, att jag tillmäter ”själen” en oberoende existens som inte enbart grundar sig på nervcellernas biokemiska processer. Jag kallade honom ”molekylär fundamentalist”, en som åtminstone i någon mån påminde mig om religiösa fundamentalister. Efter denna pajkastning avtog korrespondensens intensitet högst betydligt.

Jag fick en déjàvukänsla vars ursprung jag hade ganska svårt att spåra. Så småningom mindes jag G. B. Shaws *Man and Superman*, som jag läste i tonåren. I avsnittet som handlar om Don Juans nedstigning till helvetet, berättar Hin Onde för kommendanten, alias statyn ur Don Giovanni om Nietzsches möte med Wagner när de råkade varandra i helvetet. Det blev ett jättebråk. Nietzsche förebrådde Wagner för att han hade förrått övermänniskan Siegfried och med Parsifal krupit till korset. Wagner svarade med ett vredesutbrott och insinuerade att Nietzsche egentligen var jude. Till följd härav flydde Nietzsche till den betydligt tråkigare himlen för att undvika fortsatta konfrontationer. Så blev det dock inte för min kollega och mig (ingen jämförelse i övrigt). Vår vänskapliga relation kvarstår, vilket jag finner både förvånansvärt och glädjande. Ett gott betyg för filosofiska kontroverser naturvetenskapsmän emellan?

Mitt möte med den molekylärbiologiska fundamentalismen på så hög nivå lämnade mig dock ingen ro. Tänker andra på samma sätt? Jag frågade några kolleger. En av molekylärbiologins grundare, François Jacob, svarade att många unga forskare tänker på ett liknande sätt, men knappast några i min och min kollegas ålder. Mina fortsatta meningsutbyten med kolleger inom den äldre generationen har i stort sett bekräftat detta, med endast ett märkligt undantag. En framstående enzymkemist, som har vuxit upp under Nobelpristagaren Arthur Kornbergs välvilligt faderliga inflytande, hade en annan inställning. Han och Kornberg själv kan bäst beskrivas som ”biokemiska utvecklingsoptimister". Av deras uttalanden att döma vill de gärna utvidga sin i och för sig välmotiverade förtjusning över den molekylärbiologiska revolutionen till något mera allmängiltigt. Utan att gå så långt som min korrespondent, som i stort sett ville suspendera allt andligt liv så länge det inte kunde förklaras i molekylära termer, verkar de tro att den nya biokemin kan erbjuda praktiska lösningar på mänsklighetens viktigaste problem.

Ingen av dem går dock så långt som en annan biokemist, tillika chefredaktör för den högt ansedda vetenskapliga tidskriften Science, Daniel Koshland, själv ivrig försvarare av det stora humangenom-(HUGO-)projektet. Vid den första HUGO-konferensen i oktober 1989 tillfrågades han av journalister om han inte såg viktigare problem i dagens amerikanska samhälle än kartläggningen av människans gener. Var inte de många hemlösa som sov ute i Amerikas storstäder ett större problem? Jomen, det är just för de hemlösa som HUGO-projektet är viktigt! utropade dr Koshland.* Ingen annan grupp kommer att dra större nytta av den nya humangenetiken! Han avstod från att närmare specificera vad han menade.

Hur långt kan man gå i sin iver att hävda betydelsen av sitt eget område? Absurditeten i Koshlands svar kan väl mäta sig med förordet till den första bok om DNA-strukturen och den genetiska koden som publicerades i Sovjet. Det skedde under 1960-talet, då Lysenkos stjärna redan var i dalande men då det fortfarande var osäkert om DNA-genetiken var "politiskt korrekt". Entusiasmen för vetenskapen var dock stor i Sovjet, framför allt beroende på det egna rymdprogrammet och kosmonauternas enorma prestige. – Det är viktigt att förstå den genetiska koden, skrev författarna i sitt förord. Naturen hittar ju bättre informationskoder än människan. Lär man sig den genetiska koden kan man

* Citerad av Evelyn Fox Keller, i Kevles & Hood: *The Code of Codes* (1992), s. 282.

förmodligen utarbeta bättre koder för kommunikationen med astronauterna!

Kontaktytan mellan forskning och samhälle, vetenskap och politik skapar allvarliga risker för överdrifter som kan gränsa till det absurda. Det föreligger en stor skillnad här mellan de "torra" vetenskaperna, t. ex. matematik, teoretisk fysik med flera ämnen som inte kräver laboratorier och utrustning, och de "våta" disciplinerna, exempelvis kemi och biologi som kräver dyrbara satsningar. Forskare inom de torra vetenskaperna kan fortsätta med sin kreativa verksamhet även under perioder av stora ekonomiska svårigheter. Matematiken i Ryssland och andra östblocksländer kan exemplifiera detta. Inom laboratorievetenskaperna kan forskarna inte behålla en internationellt konkurrenskraftig position utan att ha tillgång till samma utrustning och övriga resurser som kollegerna i rika länder.

Forskarens självrespekt är i hög grad beroende av kollegernas uppskattning, vilken i sin tur vilar på arbetets internationella nivå. I sitt sökande efter det stöd han behöver för att kunna hålla en sådan nivå är de flesta forskare medvetet-omedvetet beredda att överdriva sin forsknings samhälleliga betydelse, som oftast inte kan förutses.

Inget forskningsfält är i snabbare utveckling idag än molekylärbiologin. Det är också ett av de dyrbaraste områdena och kräver stora investeringar från det allmännas sida. Utan stora satsningar blir det inga nya resultat. Många av resultaten kan bli positiva och nyttiga. Men man får se upp med överdrivna förhoppningar. När festyran har lagt sig kommer i stort sett samma vardag tillbaka.

Under tiden kan det vara på sin plats att minnas de för inte så länge sedan flitigt trafikerade sidovägarna som ledde spikrakt till helvetet. De kantas ännu av ganska färska ruiner. Den moderna genetiken kan ses som en bred motorväg med svaga vägkanter. Dubbelspiralens triumf är århundradets kanske viktigaste vetenskapliga bragd. Horisonten är ljus. Det gäller att bygga starka vägräcken.

Epilog

Titeln på denna bok har sitt ursprung i det lilla fragment som återstår av Lessings förlorade "Dr Faustus" (se Prolog). Förutom detta fragment finns dock en bevarad samtida recension av verket från 1700-talet. Av den framgår att pjäsen började med en konferens i helvetet. Alla djävlar är kallade till Mefistofeles för att avlägga räkenskap för sina framgångar på jorden. Den siste djävulen rapporterar dock att han har träffat på en man som ingen djävul kan komma åt. Han har inga svagheter och inga passioner. Alla hans drifter har fått underordna sig den outsläckliga törsten efter kunskap och förståelse. Ha! – utropar Mefistofeles – "*dann ist er mein, und auf immer mein, und sicherer mein, als bei jeder andern Leidenschaft!*" ("... då är han min, för alltid min, och säkrare min än om han hade vilken som helst annan passion!").

Är detta sant?

Naturligtvis inte. Faustdramats upplösning motsäger också detta. Så är det även i Lessings "Dr Faustus" enligt den samtide recensenten, som menar att Lessing måste ha skrivit Mefistofeles utrop i den uppenbara avsikten att "oroa läsaren" och därmed öka den dramatiska spänningen. Men mot slutet, då helvetets makter redan jublar över den förmodade erövningen av Fausts själ, avbryts djävlarnas vrål av en ängel som ropar (i min översättning): "Sluta med era triumfsånger. Ni har inte besegrat mänskligheten och vetenskapen. Gud har inte gett människorna den ädlaste av alla drifter för att göra dem olyckliga i all evighet; det ni har sett och tror att ni äger är blott en fantom."

Mefistofeles och de övriga djävlarnas illa underbyggda tvärsäkerhet påminner mig om vår tids antivetenskapliga strömningar. Ibland möter jag dem när jag minst av allt väntar mig det.

Två charmerande bordsdamer

Vid en av dessa middagar som jag inte var förutseende nog att tacka nej till, beroende på pliktkänsla, bristande fantasi eller ren tröghet, befinner jag mig mellan två vackert klädda damer i den yngre medelåldern som jag inte träffat tidigare. Efter en halvtimmes bekantskap frågar damen till vänster om mig vilken månad jag är född i. Jag ger henne datumet. Lejon, säger hon.

Den hittills avspända konversationen ändrar karaktär. Hon börjar diskutera kvinnoförtryck. Till min förvåning märker jag en tilltagande aggressivitet. Efter en stund är jag helt säker: hon ser mig som manschauvinist och dominant kvinnoförtryckare. Förgäves försöker jag hävda att jag har uppmuntrat ett ansenligt antal kvinnliga forskare. En nydisputerad kvinna har offentligen framhållit att man på min institution aldrig märkte någon särbehandling forskarna emellan på grund av könsskillnad. Hon ansåg att jag borde väljas in som hedersledamot i organisationen för kvinnofrigörelse! Jag blir inte trodd. Så kan det inte vara. Jag är ju född i lejonets tecken!

Jag vänder mig till damen på min högra sida. Vi skålar, jag får ett vänligt leende. Är du vetenskapsman, frågar hon. Har du klart för dig att vetenskapen har förstört världen? Atombomber, kärnkraftverk, miljöförstöring, algblomningen, säldöden och kanske även aids måste föras upp på vetenskapens skuldlista. Vem vet vad som kommer härnäst.

Jag invänder att säldöden kommer från ett hundvirus vars ursprung med stor sannolikhet spårats till en epizooti på Grönland. De sjuka hundarna dödades och slängdes i havet. Det kan knappast lägga någon industriell eller ”vetenskaplig” miljöförstöring till last.

Mina argument gör inget intryck. Kan man utesluta att virus uppstår ur den förstörda miljön?

Jag börjar en liten privatföreläsning om virus. Endast virus kan ge upphov till virus, DNA-virus till DNA-virus och RNA-virus till RNA-virus. Influensa föder influensa, mässling föder mässling. Nukleinsyra uppstår endast ur nukleinsyra, inte ur dioxin eller andra industriprodukter.

Hon lyssnar med ett halvt öra medan hon skålar tvärs över bordet och tittar på de andra gästerna. Själv får jag en misstänksam blick. Jag ser tanken bakom blicken. Så talar den som är part i målet.

Vetenskapen bär skulden till allt vår elände, upprepar hon som om jag ingenting hade sagt.

Jag frågar om hon och andra i hennes värld inte hade hoppats att finna en ny gud i vetenskapen, efter att de vänt religionen ryggen och blev besvikna när deras önsketänkanden och illusioner sprack? Kan man inte visa lite större tålamod? Vetenskapen har inte löst och kommer inte att lösa alla problem, men endast med vetenskapens hjälp kan man ta sig an problemen på ett rationellt sätt.

Nonsens, svarar hon oförblommerat medan jag börjar undra om hennes uppenbara arrogans återspeglar en trend hon har anammat, en påklistrad attityd av samma kategori som hennes frisyr och klädedräkt. Möter jag de självrättfärdigas gamla välkända bigotteri i en ny skepnad?

Miljöförstöringen och u-ländernas elände visar att vetenskapen inte har klarat av sin uppgift, fortsätter hon.

Jag blir alldeles mållös. Nej, hon skämtar inte. Hennes sats bekräftar precis vad jag har sagt till henne ett ögonblick tidigare, men utan att hon själv märker det.

Nu är det min tur att fråga damerna vad de sysslar med. Den vänstra damen är reklamtecknare. Hon är särskilt stolt över de teckningar hon nyligen gjort på beställning för den aids-förebyggande kampanjen. Hennes dröm, som hon dock hittills inte kunnat förverkliga, är att ställa ut sina tavlor. Den högra damen är journalist. Hon har en fast kolumn i en damtidning där hon också skriver bokrecensioner. Knappt har hon sagt det förrän hon börjar häva ur sig hårresande men säkerligen åtminstone delvis sanna historier om den kosmetiska industrins hänsynslösa utnyttjande av vetenskapen. Hon gör ingen distinktion mellan seriös vetenskap och pseudovetenskap och skiljer inte heller mellan nyttiga produktförbättringar och ovederhäftig kommersiell reklam. Hon nöjer sig med att med ett triumferande leende föra upp allt i en enda klump på vetenskapens syndaregister.

Jag försöker en annan linje.

Tänk efter. Jag är en bra bit över sextio, men kan ändå sitta här och konversera med dig utan att bekymra mig om min hälsa. Min mamma är frisk och fortfarande rätt pigg med sina 95 år. Mina barn och barnbarn är friska, de har aldrig utsatts för livshotande sjukdomar. Du och andra i detta rum kan säkert berätta liknande saker. Vi tar detta som en helig rättighet, en självklar del av vårt livskontrakt. Men det var inte alls självklart för bara hundra eller tvåhundra år sedan. De medicinska och biologiska vetenskaperna har spelat en stor roll för denna utveckling. Var skulle vi befinna oss utan den moderna mikrobiologin, bakteriologin, virologin, immunologin och smittskyddet?

Vid patologiska institutionen i Budapest, där jag arbetade strax efter andra världskriget, obducerade jag många barn som hade dött av meningit, polio eller tuberkulos. Jag har sett hundratals spädbarn på obduktionsbordet. De hade dött av andra infektionssjukdomar eller av olika bristtillstånd. Dagens medicinare ser ingenting av detta.

Häromkvällen såg jag Ibsens *Gengångare*. Vilka sjukdomar, vilka familjetragedier, vilka förstörda liv har inte dolt sig bakom den borgerliga anständighetens av kyrkans hycklande pekfinger ständigt kontrollerade och vid behov tillrättalagda fasad! Ta sonen Osvald i pjäsen. Maskäten från början. Medfödd syfilis. På väg mot nervsystemets totala sammanbrott. Precis som Nietzsche, en av århundradets mest briljanta hjärnor, under samma epok.

Idag har syfilis och många andra infektionsproblem starkt minskat i betydelse. När jag studerade medicin fick vi ofta höra den erfarne läkarens råd till sin student: Kommer en ung man med obestämda symptom, tänk på tuberkulos i första hand. Är det en medelålders man, tänk på syfilis, är det en äldre man, tänk på cancer.

Den unge läkaren av idag behöver inte tänka på vare sig tuberkulos eller syfilis i första hand. Cancer är fortfarande en folksjukdom, men den har förlorat den oundvikliga dödsdomens prägel. Om alla slutade röka, skulle dessutom minst en tredjedel av cancerfallen försvinna. Omkring hälften av cancerpatienterna kan botas. Man kan ofta förlänga livet hos dem som hör till den andra hälften eller åtminstone mildra deras lidande. En annan gammal sats, som säger att en god läkare botar sällan, hjälper ofta, tröstar alltid, är inte heller aktuell i samma form. Tyngdpunkten har förskjutits. Man botar mycket oftare.

Schubert, Schumann och Mozart dog i trettioårsåldern, fortsätter jag, och blir alldeles hänförd av mina egna ord. Pergolesi blev tjugosex, Arriaga nitton. Fråga mig inte hur de hann med allt de skapade. Varken sjukdomar, ständiga penningproblem eller andra svåra motgångar kunde stoppa dem. Ta Schubert. Hans föräldrar fick fjorton barn, varav nio dog i spädbarnsåldern. Han började komponera när han var tretton och dog när han var trettioett. Räknar man fram hans totala "arbetstid", enligt våra begrepp men utan att räkna med några fria helger eller semestrar, och ger en skicklig notskrivare i uppdrag att kopiera hans samlade verk, räcker inte tiden ens för den snabbaste. Nej, fråga inte hur det var möjligt. Det är kanske mera relevant att fråga vart dagens Schubert- eller Mozartliknande begåvningar tar vägen. Styrs de in på andra banor? Var hittar de ett lämpligt mål för sin aktivitetslusta? Blir de politiska revolutionärer, u-landsarbetare eller miljöaktivister? Hur skall man värdera dagens "eldsjälar" i jämförelse med de stora kompositörernas förmåga att uttrycka hela vårt känsloliv – och i viss mån även grunddragen i vår tankeverksamhet – i toner som kan inspirera och "lyfta", eller lugna och trösta, lyssnande människor i alla tider och i alla kulturer?

På Mozarts och Schuberts tid måste kvinnorna föda minst fem sex barn för att två skulle överleva till vuxen ålder. Barnadödligheten betraktades som något självklart och oundvikligt. Numera är den så sällsynt att den upplevs som den tragedi den är. Tar vi det goda för givet, medan vi letar efter syndabockar för allt det onda som drabbar oss?

Så talar en vetenskapsman när han håller försvarstal, replikerar den bokrecenserande kolumnisten, den tvärsäkra opinionsbildaren på min högra sida, fullständigt oberörd. Ett mycket vackert tal, förresten. Men mig övertygar det inte. Inte ens alla infektionssjukdomar är utrotade, för att inte tala om många andra sjukdomar. Ta bara en titt på tredje världen! Allt elände beror ju på den vite mannens utsugningsmetoder, vetenskapen inräknad. Hur kan du säga att problemen är lösta när många miljoner barn dör av svält varje år? Kan man tala om att farsoterna är besegrade när vi har en global aids-epidemi? Och hur kan du tala om vetenskapens seger, cancerforskare som du är, när du vet att hälften av cancerpatienterna fortfarande dör av sin sjukdom? Känner du inte vanmakt inför den döende cancerpatient som du inte kan hjälpa?

Vetenskapen är ingen gud som kan förlösa mänskligheten från alla dess problem, upprepar jag mera bestämt men nu utan något som helst hopp om att vinna gehör. Som jag redan har sagt har du och dina ideologiska föregångare inte nöjt er med att avskaffa Gud i rationalitetens namn, vilket jag ser som en riktig och nödvändig handling, utan satt dit vetenskapen i hans ställe. Följaktligen ställer ni irrationella krav. Ni har överdrivna förväntningar och blir besvikna när de inte infrias av verkligheten. *Men verkligheten är vad den är.* Vi måste beskriva och efter bästa förmåga försöka förstå hur saker och händelser hänger ihop. Vi måste försöka odla fram lagbundenheterna ur samspelens oerhörda komplexitet, utan att förlora blicken för detaljerna. Vi måste framför allt visa större ödmjukhet inför naturen. Vi har visserligen bemästrat de flesta av dess faror och tagit många av dess krafter i vår tjänst men vi är inte allsmäktiga. Hur kan du beskylla människan för att ha förstört naturen samtidigt som du klagar över att hon inte fullt ut har bemästrat den? Ser du inte motsägelserna, *ser du inte högmodet i dina egna argument?* Vi måste tygla vår egen hybris och undvika önsketänkandets och illusionernas fällor.

Jag har nu lyckats elda upp mig ordentligt och tittar på mina bordsdamer med nya förväntningar. Hur kan de undgå att röras av mina i mitt eget tycke helt övertygande argument? Men jag möter endast skeptiska ansikten, spotska, nästan hånfulla "försök inte!"-blickar, ogenomträngliga försvarsmurar på bägge sidor. Jag får väl lägga av. Det skulle vara lönlöst att förklara för dem att vetenskapsmannen måste koncentrera sig på sitt arbete och lägga fram sina resultat förutsättningslöst samt att den praktiska tillämpningen och dess organisatoriska aspekter i allmänhet ligger utanför hans kontroll. Jag upplever lite av samma frustration som i min ungdom i Ungern när jag försökte argumentera mot judarnas kollektiva skuldbeläggning inför övertygade nazister eller senare i livet då jag försökte förklara evolutionsteorin för trosvissa kreationister.

Jag gör ett sista desperat försök. Jag lämnar det principiella och övergår till mera konkreta exempel. Jag berättar om vävnadstypning och organtransplantation. Tänk på alla unga människor som nu kan räddas från en säker död! Benmärgstransplantation är ett bra exempel. Har du någonsin träffat en familj med ett barn som lider av leukemi? Vet du inte vilka offer föräldrarna var beredda att göra för att rädda det till livet men att allt var förgäves? När jag läste medicin, fanns ingen möjlighet att bota dem, barnleukemi var hundraprocentigt dödlig. Idag känner jag många vuxna som bär en annan persons benmärg hela livet igenom, med perfekt livskvalitet. Tänker du på leukemi och benmärgstransplantation när du lyssnar på Carreras underbara tenorröst? Det borde du göra, han är en av dem. Eller tänk på njursjukdomarna. Minns du, i litteraturen om inte annat, den unge mannen eller kvinnan med skrumpnjure? Tidigare var de hopplöst förlorade – ett tacksamt ämne för tragiska pjäser! Idag kan man berätta helt annorlunda historier, men de lämpar sig inte för teatern. En av mina kolleger räddade sin son genom att donera sin ena njure till honom. Den unge mannen blev helt frisk men beroende av ständig medicinering. Trots detta envisades han med att illegalt sprida biblar i Sovjet och utsatte sig för stora personliga risker, inklusive arrestering och avbrott av medicineringen. Han klarade många farliga resor under en följd av år.

Försvarstal igen, säger damen på min högra sida, medan den vänstra, som för länge sedan har arkiverat mig i lejonfacket, ler överlägset. De flesta transplantationer är meningslösa eftersom de bara förlänger livet på gamla utslitna människor som inte borde hållas vid liv. Vilka onödiga kostnader! Och vem kan försvara konstgjorda hjärtan – vilket vansinne, vilket ingrepp i naturen! För en tid sedan läste jag om försök på hundar som fick ett nytt huvud genom transplantation. Snart kan man byta huvuden mellan människor, hur ska det gå? Kommer man att förse ett gammalt huvud med en ung kropp?

Du talar science fiction, svarar jag efter att ha svalt en replik om en viss likhet mellan hennes allmänna fördömande av livräddande ingrepp på äldre människor och vissa naturfolks seder att sätta ut sina gamla föräldrar om natten som ett byte för hyenorna. Du är påverkad av ovederhäftiga journalisters sensationsmakeri. Du blandar ihop olika saker som inte har med varandra att göra. Jag har också läst om ett experiment i Ryssland där man fick ihop två huvuden på en och samma hund, men det var inget transplantationsförsök. Det var ett kortfristigt djurförsök där man på ett helt meningslöst sätt ville undersöka frågor som rörde blodcirkulationen. Det är inte särskilt klyftigt att blanda ihop detta med organtransplantation.

Du kan inte övertyga mig, säger damen, inte ovänligt men bestämt. Vetenskapsmän är farliga, de bryr sig bara om sin forskning. De måste bevakas noga, man vet aldrig vad de tar sig till. Inga kontroller är helt betryggande, de kan alltid kringgås av några.

Jag svarar nu ganska upprört. Jag har undervisat och handlett hundratals forskarstudenter och har haft närkontakt med oräkneliga unga och äldre forskare i mer än fyrtio år. Ännu har jag aldrig sett den person du syftar på. Jag kan försäkra dig att de ungdomar som ger sig in i forskning, och väljer bort bekvämare och bättre avlönade sysslor som erbjuder mera lättköpta segrar, är lika seriöst motiverade som miljöaktivisterna! De vill i första hand göra god forskning. Självfallet strävar de efter framgång, i likhet med andra människor, men de blir mycket lyckliga när deras arbete gör, eller åtminstone ställer i utsikt, en viss praktisk nytta, exempelvis för de cancersjuka. Det är snarare jag som avråder dem från att tänka alltför mycket på praktisk nytta. Vill man endast eller i första hand arbeta för praktiska mål, har man en tendens att planera och tolka sina experiment i förhållande till denna målsättning. Det kan bli ett handikapp. Man kan lätt råka ut för positivt eller negativt önsketänkande. En annan risk är att man traskar på i upptrampade fotspår och endast siktar på praktiska lösningar inom ramen för redan kända fakta i stället för att söka ny kunskap som kan leda till ökad förståelse och eventuellt, men inte nödvändigtvis, bidra även till praktiska lösningar. Vår målsättning är med andra ord att i allt större detalj ta reda på den verkliga situationen, i alla dess för våra mätningar och bedömningar tillgängliga detaljer, utan hopp och utan förtvivlan.

Jag märker att min iver ökar i proportion till åhörarnas allt absolutare dövhet. Damerna vill överhuvudtaget inte tala om de cancersjuka. Jag har varit med om detta förut. ”Aktivisterna” vill inte höra talas om cancer när de dömer ut den biologiska vetenskapen. Min allt mindre förtjusande högra bordsdam återvänder i stället till molekylärbiologins faror, som enligt hennes mening hotar hela växt- och djurvärlden. Hon är särskilt misstänksam mot den teknologi som hon kallar för ”gene splicing”, i linje med en gängse medieterm.

Varför har just detta tekniska namn fått aktivisterna att spetsa öronen, snarare än molekylärbiologi, hybrid-DNA eller rekombinant-DNA-teknologi? Det kan bero på termens manipulativa karaktär. Det låter som ett kirurgiskt ingrepp som riktar sig mot livets heliga kärna. Benämningen har ersatt verkligheten, slagordet slängs fram i stället för analys, fantasins associationskedjor tillåts härja fritt och utan kontakt med sitt objekt.

Innan vi äntligen får resa oss från bordet har damen till vänster, som måste ha märkt min reaktion, hunnit berätta en rad anekdoter om människor vars beteende, karaktär och även subtila idiosynkrasier överensstämde med deras stjärnbild.

Nej, inga fler middagar för mig på minst ett år!

Rabbinens besök

Adin Steinsaltz gästar Stockholm. Den store Talmudöversättaren och tolkaren har kommit för att i två hela dagar undervisa judiska grupper. Det är en viktig händelse för åhörarna. Steinsaltz har ett ofantligt register. Det är inte utan skäl som han har kallats för ett levande universitet. Han började sin utbildning som fysiker och har även läst biologi innan han helt kom att ägna sig åt rabbinens kall.

Jag minns vår konversation om fosterdiagnostik (se essän ”Modern genetik” ovan). Jag blir därför mycket glad när jag får ett telefonmeddelande om att Steinsaltz gärna vill träffa min hustru Eva och mig sent på lördagskvällen efter att han undervisat hela dagen. Klockan tio på kvällen är hans enda lediga tid. Ny undervisning börjar på söndagsmorgonen klockan åtta.

Vi räknar med att det skall bli en kort artighetsvisit när vi infinner oss på hans hotell. Steinsaltz anländer i sällskap med två svenska judar som har lyssnat till honom hela dagen. Nu skall han bara ta farväl från sabbaten på föreskrivet sätt genom att läsa aftonbönen i sitt rum med de två andra. Därefter kommer han att "överlämna sig till oss". Det låter något kryptiskt. Vi väntar.

Bara några minuter senare är Steinsaltz tillbaka i lobbyn, med hatt ovanpå kipan, den från bakhuvudet aldrig vikande lilla mössan. Allt tyder på att han är redo att gå ut. Vi frågar om han har några särskilda önskemål.

Ni får bestämma, säger han. Jag är nattmänniska, jag förmodar att ni är det också.

Vi tar honom med hem. Eva brygger starkt kaffe. Sedan börjar ett samtal som pågår till klockan tre på morgonen. Steinsaltz är på ett strålande humör. Han uttrycker sin glädje över att slippa undervisningen och särskilt de många stora frågor han måste ge korta svar på, dagarna i ända. Man hinner aldrig tränga in i dem ordentligt. Man känner sig ytlig och urholkad till slut, tillägger han.

Jag känner tillståndet mer än väl. Man börjar med spontant glada leenden, men de har en tendens att frysa till en stel grimas efter några timmar. Tröttheten och ledan pressar fram stereotypa svar. Man får avsmak för sig själv, längtar efter ensamhet.

Rabbinen vill ha mera kaffe. Stora mängder svart kaffe utan någonting i.

Jag frågar hur han klarar sig med sin medfödda ämnesomsättningsrubbning, Gauchers sjukdom, vilken hade föranlett vår tidigare dialog om fosterdiagnostik (se ovan "Modern genetik"). Jag uttrycker min glädje över att han ser riktigt frisk ut.

Jo, det går mycket bra, välsignad vare Namnet. Hans snabba repliker avslöjar att han vet en hel del om enzymdefekten vid Gauchers sjukdom. Ett lämpligt ersättningspreparat finns nu i medicinerbar form. Det är dyrt och svårtillgängligt, men det förebygger fortsatt fettavlagring och bryter ner det som redan har lagrats. Inom en nära framtid kan det bli möjligt att bota sjukdomen med genterapi. Steinsaltz är mycket glad över denna utveckling. Han har även en annan anledning att känna glädje över den moderna medicinen. Ett av hans barn drabbades av akut leukemi. Dessbättre hör sonen till den lyckliga hälft som numera kan botas. Han nalkas femårsöverlevnadsstrecket och är symptomfri.

Steinsaltz spinner vidare på temat vetenskap. Hans insikter i medicin och biologi är imponerande. Jag undrar hur denna hyperintelligenta människa har löst det enligt mitt synsätt olösbara problemet religion–vetenskap. För mig framstår det som en logikens återvändsgränd, lika absurd som cirkelns kvadrering. Kan man göra annat än att med vattentäta skott skilja religion och vetenskap åt? Kan en person med Steinsaltz insikter om livet och människan nöja sig med en sådan lösning?

Jag vill gärna tala om biologi men han för in samtalet på fysiken. Man känner till över hundra elementarpartiklar. Deras funktion är i de flesta fall så gott som helt okänd. De får allt fantasifullare namn. Så har t. ex. "kvarkarna" lånat sitt namn från *Alice i Underlandet*. Saga och fantasi har definitivt letat sig in i en av de mest exakta vetenskaperna. Steinsaltz tycker sig bland fysikerna märka en viss uppgivenhet inför vetandets gränser.

Vi lever i en tidsålder av alltmer utbredd vidskepelse, fortsätter han. Det är en postrationell, postmodernistisk period. Den ter sig som början till en ny hednisk epok där irrationalitet och mysticism får ett allt starkare grepp om människorna. Osäkerhetsprincipen och kaosteorin har slagit undan benen för logiken och kausaliteten.

Men biologin då? – envisas jag. Molekylärbiologins precision, DNA-språkets universella läsbarhet, försökens upprepbarhet och logik?

Javisst, säger rabbinen. Jag håller med om att biologin är vetenskapernas ”cutting edge” – spjutspets – i vår tid. Men inom fysiken...

Varför går han ständigt tillbaka till fysiken? Varför väljer denne rationelle man den irrationella utvägen? Hur ofta har jag inte mött denna bakvända logik: vid vetandets gränser blir fysikens perspektiv suddiga och oklara och ”mycket som man trodde var omöjligt har nu visat sig möjligt”. Steinsaltz har inte försökt att föra in gudsmyten i vårt samtal, men andra judiska eller kristna troende brukar göra det med eftertryck. Men rationalitetens erkänt begränsade räckvidd duger inte som legitimering av irrationaliteten. Naturlagarna kan inte upphävas. Visst kan man göra många saker idag som man höll för omöjliga igår. Man kan transplantera hjärtan, njurar och levrar, men aldrig kommer man att kunna transplantera en hjärna, eftersom den oåterkalleligt förlorat sina nervbanors regenerationsförmåga. Man kan skapa möss som bär på människogener, men man kommer aldrig att kunna framställa en kentaur. Man kan slå ut bestämda gener hos möss och ersätta dem med råttgener om man så vill, men man kommer aldrig att kunna göra en mus till en råtta. Vetenskapliga texter kan dekonstrueras, precis som andra texter, värderelativismen har en viss giltighet för biologin och andra naturvetenskaper, men organismerna styrs och kommer i all framtid att styras av det biologiska materialets och framför allt DNA-ts möjligheter och begränsningar. Sanningshalten i ett visst påstående måste verifieras eller ogiltigförklaras genom experiment som måste kunna upprepas av andra. Jag skulle vilja se den dekonstruktionist som väljer att analysera språket i en artikel om penicillin i stället för att ta det när han får lunginflammation!

Finns det ett samband med hans yrke i den hos Steinsaltz

ständigt återkommande glidningen från en rationell position mot något mera irrationellt? Rabbinen är mycket mer än en judisk variant av själasörjare. Han är även domare, rådgivare, lagtolkare och sina devota församlingsmedlemmars ögonsten i en och samma person. Löser han det olösbara dilemmat genom att vända sin strålkastare från biomedicinen, som har räddat honom och hans son, och rikta den mot det mörka, otillgängliga området mellan fysik och metafysik?

Vi byter samtalsämne. Yeshayahu Leibowitz har två dagar tidigare dött, 93 år gammal. Jag har tidigare skrivit om denne otrolige polyhistor, organisk kemist, neurofysiolog, bibelexpert, litteraturhistoriker, filosof och inte minst den israeliska politikens *enfant terrible* vars extrema frispråkighet mot krig och ockupation och för fredlig samlevnad kunde jämföras endast med vreden hos en biblisk profet.*

Leibowitz var inte rabbin utan vetenskapsman, men en ortodox troende, även han. Han "löste" det olösbara dilemmat genom en dualistisk syn på kropp och själ, ande och materia. Han byggde vattentäta skott. Religionen och dess många lagar kunde inte ifrågasättas. Judendomens väsen var att man följde lagarna till punkt och pricka, utan att ifrågasätta dem. Men vetenskapens lagar var lika absoluta för Leibowitz. Minst två olika världar bodde sida vid sida i hans sinne. De var konsekventa var och en inom sina egna gränser.

Det slår mig plötsligt att jag kanske missat huvudsaken. För dessa båda oerhört lärda herrar var lärdomen visserligen av stor betydelse men kanske ändå sekundär i förhållande till deras samhälleliga uppgift. Rabbinen är inte bara lagens förkunnare, utan även sin församlings praktiska vägvisare. Polyhistorn Leibowitz satsade hela sin formidabla lärdom och därmed sammanhängande prestige på fredens sak. Han varnade ständigt för ockupationens psykologiska följder och påminde om det etiska och även pragmatiskt

* Klein, G.: "När tiden upphör...", i *Utvägen* (1992), s. 243-304.

livsviktiga kravet på fredliga lösningar. Hårt och skoningslöst, i fränaste ordalag, angrep han gång på gång den reaktionära högern. Vi har varit andens folk, framhöll han, vi får inte bli det råa våldets soldater och polismän.

Ville både Steinsaltz och Leibowitz nå människornas rationella och irrationella nivåer på en och samma gång, i vissa avseenden på liknande men ändå principiellt olika sätt? Båda hade samma judisk-ortodoxa utgångspunkt, men nalkades det i mina ögon olösbara huvudproblemet på skilda sätt.

Hur såg Leibowitz på den moderna biologin? På min fråga, som ställdes strax efter hans nittioårsdag, svarade han följande:

Kunskapen om det ärftliga materialets, DNA-ts, kemi, replikation och funktion samt dess kodtext är utan tvivel det viktigaste vetenskapliga framsteget i detta århundrade. Men hur mycket man än lär sig om DNA kommer ingen någonsin att kunna besvara frågan varför denna hårtofs på mitt huvud växer så att den pekar åt höger snarare än åt vänster.

Men professor Leibowitz, invände jag, jag har nyligen träffat en ung forskare i Kalifornien som har löst just detta. Han har hos bananflugan isolerat den gen som gör att håret på ett visst ställe växer åt höger och inte åt vänster.

Nonsens, svarade Leibowitz på sitt som vanligt direkta sätt. En gen kan man ta ut, man kan sätta den i en cell och få den att fungera. Man kan läsa dess kodtext. Ändå kan ingen tala om varför håret växer åt höger och inte åt vänster.

Vad är detta, undrade jag utan att våga opponera mig mer. Ett underkännande på förhand av den funktionella analysen? Eller en emotionellt betingad dualism? Kropp och själ skall vara två olika världar, och aldrig skall de två mötas?

Vattentäta skott. Den religiösa ortodoxin definierar sin orubbliga position även hos den mest lärde. Skulle varje uppmjukning uppfattas som ett hot?

Ja, men mot vad? Mot religionens och de religiösas ställning i samhället, en integration eller snarare en pseudointegration som kräver att logiskt oförenliga världar skall fungera parallellt, sida vid sida? På vilket sätt känner man sig hotad, vad vill man till varje pris skydda? Den etiska världsordningen? Den etniska gruppgemenskapen? Det historiska arvet? Eller kanske bara den egna livsformen?

Vetenskapen erbjuder ingen religion. Religionen kan aldrig införliva den, försöken att förena de två leder till skenresultat. Vill man behålla båda världarna kompromisslöst, blir man tvungen att välja dualismens vattentäta skott.

Fläkten av en subkultur

Wien, 1994. Det är måndag klockan elva på förmiddagen. Jag har just avslutat min föreläsning om tumörevolutionens genetik vid det tysktalande hematolog-onkologsällskapets kongress i Hofburg. Det "nya slottet", som byggdes i slutet av 1800-talet, används som kongressbyggnad. Habsburgmonarkerna och deras magnifika byggnader stiger fram som halvsekelgamla minnen från historielektionerna i mitt Budapestgymnasium.

Endast en enda gång kom det nya slottet till användning för en historiskt betydelsefull händelse. Härifrån proklamerade Hitler Österrikes *Anschluss* till Stortyskland. Det är skönt att i samma salar få tala om celler, gener och virus i stället för om herrefolk och *ausradieren.*

Jag har några håltimmar efter föreläsningen. Hur vore det med ett museibesök?

Jag frågar på hotellet. Nej, på måndagar är allting stängt. Såvida Herr Professor inte vill...

Vadå?

... inte vill gå på Mapplethorpeutställningen, säger portieren en aning generad.

Ja, varför inte?

Inte alla tycker om den, fortsätter portieren. Den är ganska chockerande. Det beror på ens smak. Men den är i samma hus som Hundertwassermuseet, det är också öppet.

Ja, men dit går jag mer än gärna, utropar jag stormförtjust.

Jag börjar med att vandra runt bland Mapplethorpes stora svartvita, glansiga foton. De är vackra *comme une rêve de pierre*, som en dröm av sten, i Baudelaires sonett om skönheten. Homoerotikens estetik? Kanske det. Människokroppens skönhet lyser igenom med en kraft som påminner om grekiska statyer eller om renässansmålningar, men här finns en fallocentricitet som rimmar illa med den grekiska ynglingakroppens naturliga harmoni. Konstnären-fotografen verkar helt besatt av hanens lilla kopulationsinstrument. Det är ständigt i fokus och uppförstoras ofta till gigantiska proportioner. Det påminner mig om anatomiboken, eller om primitiva maskar vars reproduktionsorgan dominerar hela kroppen.

Vad förmedlar Mapplethorpes otaliga penisar, svarta och vita, styva och slaka, små och stora men mest stora? Reproduktion och fertilitet som kultfigurer från urgamla naturfolk? Kärleksfull omfamning som de indiska Kamasutra-statyerna? Ingetdera. Ofta förekommer de tillsammans med knivar eller pistoler. Kedja och piska. Muskler och svart läder. Och här och var – som en ursäkt? – en mjuk och gracil, alltid öppen orkidé.

Jag tänker på Pasolini. Skaparen av den mjuka, kärleksfulla filmen *Theorema* om den moderna Kristusgestalten. En blid, bisexuell frälsare som famnar alla, inklusive den gamla gumman i diket vid vägkanten, och kan höja sig flera meter i luften med utbredda armar för att förkunna sitt kärleksevangelium. Pasolini. Brutalt mördad av det sadistiska gäng som han hade hamnat i. Jag minns också en annan stor filmskapare, Fassbinder. Fördärvad av amfetamin, kroniskt sömnlös i sitt hotellrums ökande isolering, allt fulare, fetare, skäggigare och smutsigare för att ge sina unga älskare en chans att visa att de älskade honom ändå. Sedan petade han bort dem som kletiga flugor när de inte längre behagade honom. Somliga förpassade han till fördärvet. Ett fall kulminerade i självmord och en långsam förruttnelse i en av hans lägenheter tills grannarna kände lukten.* Ja, jag talar inte om någon annan än min beundrade Fassbinder, en världsberömd man som inte längre kunde sova, men fortfarande så uppfylld av prestigetänkande och svartsjuka att han blev rasande när en Oscar han hade väntat sig gick till någon annan. Död till slut av en överdos sömnmedel, endast någon meter från sin vakande men portförbjudna stab utanför hotellrummet, i en desperat sista ansträngning att få lite sömn.

Eller Foucault. Av somliga ansedd som en av seklets största filosofer, "arvtagaren efter Sartre", en av strukturalismens främsta talesmän, postmodernismens och dekonstruktionismens intellektuella symbol men samtidigt passionerad deltagare i sadomasochistiska badhusriter i Kalifornien. Några av Foucaults intervjusvar i ämnet återges i en nyutkommen biografi.** Foucault hoppades (i min översättning) "... på en kultur som uppfinner nya relationstyper, existensformer, kommunikationsmöjligheter individer emellan som verkligen är nya och varken är identiska med eller påklistrade redan befintliga kulturformer. Om det kan bli verklighet kommer gay-kulturen att inte bara vara en homosexuell valmöjlighet, utan förhållanden kan skapas som vid en viss tidpunkt skulle kunna överföras till heterosexuella."

Jag noterar att Foucault betonar det *nya*, inte det *sanna*. Har samma tendens inte visat sig inom konsten och musiken? På vems altare har man lagt ner vår kultur som offergåva? Recensenternas, kollegernas, kritikernas, massmedias eller det blaserade, uttråkade välfärdssamhällets altare? Det var inte för människan, hennes biologi, intellekt eller käns-

* Katz, R.: *Love is Colder than Death* (New York, 1987).

** Macey, D.: *The Lives of Michel Foucault* (New York, 1993), s. 367-369.

loliv man tände offerbålen, anställde hekatomben...

Om sadomasochism (SM) säger Foucault följande:

> "... man finner ut nya möjligheter till njutning med ovanliga delar av sin kropp – genom kroppens erotisering. Jag tror att det är en sorts skapelseakt, ett kreativt företag. Ett av dess viktigaste drag är vad jag kallar för njutningens avsexualisering..."

Och senare:

> "Man kan säga att SM är maktens erotisering, strategiska relationers erotisering... SM-spelet är mycket intressant eftersom det alltid förblir flytande. Det finns naturligtvis roller men alla vet att rollerna kan omvandlas till de motsatta. Scenen börjar ibland med herren och slaven och slutar med att slaven har blivit herren... Detta strategiska spel som en källa till kroppslig njutning är mycket intressant."

Intressant? Har de franska intellektuellas mest framträdande ledargestalt inte kunnat finna ett intressantare ord?

Foucault dog i aids, liksom Mapplethorpe och Mapplethorpes närmaste vän.

Ingen kan rå för aids. Det är inte Guds eller djävulens straff, HIV är bara ett virus. Det är varken mindre märkvärdigt eller märkvärdigare än andra virus. Men virus är mycket raffinerade parasiter. Även det dummaste virus är klokare än den klokaste virologen. HIV valde fyra huvudsakliga spridningsvägar då det likt en medeltida mongolinvasion kastade sig över vår aningslösa värld. De blödarsjuka, som var beroende av stadigvarande behandling med koncentrat ur tusentals människors blodplasmor, tillhörde de första offren, liksom blodtransfunderade operationspatienter och olycksfall. Sedan kom de intravenösa narkomanerna med sitt självvalda, långsamma självmord, särskilt i dess kollektiva form, där orena sprutor går från hand till hand, från ven till ven. Tätt bakom, under, över och omkring detta låg Naturens stora gåva till oss redo att sprida viruset i kompassrosens alla riktningar, allas vår och allt annat högre livs skapande urmoder och mäktige far: sexualiteten. Men till en början, och för det mesta, var det inte i dess ängsblomslika, av rödkindade Rubensänglar bejublade form och inte heller dess skapande och avlande utan i dess många patetiska, depraverade, kontaktsökande, promiskuösa och i grund och botten ofta desperat ensamma homo- eller heterosexuella manifestationer. De homosexuella drabbades visserligen tidigare och hårdare än de heterosexuella men det är en trivial, teknisk skillnad – viruset följer inte några moral- eller snarare pseudomoralkonventioner. Det tar inte hänsyn till partnerns kön och skonar varken mödrar eller spädbarn.

Jag vandrar vidare bland Mapplethorpes foton. I ett av smårummen får jag se och lyssna på honom själv, på videofilm. Mjuk och känslig, på gränsen till förandligad. Som hans orkidéer. Inte som läderstövlarna och kedjorna. Inte som de dragna knivarna och de pekande pistolerna.

Jag ville visa en subkultur som är en levande del av vår tids mänskliga kultur, säger han. Jag ville visa den som den är.

Det är som om en svindel skulle gripa mig. Var har jag hamnat? Nej, bort härifrån.

Jag behöver inte gå långt. En trappa ner tar Hundertwassermuseet emot med sina underbara färger, sin bubblande livsglädje, sin varma humanism. Det är som att kliva ut i naturen en tidig vårmorgon efter att ha tillbringat natten i en rökfylld och bullrande danslokal där man förgäves försökt vrida sista droppen ur kroppens och själens alltmer uttorkade njutningsresurser. Här lever vår biologi. Det är inte fråga om dominans, underkastelse, knivar, kedjor eller piska. Färgerna är varma, de överallt närvarande småspeglarna är lysande klara, människoboningarna och deras omgivningar är beboeliga, även vattenreningsverket är människovänligt. Man känner sig som hemma hos sig själv, är nöjd och lycklig med sina sinnen, man ser färger med sitt färgsinne, använder sitt nervsystem till att tänka och känna. Man andas frisk luft i stället för rök, man hör musik i stället för buller, en kvinna är en kvinna, en man är en man, vare sig han är gay eller straight, och kärlek är kärlek. Och man ger fan i kritiker och recensenter.

På en stor affisch läser jag om Hundertwassers envisa kamp för den mänskliga miljön. Jag tänker på mina bordsdamer. Vilken kontrast! Ett skapande engagemang som bygger upp något medan andra gnäller, utklädda vid middagsbordet, och använder det moderiktiga miljöargumentet i hopp om att man skall dra till sig all den uppskattning, beundran eller respekt som den aktuella mikrosociala miljön kan erbjuda. Den gänglige, skäggige österrikaren verkar komma från en annan planet. Hans ovanliga engagemang ger intryck av att bygga på verkligheten i stället för på hörsägen och befinner sig bortom den trista och totalt ointressanta striden mellan framgång och nederlag, dominans och underkastelse.

Jag väntar på spårvagnen. Någonting i mig håller sig för pannan. Samtidigt känner jag mig också i viss mån upplyft. Kan det finnas en bättre kontrast till Mapplethorpes subkultur än Hundertwasser? Kan man hitta ett bättre genmäle till Foucaults paradoxer?

Varför dras så många människor villigare till det onda, det våldsamma, det perversa än till det goda, det positiva, det biologiskt riktiga?

Är det för att det onda är tabubelagt och förbjudet? Är det för att revoltera mot det som finns, mot föräldragenerationen? Är det av önskan att spränga gränser? För att komma bort från det moderna livets rutiner och tristess? Är det ett försök att sänka sig ner i avgrunden, vill man frossa i dekadens och perversitet när de högre aspirationerna i livet inte kan uppnås?

Den ungerska lyrikens kanske störste mästare under detta sekel, Dezsö Kosztolányi, har fångat den sistnämnda aspekten av denna komplexa företeelse i en kort dikt. ”Liknelse” heter den och lyder i min prosaöversättning:

> ”Likt forna tiders heliga nunna som så starkt till himmelen längtar att hon sitt liv åt de spetälska viger och som till straff för det äckel såren fyller henne med sörplar i sig den variga utsöndringen, så gör också jag som förtvinar i denna epok och omgiven av bestar i mörkret tillbeder det rena ljuset i vresig extas, äter skit och trotsigt stoppar i mig lorten.”

Kosztolányi levde i en tid av halvfascistiskt förtryck och förföljelser. Försvinner våldet i välfärdsstaten? Nej, ingalunda. Det verkar snarare tillta med överflödet.

Väljer man helvetet när man är uttråkad av paradiset? Nej, det stämmer inte heller.

Vad är det för för länge sedan bortträngda minnen som gör sig påminda?

Jo, det var under mellandagarna 1944. Budapest var under rysk belägring. Jag höll mig gömd med min mor och styvfar i en av Budapests östra förorter. Vi hade falska identitetshandlingar och tryckte i skyddsrummet medan pilkorsarna firade sina sista mördarorgier på alla judar de kunde få tag i, trots den ihållande ryska artilleribeskjutningen.*

Plötsligt träffades trevåningshuset av en brandbomb. Taket och vinden stod i lågor. Alla fick hjälpa till att släcka. Elden började tränga ned i den övre bostadsvåningen.

Det var ljust ute och vi bildade kedja för att bära upp hin-

* För en närmare redogörelse för dessa händelser, se Klein, G.: *... i stället för hemland* (1984).

kar som fylldes med snö i brist på vatten. Själv stod jag högst upp, på den brinnande tredje våningen, och gjorde så gott jag kunde. Så småningom fick vi elden under kontroll.

Jag såg mig omkring. Taket hade brunnit upp. Jag befann mig i resterna av ett vardagsrum under bar himmel. En svårt brandskadad bokhylla stod framför mig. Lägenheten hade tillhört judar. De hade för flera månader sedan deporterats till okänd ort.

Jag kastade en snabb blick på böckerna. Det kändes förbjudet, syndigt – detta var inte rätta tidpunkten för litterära studier! Men jag kunde inte låta bli. Var det en halvt omedveten handling för att gripa efter en del av min värld som hade försvunnit?

Plötsligt fick jag syn på Dantes *Divina Commedia.* Alla tre banden stod där, översatta av den store ungerske poeten Babits. Samma utgåva som jag hade hemma i min egen bokhylla i vår sönderbombade lägenhet.

Jag insåg att jag inte kunde dröja mig kvar längre. Med rask beslutsamhet tog jag med mig ”Helvetet” och ”Skärselden”. Jag lämnade kvar ”Paradiset”.

Jag har senare ofta funderat över detta. Varför gjorde jag så? Kanske trodde jag inte riktigt på paradiset. Dessutom fann jag det tråkigt, särskilt i jämförelse med ”Helvetet”.

Måste skildringar av paradis, harmoni och apoteoser verka osanna och/eller tråkiga?

Nej, inte om de får kontakt med mottagarens inre verklighet. Sanctus i Bachs h-mollmässa eller Mozarts Exultate Jubilate kan aldrig bli det.

Hundertwasser är inte heller tråkig. Varken hans konst eller hans envisa kamp för mänskliga miljöer. En kamp som utgår från verkliga fakta, verkliga människor, verkliga träd, verkliga djur. Inte ur abstrakta principer som lämpar sig för snacket kring middagsbordet eller på cocktailpartyt.

Rekviem över en död Nobelpristagare

Rockville, Maryland, 1994. Robert Gallo, en av HIV:s upptäckare, har anordnat sitt årliga "laboratoriemöte" strax utanför Washington. Det var femton år sedan jag sist var med på ett av hans labbmöten. Då var vi ett trettiotal personer – Gallos grupp, samarbetande kolleger och några gäster – som samlades kring ett långt bord och informellt diskuterade laboratoriets arbete i ett par dagar. Det var innan HIV hade upptäckts. Mötet handlade om Gallos dåvarande intressen, leukemivirus, celltillväxtstimulerande substanser, cellförmedlade immunreaktioner. Årets möte äger rum på ett stort hotell och har 800 deltagare. Föredrag pågår i en strid ström från åtta på morgonen till sjutiden på kvällen, ofta i flera parallella sektioner. Föredragen handlar mest om HIV, men även om tumörvirus, cellgenetik samt om kartläggningen av människans gener.

Gallo har bjudit in mig för att hålla en minnesföreläsning över vår några månader tidigare i cancer avlidne kollega, Howard Temin. Jag accepterar uppdraget med en stark känsla av att detta är någonting jag verkligen vill göra.

Jag finner att jag inte är ensam om mina positiva känslor. En stor skara av Temins f. d. studenter och kolleger har kommit för att delta i evenemanget. Många andra inom det internationella cancerforskarsamhället har gett uttryck för liknande känslor. Det är inte bara en fråga om respekt för en framstående vetenskapsman. Många upplever en äkta känsla av saknad.

Temin skilde sig från de flesta av oss i sitt sätt att leva, arbeta och dö. Det fanns en stilla, opretentiös helhet hos honom som påminde mig om Horatius ord: *Integer vitae, scelerisque purus,* oförvitlig i sitt liv och fri från brott. Hans integritet var så självklar att den inte krävde någon förklaring eller något försvar. Den var genuin, något som kom inifrån. Dess huvudkomponenter kan beskrivas med tre ord: logik, mod och ansvarskänsla. Man kunde tillägga intellektuell hederlighet, men den följer av de tre föregående och de tre följer av den.

Temin fick sin vetenskapliga skolning vid en tidpunkt då tumörvirologin nyss hade vaknat upp ur sin långa törnrosasömn.* Efter att i flera decennier ha legat på en dammig hylla i kuriosakammaren kom tumörvirusen att inta en central plats inom cancerforskningen. Deras livligaste och mest inflytelserika förespråkare hade lanserat en ”panviral” cancerteori. Även cancerframkallande kemiska ämnen, strålning, UV-ljus m. m. skulle enligt dessa teorier bli verksamma enbart genom sin förmåga att aktivera latenta tumörvirus. Tumörvirus av RNA-typ ansågs särskilt betydelsefulla. I motsats till DNA-tumörvirus hör de till en och samma virusfamilj. De kan ligga latenta i många år men blir aktiverade av cancerframkallande ämnen och av bestrålning. Några av dem som är särskilt vanliga hos hönsfåglar och möss kan överföras ”vertikalt” från föräldrar till barn.

De RNA-tumörvirusfixerade forskarna ville gärna tro att även DNA-tumörvirus verkade genom att aktivera de ”riktiga” cancerframkallande RNA-virusen. De antog att de sistnämnda innehöll en hypotetisk gen som man kallade för cancergen eller onkogen. Onkogenens förmodade ”målsättning” var att omvandla en normal cell till en cancercell.

Trots sin virologiska orientering värjde sig den unge Temin mot dessa idéer, i motsats till många av sina kolleger. Det berodde kanske mest på hans egen känsla för cellernas logik. Harvardpsykologen Howard Gardner talar om en speciell form av intelligens som skiljer sig från den enbart logisk-verbala och som bättre än andra kan ”leva sig in” i biologiska system. Om Barbara McClintock, ”vårt århundrades Mendel”, brukade man säga att hon kunde ”känna sig in” i en cell, dess membran, dess kärna, dess kromosomer.

Den amerikanske filosofen Thomas Nagel har påpekat

* Se närmare om detta i en tidigare essä: Klein, G.: ”Sagan om det stora gökägget” i *Ateisten och den heliga staden* (1987), s. 135-167.

att det finns många företeelser som är och förblir oåtkomliga för vår forskning. Hur mycket vetenskapen än avancerar kommer vi aldrig att få veta hur en omelett smakar för en kackerlacka.*

Han har rätt, på ett sätt. Men om vi har tillräckligt mycket information om insekternas nervsystem, kan vi kanske ställa några hypoteser och utveckla metoder som kan stödja eller vederlägga våra antaganden. Det gäller i princip alla vetenskapliga frågeställningar, fastän deras tillgänglighet för experimentella undersökningar varierar starkt. Det är som om varje liten bit av verkligheten var omgiven av en serie koncentriska cirklar. Vetenskapsmannen rör sig inåt, från ring till ring. Men medelpunkten når han aldrig. Det mesta han kan hoppas på är att nå en något centralare belägen ring och därmed åstadkomma ett paradigmskifte. Det sker ofta med hjälp av en ny metod.

Temin hade en sällsynt förmåga att förstå tumöromvandlingsprocessens logik. Han visste att den återspeglade ett händelseförlopp som försiggick i flera steg. Tumöromvandlingsprocessen var en sorts mikroevolution, fast i detta fall gick den i en för hela organismen galen, elakartad riktning. Han hade också klart för sig att cellens beteende styrdes av cellulära snarare än virala gener. Virus kunde kanske påverka några cellgener på ett mer eller mindre indirekt sätt. Han kallade de relevanta cellgenerna för protoonkogener, föregångare till cancergener. Han formulerade även en annan, vid den aktuella tidpunkten mycket osannolik eller rentav omöjlig hypotes. Han kunde inte föreställa sig att RNA-virus kunde ändra cellens gener på ett varaktigt sätt utan att först "skriva om" sin genetiska information från RNA till DNA. Denna tanke stred mot den nya molekylärbiologins "centrala dogm". Crick har formulerat den så här: *DNA gör RNA gör protein.* Enligt den dogmen var det omöjligt att gå i den motsatta riktningen. Temin menade att

* Nagel, T.: *The View from Nowhere* (Oxford 1986).

RNA-tumörvirus hade den förmågan. Mer än ett decennium senare, när Temins osannolika tes redan bevisats av honom och av David Baltimore – en upptäckt som belönades med ett gemensamt Nobelpris – fick RNA-tumörvirus byta namn till ”retrovirus”. Namnet antyder att viruset ”går tillbaka” på en gata som definitivt är enkelriktad för andra virus och för cellens gener.

Vägen till denna triumf var lång och mödosam. I början togs Temins idéer emot med en skepsis som gränsade till löje. Det var inte oberättigat. Det experimentella underlaget för hans okonventionella idéer var svagt. Utan direkta bevis saknade hans hypotes all bärkraft. Men Temin lät sig inte hindras av kritiken. Lugnt och metodiskt fortsatte han att experimentellt pröva teorin, vars riktighet hans intuition aldrig betvivlade. Experimentet som övertygade alla utfördes 1970, då han, samtidigt med men oberoende av David Baltimore, upptäckte att alla RNA-tumörvirus innehåller ett tidigare okänt enzym som skriver om virusets RNA till DNA. Enzymet fick det följdriktiga namnet ”reverstranskriptas”, dvs. ”omvänd omskrivare”. Dess produkt, som kallades för ”DNA-provirus”, liknar en cellgen. Den kan direkt foga in sig i kromosomerna och dölja sig bland cellens egna gener, som vore den en nyttig beståndsdel i individens normala arvsmassa.

Detta exempel illustrerar Temins logik. Men det skulle inte ha räckt för att göra honom till det han blev. Han kunde ha stannat i observatörens eller den skeptiske filosofens ensamma hörn. Men det förhindrades av en annan egenskap hos honom, som skilde honom från majoriteten: *modet.* Det krävde stort mod att gå mot den rådande tidsandan och att utsätta sig för forskarsamhällets löje i så många år, under det att han utförde sina svåra och ofta rätt utsiktslösa experiment.

Temins realism och frispråkighet kom också till uttryck i samband med Nobelfestligheterna i Stockholm. Jag har i många år haft tillfälle att iaktta Nobelpristagare under den guldkantade decemberveckan. De bemöter de ständigt närvarande medierepresentanterna på olika sätt. Journalisterna, som är ute efter lättförståeliga förklaringar, vill gärna skriva om den prisbelönade upptäcktens praktiska användbarhet eller åtminstone att den utgör ett ”stort framsteg på vägen mot cancergåtans lösning” eller något liknande. Medelnobelpristagaren – om jag får använda ett sådant uttryck – befinner sig ofta i ett euforiskt tillstånd och vill gärna vara journalisten till lags. Ofta har hans upptäckt ingen direkt praktisk användbarhet, men många ger efter och låter sin egen eller journalistens populariseringsinstinkt – eller, om det vill sig illa, sensationalism – ta överhanden. Det kan leda till verklighetsfrämmande extrapoleringar eller rena förvrängningar. Det var ingenting för Howard Temin. Fråga mig inte om reverstranskriptas, sade han konsekvent till alla journalister. Ni skulle sluta lyssna redan efter någon minut om jag började berätta. Men ni kan ändå göra en viktig insats i kampen mot cancer. Tala om för era läsare att de skall sluta röka. Rökningen är den viktigaste enskilda cancerframkallande faktorn hos människan.

Journalisterna skrev som han sade.

Man kan se en viss ödets ironi i detta uttalande, eller kanske rentav en dubbel ironi. Temin dog några år senare i en sällsynt, icke rökningsrelaterad form av lungcancer. Dessutom har hans prisbelönade upptäckt fått en oväntad och på sitt sätt lika tragisk praktisk betydelse. HIV-epidemin slog till ett decennium efter Temins uttalande. HIV är ett retrovirus, det har sin egen reverstranskriptas, Temins enzym. En av de få nu tillgängliga droger som fördröjer sjukdomens förlopp, AZT, riktar sig direkt mot detta enzym.

Framtiden ligger i gudarnas knän, det mest oväntade kan hända. Detta betyder dock inte att allting kan hända eller att rationella och irrationella resonemang har samma existensberättigande. Inte ens Nobelpristagarens höga status är någon garanti mot irrationell demagogik. En av de senaste årens pristagare, vars biokemiska upptäckt har revolutionerat hela genteknologin i alla dess teoretiska, praktiska och till och med rättsmedicinska aspekter, använder sin "nobelauktoritet" för att bl. a. förkunna att HIV inte orsakar aids.* Det kan tilläggas att medicin, infektionssjukdomar och virologi ligger helt utanför hans kompetensområde, vilket inte tycks störa honom det minsta. Bristen på ansvar i hans demagogik ser jag som den motsatta ytterligheten till Temins manifestation av socialt ansvar.

Bilden av Temin vore inte fullständig om jag inte berörde hans sätt att möta döden. Jag ringde honom en sista gång ett par månader innan han dog. Det var tidig eftermiddag i Madison då jag fick tag i honom på laboratoriet, hans normala arbetsplats. Han berättade helt lugnt att han nu hade elva hjärnmetastaser. Förmiddagen hade han tillbringat på sjukhuset, i likhet med andra förmiddagar, för att få sin tunga kemoterapi. Efter en kort tupplur hemma åkte han sedan till laboratoriet, där han fortfarande ledde experiment och diskuterade dem med sina studenter. Han fortsatte på samma sätt ända till två veckor före sin död. Han dog som han levde.

Cancerkongress i Delhi

Sydostasienrutten är sig lik. Trettio år har gått sedan jag var i Indien senast, men de interkontinentala planen landar fortfarande under dygnets första timmar. Halv tre på morgonen sätter sig vår fullsatta jumbo på landningsbanan.

Det tar som väntat ett par timmar innan vi når hotellet. På Delhis breda gator ser vi inte de många hemlösa som kantar infartsvägarna från flygplatsen till Bombay – de håller sig till andra vägar och gator. De finns dock överallt. En av våra medresenärer, en framstående amerikansk cancerforskare av indisk börd och rådgivare åt den indiska rege-

* För närmare detaljer, se *Nature*, 369:265, 1994; 369:434, 1994; 371:97, 1994.

ringen, kommenterar att landet har gjort stora framsteg sedan mitt senaste besök. Men i grund och botten har ingenting förändrats. Jo, medelklassen har blivit mycket större och finner sig inte längre lika lätt i det gamla mönstret. Men det gäller fortfarande att alla djurs liv är heligt för hinduerna, med ett undantag: människans. Det är lika billigt som flugornas.

Det är första gången en stor internationell kongress – den sextonde cancerkongressen i ordningen – hålls i ett utvecklingsland. Indiernas stora förtjusning över detta och deras förberedelsearbete har dock grumlats av att nästan hälften av de utländska deltagarna annullerat sin resa i sista minuten eller uteblivit utan att ens meddela sig. De stora nyhetsmediernas sensationsmakeri kring ett litet antal pestfall i en avlägsen provins på många tusen kilometers avstånd har gjort sitt till. Ordets skrämmande associationer i kombination med de starkt vinklade TV-bilderna hade segrat över den objektiva informationen att epidemin snabbt kunde begränsas och att sjukdomsalstraren – en lätt angripbar, antibiotikakänslig bakterie – tvingades på omedelbar reträtt.

Jag minns den ytterst obehagliga amöbadysenteri jag drabbades av i samband med mitt senaste besök i Indien för trettio år sedan. Den vållade mycket obehag, utgången var i början oviss, och den påfrestande behandlingen tog tre månader. Dricksvattnet är lika osäkert nu som då och man avråds från att äta annat än kokt eller stekt mat. Men det tillhör vardagen och uppmärksammas inte av medierna, fast det vållar mycket större problem än pesten. Åtta tusen läkare och vetenskapsmän ville ta denna risk men fyra tusen skrämdes bort av några tiotal pestfall långt borta från Delhi.

Hur rationella är vi egentligen?

En av kongressens stora plenarföredrag hålls av den engelske cancerepidemiologen Richard Peto, som anses som den främste inom sitt område. Han börjar med att frångå sitt utannonserade ämne. Han har ett viktigare budskap. I stället för att tala om cancerbehandling och överlevnadsstatistik väljer han att ägna hela sin timme åt att prognosticera i vilken utsträckning människor i olika länder "are going to kill themselves with cigarettes" under den närmaste trettioårsperioden. I likhet med en antik undergångsprofet som använder hela sin kraft för att förkunna sitt ovälkomna budskap, men med tabellers, diagrams och statistiska beräkningars hjälp, pekar han med ett anklagande finger på vad som redan nu är den utom all jämförelse dominerande cancerframkallande faktorn hos människan, ansvarig för en tredjedel av alla cancerfall. Och att döma av rökningsstatistiken kommer den att härja ännu värre hos män i många länder och hos kvinnor över hela världen inom de närmaste decennierna. Hur kan så många ha förlorat kontakten med verkligheten i så hög grad att de inte längre förmår att skilja mellan stora och små risker, frågar han. Hur kan man dra den i vida kretsar utbredda, av gammal hävd socialt accepterade ovanan att rutinmässigt fylla sina lungor med cancerframkallande ämnen, dag ut och dag in i år efter år, över samma kam som andra miljöfaktorer som på sin höjd bidrar till en bråkdel av en procent av cancerfallen eller ännu mindre? I mediernas sedvanliga behandling av cancern kan eller vill man inte upprätthålla denna distinktion. Tidningar och TV-stationer konkurrerar benhårt för att fånga in läsarnas respektive tittarnas uppmärksamhet. En sensationell rubrik väger mycket tyngre än saklig information. Man är ute efter konsumenternas pengar, skyddandet av deras hälsa får komma i andra hand. Eller anser man kanske att alla skall ha rättigheten att förstöra sin hälsa om de så vill? Detta kan dock inte användas som förevändning för desinformation. Tobaksindustrins reklam- och propagandaverksamhet gör allt den kan för att förstärka desinformationen och länka in uppmärksamheten på andra spår, t. ex. avgaser och andra luftföroreningar, trots att siffrorna talar sitt tydliga språk för den som vill ta reda på dem. Desinformationens krafter är dock ofta starkare. En amerikansk opinionsundersökning visade nyligen att tobaksrökningen ligger långt ner på listan över det man ser som hälsofarliga aktiviteter. Med bilkörning efter alkoholförtäring som enda undantag var samtliga aktiviteter, vars farlighet de tillfrågade skattade högre än rökningens, i själva verket betydligt mindre farliga.

Hur ofta har jag inte suttit i diskussioner där någon ängslig person, angelägen journalist eller doktorand som har fått ett absurt uppdrag från någon samhällelig eller privat organisation försökt resonera fram en exakt riskbedömning. Med hur stor säkerhet kan man utesluta att kraftledningar eller dataskärmar orsakar några tumörer? Även om det är en enda hjärntumör eller leukemi per år, så måste man göra allt för att undvika det, heter det. Kan man vara säker på att cancervirus inte sprider sig i naturen från forskarnas laboratorier? Hur säker kan man vara? Kan man verkligen vara *absolut säker*? Kan man utesluta att en cancervirusbärande cellkultur, som enligt all erfarenhet aldrig producerar något virus, plötsligt ändrar sig och frigör farligt cancervirus?

Jag brukar fråga utfrågaren om han eller hon röker. Ibland får jag ett jakande svar. När jag frågar vidare och tar upp riskerna med passiv rökning, får jag som regel till svar att sambandet är obevisat.

Rökningen är en socialt accepterad, urgammal vana. Påstådda nya risker väcker osäkerhet och farhågor, rädsla för det okända. Rädslan för cancer återspeglar en djup ångest för ett inifrån kommande hot, en okontrollerbar revolution i ens egen kropp. Det kan vara lika plågsamt eller plågsammare att invalidiseras och/eller dö av en bilolycka. Ändå går man inte och ängslas för en kommande bilkrock. Beror det på att man tror sig kunna behärska bilen men inte kroppens egna celler? Om man bara visste hur många fler säkerhetsanordningar våra celler, efter alla miljoner år de har varit med om livets lek, har mot cancer än en människokonstruerad bil och andra färdmedel!

Cigarettrökning och andra njutningsmedel som man blivit beroende av kan orsaka märkliga blinda fläckar hos för övrigt mycket rationella människor. När jag besökte Kina för första gången 1975, var den åldrande Mao fortfarande den allsmäktige ledaren. Man såg hans bilder överallt, hans tankar citerades även i facklitteraturen. Jag tittade på några artiklar i en engelskspråkig medicinsk tidskrift. Jag fann titlar som "Hur jag löste diarréepidemin i byn X". Första mening: Ordförande Mao har sagt: Innan vi tar oss an ett problem, måste vi analysera det. Med hjälp av Maos tanke har jag därför samlat in uppgifter om diarréns utbredning och förhistoria.

Eller: "Den smittosamma ögonsjukdomen i byn Y". Ordföranden Mao har sagt: Vi måste samarbeta. Jag har därför konsulterat ögonläkare, invärtesspecialister, epidemiologer och virologer.

Jag frågade min av hälsovårdsministeriet utsedda guide var ordförande Mao nu befann sig. Hon gjorde stora ögon. Sedan sa hon, nästan viskande, som om hon talade i en kyrka där man inte fick störa gudstjänsten: Vi vet aldrig var Ordförande Mao befinner sig.

Senare fick jag höra att detta var en tradition sedan kejsartiden. Kejsarens aktuella uppehållsort var oftast hemlig.

Ett av de cancerprojekt jag blev mest imponerad av i Kina gällde förebyggandet av matstrupscancer, en mycket vanlig åkomma i norra Kina. Barfotadoktorer gjorde regelbundna undersökningar på en befolkning som enligt uppgift omfattade 50 miljoner människor. De fick svälja små ballonger som var täckta av ett trådnätverk. Ballongerna pumpades upp i magen och drogs tillbaka. Utanpå nätverket fastnade ett antal celler ur matstrupen. Eventuella cancerceller kunde lätt identifieras. Detta var ett stort framsteg i tidigdiagnosen av matstrupscancer. Man hade också lagt upp omfattande tester på miljoner människor för att på ett tidigt stadium diagnostisera två andra, i Kina mycket vanliga tumörformer: levercancer och cancer i övre bakre svalget.

Efter att ha tagit del av dessa gigantiska ansträngningar att få kontroll över de viktigaste cancerproblemen, konstaterade jag med förvåning att människorna rökte i mycket stor utsträckning. Ingenstans såg jag ett spår av någon antirökkampanj. Efter att ha tittat på en lungcanceroperation bjöds jag och mina svenska kolleger på te och – cigaretter!

Hur kommer det sig, frågade jag, att man i detta enorma land där regeringen verkligen har en möjlighet att göra något mot lungcancer, underlåter att informera om en sådan sak?

Men sambandet mellan rökning och lungcancer är inte bevisat, blev det häpnadsväckande svaret. Sambandet är enbart statistiskt, det kan vara en artefakt.

År 1975 var sambandet mellan rökning och lungcancer helt klart etablerat och hade varit så i minst två decennier. Hur var det möjligt att man hade fastnat i en föråldrad och vetenskapligt helt misskrediterad tolkning?

Jag kom inte problemet närmare innan jag äntligen kom på att ställa den relevanta frågan:

Röker Ordförande Mao?

Det visade sig att han var storrökare. Jag insåg att riskbedömningarna påverkas även på denna gigantiska nivå av emotionellt förutbestämda attityder som man vill rättfärdiga. Den store ledarens fläckfria bild var en väsentlig del av mytbildningen i Kina vid den aktuella tidpunkten.

Richard Peto och hela det internationella cancerforskarsamhället har sedan mycket länge tagit skarp och klar ställning mot rökning – ett fullt rationellt ställningstagande. Petos profetiska vrede vid cancerkongressen i Delhi återspeglade den frustration som han och alla andra känner som har tagit del av de kalla siffrorna och vet vilket lidande som ligger bakom dem. Men irrationaliteten och dess kommersiella respektive av önsketänkande drivna stödkrafter är starka.

Är vi alla fångna i ett nätverk av rationella och irrationella motiv som inte i detalj låter sig analyseras?

Visst är vi det. Det kan dyka upp i oväntade skepnader.

På det stora hotell i Delhi som inrymmer kongressorganisationens högkvarter inklusive den stora plenarsalen, Delhis stolthet, kan man se en färgrik, centralt placerad annons, vars triangelformade kopia återfinns på samtliga gästrum, strategiskt placerad intill TV-apparaten, där ingen undgår att se den. Annonsens utformning och dess placering liknar annonserna för Västerlandets "privata" videofilmer, men innehållet är ett annat.

"Raj Jyotisk *Suranjan Bhattacherjee,* renowned astro-palmist, tells everything about your past, present, future!" Man får också veta att den berömda damen endast tar emot på avtalad tid och att hon accepterar kreditkort.

Nåväl, det kanske inte är märkvärdigare än en del av de privata videofilmer som kan kopplas på i hotellrummen i väst. Eller "eskortdamerna" vars tjänster bjuds ut på hotell i Berlin och annorstädes. De tar också emot kreditkort...

Aristoteles, Seneca och Montaigne tog inte emot kreditkort, mumlar jag för mig själv medan jag nalkas plenarsalen där kongressen just skall börja. Vid ingången distribueras kongressens officiella tidning. Bra, tänker jag. Åter till vetenskap och rationalitet.

Men så lätt skulle jag inte komma undan. En halv sida av den sexsidiga kongresstidningen täcks av dagens horoskop. Även under de följande dagarna finns ett horoskop med i varje nummer av den dagliga tidningen.

Jag minns min bordsdams frikostiga astrologilektion från den föga minnesvärda middagen och undersöker vilka utsikter kongressens första dag har att erbjuda för en Leo. Horoskopet meddelar att Leo har en hjärtats affär att vänta och att den inte skall låta sig hejdas av ålder eller äktenskaplig status. Han varnas dock för risken att blanda ihop sina diabilder. Han får också veta att han har berömda lejonbröder i Fidel Castro och Alfred Hitchcock.

Det berättades för några år sedan att indiska astrologer

hade förutsagt att världen skulle gå under en viss dag. När den dagen kom uteblev ungefär en tredjedel av de statsanställda med doktorsgrad från sitt arbete.

Nåja, de ville kanske ta en dags semester. Eller? Är detta måhända den indiska motsvarigheten till de västerländska kollegernas reaktion när de ställde in sin resa till Delhi på grund av rapporterna om pest?

Djävulens misstag

Hade Mefistofeles rätt? Nej, det hade han inte. Det var inte Fausts passionerade kunskapstörst som ledde honom att hamna i djävulens våld. Tvärtom. Orsaken var hans besvikelse över att han inte kunde finna svar på de stora frågor han ställde till vetenskapen och inte heller visste hur han skulle gå vidare. Han hade hamnat i en sorts nihilism – Gounods *Faust* börjar helt följdriktigt med att Faust utropar: "*Rien.*" Hans sinnesstämning kan också ses som *acedia*, det tillstånd de grekiska filosoferna råkade ut för när de blev trötta på sin filosofi. Det var därför han föll för Mefistofeles locktoner och valde drifternas värld framför intellektets. Men hur långt kunde han komma med det?

Ingenstans. Det var en återvändsgränd. Detta framgår också av olika Faustförfattares oförmåga att ge sina pjäser en logisk avslutning utan att tillgripa *deus ex machina* eller en logisk saltomortal. Enligt moralens och anständighetens regler borde Faust straffas för sina synder. Men Goethe låter honom få frälsning, mot all rim och reson. "Det evigt kvinnliga" drar honom upp ur avgrunden, vad det nu betyder. Djävulen störtas ner i sitt helvete, allting är glömt och förlåtet.

Lessing var en stor förkämpe för rationalismen. Vi vet inte hur han avslutade sin förlorade Faustpjäs. Änglaropet som satte stopp för djävlarnas triumferande skryt tyder dock på att "mänskligheten och vetenskapen", som ängeln betecknade som en gudagåva och "den ädlaste av alla drifter", till slut gick segrande ur kampen. Ja, mänskligheten och vetenskapen. Inte metafysiken och mysticismen.

Niels Bohr skrev en gång att vetenskapens målsättning inte var att formulera den "universella sanningen". Den hade snarare en mera "*modest but relentless goal: the gradual removal of prejudices*" (ett blygsammare men obarmhärtigare syfte: att gradvis avlägsna förutfattade meningar).*

Ett otacksamt arbete? Ingen tycker om att bli av med sina förutfattade meningar.

Nej, Mefistofeles har fel, liksom också mina två bordsdamer. Det är inte vetenskapsmannen som är djävulens lättfångade byte, faran kommer inte från rationaliteten. Tvärtom. Med Einsteins ord:

> "*One thing I have learned in a long life: that all our science, measured against reality is primitive and childlike – and yet it is the most precious thing we have.*" (En sak har jag lärt mig under ett långt liv: all vår vetenskap är primitiv och barnslig i jämförelse med verkligheten – men den är ändå det mest värdefulla vi äger.)

Visst har jag lämnat Dantes *Paradiso* i det brinnande huset. Må det himmelska ljuset med sina dresserade teologer och änglakörer fara åt helvete, tillsammans med allt annat önsketänkande. Själv vill jag hålla mig till den mödosamma vandringen genom Helvetet och Skärselden, genom *Inferno* och *Purgatorio,* likt poeten som i den för andra människor och djur vilobringande skymningen förbereder sig för det eviga kriget mot vägen och mot sitt eget medlidande:

> *Lo giorno se n'andava, e l'aere bruno*
> *toglieva li animai che sono in terra*
> *da le fatiche loro; e io sol uno*

* I Niels Bohr: *Atomic Physics and Human Knowledge* (1958), s. 31.

m'apparecchiava a sostener la guerra
sì del cammino e sì de la pietate,
che ritrarrà la mente che non erra.

(Ur Dantes Inferno, Canto II)

Dagen förgick. Den bruna aftonskyn
befriade allt levande på jorden
från mödans trötthet; jag, endast jag,
väpnade mig att uthärda striden
med vägens fasa och mot hjärtats ömkan
som minnet, aldrig svikande besvarar.

(Tolkning Irmelin Fritzell)

Vägen, ja. Den som för genom vår verklighet, den enda som finns. Inferno och Purgatorio. Och så ”pietate” gentemot de andar vi möter på vägen.

Stockholm i januari 1995

Tack

Ett varmt tack till följande personer för kritisk läsning av mina texter:

Heinrich Artman
Boris Beltzikoff
Carl-Gustav Boëthius
Marie Bohm
Tore Browaldh
Eva Dickson
Egon Fenyö
György Fenyö
Karl-Erik Fichtelius
Irmelin Fritzell
Alex von Gabain
Inga Gottfarb
Olle Heby
Arne Jarrick
Ulf Lagerkvist
Göran Larsson
Lars-Gunnar Larsson
Bosse Lindqvist
Benno Müller-Hill
Anders Naessil
Nils Brage Nordlander
Lennart Philipson
Peter Sylwan
Lars Ulvenstam
Bror Walan

Dessutom vill jag rikta ett särskilt varmt tack till Ann Schmalholz för allt hennes arbete med att skriva ut och rätta mina texter.

G. K.